SERVIÇOS-ESCOLA DE PSICOLOGIA

práticas e desafios

Elza Maria Gonçalves Lobosque
Fernanda Gonçalves da Silva
ORGANIZAÇÃO

Artesã

Serviços-escola de psicologia: práticas e desafios

COORDENAÇÃO EDITORIAL
Karol Oliveira

DIREÇÃO DE ARTE
Tiago Rabello

REVISÃO
Diego Franco Gonçalves

IMAGEM DA CAPA
Rawpixel.com / Shutterstock

CAPA
Ana Stancioli Castriota

DIAGRAMAÇÃO
Luís Otávio Ferreira

S491 Serviços-escola de psicologia : práticas e desafios / organizadoras : Elza Maria Gonçalves Lobosque , Fernanda Gonçalves da Silva. – Belo Horizonte : Artesã, 2021.
224 p. ; 23 cm.
ISBN: 978-65-86140-52-1

1. Psicologia. 2. Programas de estágio. 3. Clínicas-escola. I. Lobosque, Elza Maria Gonçalves. II. Silva, Fernanda Gonçalves da.

CDU 159.9

Catalogação: Aline M. Sima CRB-6/2645

IMPRESSO NO BRASIL
Printed in Brazil

(31)2511-2040 (31)99403-2227
www.artesaeditora.com.br
Rua Rio Pomba 455, Carlos Prates - Cep: 30720-290 | Belo Horizonte - MG
/artesaeditora

PREFÁCIO

Cristiane Faiad[1]

Muitos são os questionamentos que permeiam a busca por uma formação de qualidade no curso de psicologia de qualquer instituição de ensino superior. Dos desafios de um curso que exige presencialidade, dos diferentes saberes e fazeres, das propostas baseadas em diferentes concepções teóricas-conceituais, sem dúvida muitas são as possibilidades que nos são apresentadas enquanto docentes e aos nossos e nossas discentes. Mas é ao avaliarmos o nosso mercado de trabalho, as nossas vivências profissionais e as experiências constituídas com aqueles a quem formamos que nos questionamos se estamos no caminho certo. Ainda mais importante: se o que temos oferecido tem sido suficiente para um fazer consciente, pautado em práticas tecnicamente justificadas e, acima de tudo, em um comportamento ético e humanizado.

E essa formação de excelência deve ser pautada no desenvolvimento de competências não apenas técnicas, mas também comportamentais em nossos e nossas discentes, na capacidade de articularem a teoria com a prática. Sem dúvida, nessa interação, surge uma das fases de grande importância na formação: os estágios supervisionados ou estágios profissionais, que acabam ganhando diferentes terminologias, a depender de cada instituição. É nesse momento que podemos, enquanto docentes, construir um olhar prático de qualidade, desde o primeiro contato do/da discente, nos diferentes campos interventivos que são possíveis na psicologia. Já em nosso olhar formativo, é no estágio que construímos, enquanto supervisores e preceptores, um compromisso ético, responsável e direcionado para o que se espera de um/uma psicólogo/a.

E dentre tantas possibilidades de atuação, é na *clínica escola*, ou mais adequadamente, *serviço escola* (como firmado nas DCNs de 2011), que o processo de intervenção ganha um espaço mais considerável. É nela que muitos e mui-

---

1. Professora do Departamento de Psicologia Clínica, Programa de Pós Graduação em Psicologia Social, do Trabalho e das Organizações da Universidade de Brasília. Atual coordenadora do curso de graduação da Unb.

tas discentes iniciam seus primeiros contatos com clientes/pacientes, no olhar interventivo e em suas possibilidades. Da busca pela construção de vínculos no setting terapêutico, das diferentes fases e demandas entre crianças, jovens, adultos e idosos à conquista de uma técnica interventiva eficaz – nesse sentido, essa obra se torna relevante e importante para todos nós, pois dedica-se a apresentar relatos de experiências nesses diferentes espaços da prática clínica, com ênfase no contexto da avaliação psicológica, TCC, psicanálise e outras áreas.

Assim, duas psicólogas e também docentes de referência na área de avaliação psicológica se uniram para organizar esta obra, junto com docentes e dicentes de IESs no Brasil, também supervisores de estágio. São mestres e doutores que atuam em serviços escola de suas instituições e, a partir de suas vivências, nos apresentam os desafios enfrentados no cotidiano, dilemas e experiências de sucesso em suas diferentes práticas. Trata-se de uma importante contribuição para a formação de nosso curso, constituída por 13 capítulos que nos fazem refletir sobre a fase dos estágios, a partir de uma fundamentação teórica atualizada e da exposição dos desafios enfrentados nessa fase. É de fácil compreensão para pesquisadores, docentes, preceptores de estágio e estagiários de psicologia e áreas afins.

Uma importante ressalva, apontada pelas professoras Elza Lobosque e Fernanda Silva, se refere a encontrarmos no texto as duas terminologias: clínica-escola e serviço escola. Tal diferença se refere ao tempo de criação da unidade nas IES, estabelecido nas DCNs ainda em vigência, do ano de 2011, em seu art. 25, onde afirma que "o projeto de curso deve prever a instalação de um Serviço de Psicologia com as funções de responder às exigências para a formação do psicólogo, congruente com as competências que o curso objetiva desenvolver no aluno e as demandas de serviço psicológico da comunidade na qual está inserido".

Sabemos que muito temos a avançar na formação, mas sem dúvida estamos em busca desse aprimoramento. Certamente, muitas mudanças ainda estão por vir, com as novas DCNs que logo serão implementadas. Contudo, uma obra como essa se torna um presente para que possibilidades e desafios nos façam tentar construir o nosso melhor no caminho formativo de futuros profissionais.

Que vocês possam aproveitar essa obra que tenho o orgulho de lhes apresentar, organizada por profissionais que me são muito caras e importantes. O convite de prefaciar uma obra ganha um sentido muito afetivo, ao vê-las Elza e Fernanda, apresentando contribuições científicas relevantes para o Brasil.

Uma excelente leitura a todos e a todas!

INTRODUÇÃO

Elza Maria Gonçalves Lobosque[2]

Fernanda Gonçalves da Silva[3]

Uma formação de excelência tem como uma das suas principais responsabilidades desenvolver no aluno a competência da articulação da teoria com a prática. E o momento em que esta começa a se desenhar é nas práticas de estágio supervisionado.

Trata-se de um momento ansiogênico para os alunos — que alimentam muitas expectativas e fantasias do seu primeiro contato com o paciente — e de extrema responsabilidade para os supervisores e preceptores, que devem acolher toda essa angústia e ser compreensivos inclusive com os erros, considerando estarmos tratando de um processo de formação, mas ressaltando o compromisso ético no exercício de sua função.

Considerando o fato de, na atualidade, a atuação clínica ser um dos principais contextos de atuação da psicologia, boa parte dessas práticas com os alunos acontecem nas clínicasescola das universidades. Por esse motivo, este livro dedica-se a apresentar relatos de experiências dessa natureza, com ênfase no contexto da avaliação psicológica, TCC, psicanálise e outras áreas.

O objetivo deste livro é apresentar relatos de experiências de supervisores: mestres e doutores que atuam nas clínicas escolas das IES, apresentando

2. Mestre em Avaliação Psicológica. Psicóloga clínica, conselheira da XVI Plenária CRP-MG. Especialista em Avaliação Psicológica e em Psicologia do Trânsito pelo CRP-MG. Coordenadora da Comissão de Orientação em Avaliação Psicológica do CRP 04/Sede, coordenadora da Comissão de Títulos CRP 04, conselheira referência na Comissão de POT. Docente e supervisora de estágio do Centro Universitário Estácio/JF. Coordenadora geral da pós-graduação em Avaliação Psicológica IESPE, Avaliadora psicológica credenciada pela Polícia Federal.

3. Doutoranda do IPUB-UFRJ. Mestre em avaliação psicológica. Docente dos cursos de graduação e pós-graduação e coordenadora do curso de Psicologia da Universidade Estácio de Sá. Supervisora de estágio supervisionado. Diretora da Revista Psicologia e Conexões.

os desafios enfrentados no cotidiano, dilemas e experiências de sucesso em contexto de prática distintos, contribuindo para um processo de formação técnico e ético.

A obra foi estruturada em 13 capítulos desenvolvidos por profissionais com formação acadêmica e experiência prática, refletindo a partir de fundamentação teórica atualizada e associados ao conhecimento das dificuldades cotidianas. Logo, é de fácil compreensão para pesquisadores, docentes, preceptores de estágio e estagiários de psicologia e outras áreas.

Além do desejo primário de apresentar relatos que possam orientar profissionais na condução de seus estágios, há também a intenção de, a partir das possibilidades, limitações e desafios apresentados nos capítulos, promover e ampliar a discussão sobre nossas práticas. Assim, pode-se a cada dia aperfeiçoar as teorias e proporcionar uma formação de qualidade que se reflita na sociedade como promoção de saúde mental e responsabilidade social, sempre embasado na questão ética e nos princípios científicos da profissão.

É importante ressaltar uma diferença pontual na questão das orientações das DCNs de 2011, que fizeram a mudança do termo *clínica- escola* para *serviço*. Caso quiséssemos manter o *escola*, poderíamos trazer *serviço-escola* ou *serviços-escola*. A ideia é superar a formação centrada na clínica, e dessa forma muitas instituições que tiveram a criação destes espaços depois de 2011 já adotam a nomenclatura de *Serviços de Psicologia* para apontar várias áreas e modalidades de trabalho. Dessa maneira, quando nos textos em algum momento se deparar com o termo *clínica-escola*, será em função da criação desses espaços serem anteriores ao art. 25: "O projeto de curso deve prever a instalação de um Serviço de Psicologia com as funções de responder às exigências para a formação do psicólogo, congruente com as competências que o curso objetiva desenvolver no aluno e as demandas de serviço psicológico da comunidade na qual está inserido".

Desejamos a todos uma experiência única.

1. A IMPORTÂNCIA DOS ESTÁGIOS NO PROCESSO DE FORMAÇÃO ACADÊMICA

Elza Maria Gonçalves Lobosque[4]

Evely Najjar Capdeville[5]

Délcio Fernando Guimarães Pereira[6]

INTRODUÇÃO

A formação acadêmica, sem dúvida alguma, exerce fundamental importância para o exercício profissional. E uma formação sólida, embasada em aspectos éticos, científicos e técnicos, requer das instituições de ensino e dos docentes que nela atuam engajamento com os aspectos políticos, sociais,

4. Mestre em Avaliação Psicológica. Psicóloga Clínica, Conselheira da XVI Plenária CRP-MG. Especialista em Avaliação Psicológica e em Psicologia do Trânsito pelo CRP-MG. Coordenadora da Comissão de Orientação em Avaliação Psicológica do CRP 04/Sede. Docente e Supervisora de Estágio do Centro Universitário Estácio/JF. Coordenadora Geral da Pós-graduação em Avaliação Psicológica IESPE, Avaliadora Psicológica Credenciada pela Polícia Federal. E-mail: elza.staffconsultoria@gmail.com

5. Mestre em Educação pela Pontifícia Universidade Católica de Minas Gerais. Graduada em Psicologia e Filosofia pela Universidade Federal de Minas Gerais. Docente na Pós-graduação em Psicologia Escolar e Educacional da Faculdade Arnaldo, Pesquisadora, Psicóloga Clínica e Escolar na abordagem fenomenológico-existencial. Coordenadora da Comissão de Orientação em Psicologia e Formação Profissional do CRP-MG. Conselheira do Conselho Regional de Psicologia de Minas Gerais, XVI Plenária, Gestão 2019-2022. E-mail: evelyncap@hotmail.com

6. Mestre em Psicologia Clínica pela Universidade de Havana. Graduado em Psicologia pelo Centro Universitário Newton Paiva. Psicólogo Especialista Clínico. Membro e Coordenador da ABEP – Associação Brasileira de Ensino em Psicologia, Núcleo Minas Gerais. E-mail: psicont@uol.com.br

econômicos e culturais, a favor de uma sociedade onde este profissional atuará. Desse modo, discutir os desafios éticos da formação e dos estágios é uma questão que demanda preocupação constante, tanto das Instituições de Ensino Superior (IES), agências formadoras e reguladoras da profissão quanto de docentes, discentes e associações implicadas com a temática.

Com base nesse contexto, este artigo tem o objetivo de contribuir para a reflexão sobre o tema da formação profissional e, mais especificamente, sobre os aspectos que se relacionam ao exercício de práticas e estágios profissionais da ciência psicológica. Acreditamos que abordar essa temática é de interesse tanto para coordenadores de cursos, responsáveis técnicos pelos Serviços-escola, professores, orientadores e supervisores de estágio, estudantes e comunidade, bem como para as instâncias formadoras.

Ao pensar no perfil das(os) psicólogas(os) que queremos formar, é preciso indagar antes qual concepção de ser humano deve fundamentar a formação no curso de Psicologia. Para qual tipo de sociedade estamos formando psicólogas(os)? Quais experiências estão sendo proporcionadas aos discentes? Que valores e princípios efetivamente são possíveis de ser ensinados e, principalmente, para que/quem formamos? Essas perguntas instigam e direcionam os debates e discussões presentes neste artigo.

Tais questionamentos estão intimamente relacionados com a formação acadêmica, que acontece através das disciplinas que compõem a estrutura curricular e também dos estágios e práticas que são oferecidos em variados campos de atuação. Dada a diversidade de práticas e a postura que o futuro profissional deve assumir diante dos deveres da profissão e da sociedade, e também a complexidade da ciência psicológica, este trabalho não tem a pretensão de conseguir desenvolver reflexões que esgotem a discussão sobre o tema.

Então, considerando essa perspectiva, o artigo traz inicialmente um panorama das instituições que, atualmente, discutem e propõem orientações relacionadas à formação em Psicologia. Depois, apresenta as Diretrizes Curriculares Nacionais da Psicologia e suas contribuições sobre estágios. Em seguida, analisa os aspectos legais, éticos e técnicos relacionados aos estágios e às práticas, ao mesmo tempo em que discute os desafios relacionados à formação em Psicologia. Ressaltamos ainda que, além da formação acadêmica, se faz necessária a atenção em relação à formação pessoal da(o) psicóloga(o), pois essa dimensão se apresenta potencialmente relevante para o bom exercício profissional.

AS INSTITUIÇÕES DA PSICOLOGIA QUE ORIENTAM A FORMAÇÃO

O Conselho Federal de Psicologia (CFP), os Conselhos Regionais de Psicologia (CRPs), a Associação Brasileira de Ensino de Psicologia (ABEP) e a Federação Nacional dos Psicólogos (FENAPSI) são entidades que assumem o compromisso de discutir a formação de novos profissionais e a qualidade técnica dos estágios, atentas aos espaços e à diversidade que tema tão amplo impõe.

A ABEP possui uma diretoria nacional e representações no âmbito regional, com o objetivo de desenvolver e aprimorar o ensino da Psicologia. A associação não tem finalidade normativa ou regulatória, mas sim de orientação, promoção de diálogo e participação em projetos e eventos que promovam a qualificação contínua da formação profissional da(o) psicóloga(o), a qual obrigatoriamente inclui estágios. A ABEP trabalha em parceria com o Sistema Conselhos de Psicologia, instâncias públicas e privadas e outras associações científicas, congregando cursos, coordenadores, professores, supervisores de estágio e discentes.

Destacamos aqui alguns desafios inerentes à finalidade da ABEP. Se olharmos pela ótica das Instituições de Ensino (IEs), uma das atividades que a ABEP desenvolve é a mediação e o diálogo com o Ministério de Educação (MEC), pois as IEs estão submetidas às normas por ele emitidas. Outro ponto importante para essa articulação é manter a parceria e a proximidade com o Sistema Conselhos de Psicologia, pois a este compete funções de disciplinar, orientar e fiscalizar o exercício profissional de psicólogas(os), conforme determina a Lei n. 5766/1971. O CFP e os CRs são responsáveis por dar subsídios para o exercício profissional, uma vez que os estágios e as práticas são etapas fundamentais para a formação, preparam para o exercício profissional e exigem o acompanhamento supervisionado de psicólogas(os).

A Federação Nacional dos Psicólogos (FENAPSI) congrega as representações sindicais da categoria em todos os estados do território nacional, por meio dos sindicatos filiados, seus diretores regionais ou comissões pró-sindicatos da Psicologia. Constitui-se como entidade de defesa dos interesses profissionais de psicólogas(os) brasileiras(os), de melhores condições de vida e trabalho no processo de transformação social. A FENAPSI, o Sistema Conselhos de Psicologia e a ABEP vêm trabalhando de forma integrada pela formação e atuação da(o) psicóloga(o) brasileira(o).

AS DIRETRIZES CURRICULARES NACIONAIS DA PSICOLOGIA – DCNS

Atualmente, estão vigentes as DCNs da Psicologia publicadas em 2011 (Brasil, 2011). Essas diretrizes foram construídas no bojo das discussões que perpassaram aquela década, com o objetivo de alinhar a formação na área da saúde aos princípios do SUS. Os textos das DCNs dos cursos de graduação da área de saúde apresentam como diretriz, de modo geral, um perfil profissional generalista, com visão de mundo humanista, crítica e reflexiva, bem como a vinculação a um conceito ampliado de saúde e à mudança em direção ao paradigma coletivista no sistema de saúde.

As propostas curriculares defendidas pelas Diretrizes Curriculares Nacionais daquela década propunham superar as práticas educacionais fragmentadas, tecnicistas e descontextualizadas, e destacavam o diálogo necessário entre a formação e o mundo do trabalho, superando o domínio apenas cognitivo e técnico, através da efetiva compreensão dos contextos, cotidianos da saúde e cenários reais da prática. Os egressos da formação em saúde deveriam ser capazes de construir o próprio conhecimento, no sentido de não reproduzir, e sim transformar, orientados pelas dimensões biopsicossociais do processo saúde-doença (Capdeville & Péret, 2019).

A partir desse contexto, a graduação em Psicologia deveria qualificar o profissional para a assistência à saúde em contextos multiprofissionais, incorporando habilidades de autonomia e flexibilidade, de forma a atender às demandas da sociedade e à promoção da qualidade de vida. As DCNs de 2004 e 2011 (MEC, 2004, 2011) propõem um currículo baseado em ênfases que devem incorporar estágios supervisionados estruturados para garantir o desenvolvimento de competências específicas previstas.

O texto traz sugestões de atividades individuais e de equipe, para cumprimento da carga horária de práticas, incluindo, dentre outras: exercícios em laboratórios de Psicologia, observação e descrição do comportamento em diferentes contextos, projetos de pesquisa desenvolvidos por docentes do curso, aplicação e avaliação de estratégias, técnicas, recursos e instrumentos psicológicos, visitas, projetos de extensão, práticas integrativas voltadas para o desenvolvimento de habilidades e competências em situações de complexidade variada, representativas do efetivo exercício profissional, sob a forma de estágio supervisionado.

Em relação aos estágios supervisionados, o texto enfatiza que sejam distribuídos ao longo do curso, assegurando a consolidação e articulação das competências, o contato do formando com situações, contextos e instituições diversas, permitindo que conhecimentos, habilidades e atitudes se concretizem em ações profissionais. Sugere, ainda, a estruturação dos estágios em dois níveis — básico e específico — sendo cada um com sua carga horária própria, e expressa a necessidade de registro documentado para avaliação. O texto prevê, também, o cumprimento da carga horária de estágios com a realização de atividades em outras instituições e a instalação do Serviço de Psicologia com atendimento às demandas de serviço psicológico da comunidade.

Porém, apesar da mudança paradigmática proposta no texto de 2011, as DCNs da Psicologia deixaram lacunas referentes às condições de realização dos estágios e das práticas de formação. Em conjunto com o CRP de São Paulo e a ABEP, o CFP publicou em 2013 a "Carta de Serviços sobre Estágios e Serviços-escola", a qual veio complementar algumas lacunas referentes à qualidade técnica dos estágios, regulamentação de normas referentes à responsabilidade da(o) psicóloga(o) supervisora(or) pela aplicação adequada de métodos e técnicas psicológicos, bem como por zelar pela ética profissional e pelo serviço de qualidade à população.

Nos últimos dez anos, todas as Diretrizes Curriculares Nacionais dos cursos de graduação na área de saúde foram revisadas, e esse processo ocorreu igualmente em relação às DCNs da Psicologia, promovido durante o ano de 2018, o qual foi denominado pelo CFP "Ano da Formação em Psicologia".

Iniciamos o processo de revisão das DCNs cientes dos desafios ainda não superados pelas Diretrizes Curriculares anteriores, além da amplitude de questões a serem enfrentadas, relacionadas à formação em Psicologia, tais como a dimensão éticopolítica, o não conteudismo e o trabalho docente, dentre outros. Houve um grande movimento de discussão, em todos os estados, sobre o documento de referência produzido pelo CFP em conjunto com a ABEP.

A partir da discussão em diferentes cidades dos estados, gerou-se propostas e eleição de delegadas(os), as quais foram levadas para os encontros estaduais, ocorridos entre fevereiro e março de 2018. Por meio de amplo processo democrático, com votações em cada fase de representatividade, aconteceram os encontros para cada uma das cinco regiões do país. Nesses encontros regionais foram escolhidas até dez propostas sobre cada um dos temas elencados no texto disparador, bem como a eleição de delegadas(os) para representação no encontro nacional. Contando com a participação e a representatividade de coordenadores de curso, psicólogas(os), professoras(es) e estudantes, aconteceu o encontro nacional, em Brasília, no dia 5 de maio de 2018, com delegadas(os) eleitas(os) e propostas votadas nos encontros de todas as regiões do país.

Durante todo o ano de 2018, a ABEP Nacional, o CFP e a Federação Nacional dos Psicólogos (FENAPSI), apoiados pelos CRPs e os núcleos regionais da ABEP, mobilizaram a categoria e as entidades da Psicologia para contribuir com o texto que ficou disponível no site do CPF, para aprimoramento e sugestões, por meio de consulta pública. O resultado desse amplo processo democrático de construção de propostas para a formação foi apresentado ao Conselho Nacional de Saúde (CNS) e, após aprovação, foi submetido ao Conselho Nacional de Educação (CNE).

As novas DCNs da Psicologia foram aprovadas pelo CNE, com alterações, em 4 de dezembro de 2019, e aguardam homologação. Apesar das variadas contribuições em relação à questão dos estágios apresentadas no texto original, produzido pelo movimento de 2018, as novas DCNs trazem apenas o acréscimo de que "a atividade de estágio obrigatório supervisionado deve ter orientação presencial, conduzida por professores psicólogos, docentes da instituição formadora" (MEC, 2019).

A IMPORTÂNCIA DOS ESTÁGIOS E DAS ATIVIDADES PRÁTICAS NA FORMAÇÃO EM PSICOLOGIA

Os estágios são regulamentados pela Lei n. 11.788/2008, a qual traz definições e conceitos relativos a atividades realizadas por estudantes de diferentes níveis de formação, e orienta ainda as funções e responsabilidades das instituições educativas em sua coordenação e desenvolvimento.

Para melhor entendimento, citamos aqui o art. 1º da lei de estágio, que o define como:

> [...] ato educativo escolar supervisionado, desenvolvido no ambiente de trabalho, que visa à preparação para o trabalho produtivo de educandos que estejam frequentando o ensino regular em instituições de educação superior, de

> educação profissional, de ensino médio, da educação especial e dos anos finais do ensino fundamental, na modalidade profissional da educação de jovens e adultos. (Brasil, 2008)

A realização dos estágios ocorre de acordo com um conjunto de atividades, definidas em plano de trabalho e que podem ser desenvolvidas por meio de duas modalidades: os denominados *estágios obrigatórios* e *estágios não obrigatórios*.

Essas duas modalidades estão previstas também nas diretrizes curriculares nacionais (DCNs) e devem constar no projeto pedagógico dos cursos (PPC), de forma que todas as atividades desenvolvidas pelo estudante, durante o estágio, deverão estar articuladas com o PPC (CRP, 2015).

De acordo com a concepção que é dada aos estágios, entende-se que eles são importantes instrumentos pedagógicos de desenvolvimento profissional e social. Mais especificamente no caso da formação em Psicologia, constituem um conjunto de atividades supervisionadas realizadas em situações reais de vida e de trabalho, por discentes regularmente matriculados em curso de graduação nessa área, objetivando desenvolver a aprendizagem profissional e sociocultural da(o) estudante, sob a responsabilidade e coordenação da instituição de ensino.

Em consonância com as legislações, entende-se que os estágios são parte fundamental do processo de formação profissional e devem ser conduzidos e efetivados mediante critérios para melhor aproveitamento dos estudantes e, ainda, da sociedade.

No caso da formação em Psicologia, salientamos que a inserção "precoce", se assim podemos dizer, dos estudantes em prática e estágios pode favorecer a adequada formação profissional em atenção às novas demandas da sociedade e da realidade atual, fomentando a necessidade de continuidade dessa formação.

Ressalta-se a importância dos estágios para a formação profissional, pois os cenários de práticas em territórios e contextos diversificados da sociedade são elementos que viabilizam oportunidades para que os estudantes se aproximem de questões políticas, culturais e sociais próprias da especificidade do campo psicológico, e integrem na prática os conhecimentos e experiências adquiridos na academia com os saberes e experiências específicos de sua categoria profissional, configurados pelo Conselho de Classe.

As trocas dialéticas entre teoria e prática, bem como a dialogicidade desses processos internos e externos, são mediatizados pelas experiências e reflexões que vão afetando os estudantes, futuros profissionais de saúde, e, de forma dinâmica, vão se constituindo neles: os territórios de suas práticas, as equipes com as quais convivem, as histórias dos sujeitos, as ações das quais participam, as demandas que tomam para si e sua própria subjetividade (Capdeville, 2020).

Os estágios e as práticas que acontecem durante o percurso da formação contribuem para o desenvolvimento de habilidades e competências para as atividades de pesquisa e extensão, oferecendo oportunidade de experimentar compartilhamentos e trocas inerentes ao trabalho em equipe multi e interprofissional, e ainda abrem caminho para a articulação e o diálogo entre a academia e a sociedade.

Baseado no Projeto Pedagógico do Curso (PPC), o estágio, quando bem planejado e delimitado, pode viabilizar a integração curricular, funcionando como articulador entre teoria e prática, fomentando a elaboração de experiências e iniciativas inovadoras. A reflexão, o aprofundamento e a discussão das políticas públicas de forma transversal, por meio do contato direto com a realidade na qual essas políticas se materializam, nos cenários de práticas, permitem ainda lidar com as questões éticas inerentes à atuação profissional.

Vislumbrando sempre a formação em seu sentido mais amplo, acreditamos que as instituições de ensino e seus PPCs precisam formar estudantes que dominem a técnica e a ciência psicológica, mas que também sejam capazes de incorporar a subjetividade e a dimensão humana ao fazer psicológico.

Os egressos dos cursos de Psicologia devem possuir uma visão ampliada de mundo, pois assim serão melhores gestores e profissionais capazes de reflexão crítica sobre suas práticas, superando a mera reprodução dos modelos já estabelecidos socialmente. É desejável que os egressos tenham competências para tomar decisões fundamentadas em posicionamento ético e técnico, com visão humanizada e cidadã.

Sendo assim, pensando na dimensão formativa do estudante, os estágios previstos no projeto pedagógico do curso devem visar ao aprendizado de competências próprias da atividade profissional e à contextualização curricular, objetivando o desenvolvimento do educando para a vida cidadã e o trabalho.

A formação profissional adequada e satisfatória, que atenda às demandas sociais e produzam sujeitos éticos, políticos e cidadãos engajados na sociedade, pressupõe estágios pautados por algumas normativas. Lembramos aqui, primeiramente, o Código de Ética Profissional, ou CEP (CFP, 2005) que em sua estruturação delineia para a sociedade as responsabilidades e deveres do psicólogo, oferecendo diretrizes para a sua formação. O Código de Ética baliza ainda os julgamentos de ações sobre a atuação profissional e contribui para o fortalecimento e a ampliação do significado social da profissão.

Segundo a Resolução 003/2007, cabe ao psicólogo responsável técnico pelos estágios "verificar pessoalmente a capacitação técnica de seu estagiário, supervisionando-o e sendo responsável direto pela aplicação adequada de métodos e técnicas psicológicas e pelo respeito à ética profissional" (CFP, 2007).

Outra normativa importante trata sobre a questão do registro documental, (Resolução CFP n. 1/2009) a qual torna obrigatório o registro decorrente de prestação de serviços psicológicos, mesmo quando esses serviços são realizados em situações de estágios. A atividade de registro sistemático dos atendimentos psicológicos vai criando no discente senso crítico e reflexivo para a escrita científica no exercício profissional.

Recentemente, o CFP publicou a Resolução 006/2019, a qual institui regras para a elaboração de documentos escritos produzidos pela(o) psicóloga(o) no exercício profissional, e revogando a Resolução CFP n. 15/1996, a Resolução CFP n. 07/2003 e a Resolução CFP n. 04/2019. A Resolução 006/2019 traz para a categoria possibilidades de desenvolver, em sua prática, documentos que realmente atendam às demandas solicitadas, de forma ética, científica e técnica. Pensando então na importância dos estágios para o processo de formação acadêmica, a aplicação dos conhecimentos práticos fundamentados nessa resolução abre um rico horizonte formativo para o aprendizado de técnicas da ciência psicológica, o que será de utilidade futura no exercício profissional.

Portanto, os estágios e práticas, além de ser uma prerrogativa de cumprimento de carga horária para a conclusão de curso, devem ter em sua concepção um sentido muito mais amplo, necessário e formativo de interface entre atividades acadêmicas e atividades profissionais. Representam possibilidades de aproximação da realidade, sendo um espaço privilegiado para o exercício profissional supervisionado e para a intervenção em novos campos de atuação, bem como para o levantamento de questões de pesquisa.

CONSIDERAÇÕES FINAIS

Na perspectiva de garantir aos estudantes o exercício efetivo de atividades compatíveis com sua área de formação, entende-se que os estágios e as práticas permitem participação direta da ação educativa na atividade laboral, caracterizando um dos pilares do processo formativo.

Entende-se que a responsabilidade entre a formação e o exercício profissional vão além das instituições de ensino, e se faz necessária a expansão desse diálogo também para os órgãos reguladores e associações do exercício profissional.

Compete aos Conselhos regionais e ao Federal garantir medidas para a disponibilização de oferta de serviço profissional de qualidade à população. Para tanto, estes têm como parte integrante de suas atribuições a função de regulamentar normas para o estágio, reconhecendo a responsabilidade da(o) psicóloga(o) supervisora pela aplicação adequada dos métodos e técnicas psicológicas, pelo respeito à ética profissional e pelo serviço de qualidade à população.

Há vários desafios a serem enfrentados para uma formação crítica e reflexiva em Psicologia, tais como as pressões mercadológicas para a oferta de cursos de Psicologia na modalidade de ensino à distância (EAD), priorizando mais a informação e a lógica de transmissão de conteúdos. Há necessidade, ainda, de uma formação atenta ao aumento de desigualdades, ao congelamento de investimentos em saúde e educação e à restrição do acesso a serviços sociais.

O contexto mercantilista, presente no atual panorama das Instituições Educativas, repercute na precarização do trabalho docente e, consequentemente, na supervisão dos estágios e na orientação das(os) estudantes nos cenários de práticas, predominando, em algumas situações, um acompanhamento de elevado número de estudantes, com carga horária inferior ao que seria necessário para que a orientação ocorresse de uma forma adequada.

Inserido nesse cenário sócio-histórico-político da educação, está também o desafio de assumir e sustentar uma formação pautada pelo compromisso social, a ética profissional e a responsabilidade que envolve o cuidado com o outro, refletindo o projeto de profissão almejado.

Uma formação com compromisso social se traduz numa formação comprometida com a realidade brasileira. Uma formação que prepare a(o) futura(o) psicóloga(o) para atuar de forma ética, independentemente da área em que esteja inserida — uma formação que admita a natureza do homem como histórico e social. Para tanto, é essencial que a(o) psicóloga(o) conheça a realidade social, cultural e econômica na qual vai atuar.

Dentre os desafios listados aqui, gostaríamos de frisar nossa inquietação no que diz respeito às condições materiais do exercício profissional e às relações sociais e políticas no nosso país, pois entendemos que existe uma correlação dialética entre a realidade social e a subjetividade humana, na qual há precarização do trabalho docente e o adoecimento psíquico dos psicólogos e da população de uma forma geral, o que põe em risco a vivência efetiva dos direitos humanos.

Presenciamos nos últimos anos o desenrolar de práticas políticas que prescindem cada vez mais do Estado de Direito, da participação dos cidadãos nas instituições e espaços públicos, nos colocando em frente à falta de ética na gestão de bens e de recursos públicos, o que leva os cidadãos a uma vida indigna e desumana. Por isso, pensamos que a ética e a política são indissociáveis da nossa prática profissional, seja ela na produção do conhecimento ou nas diferentes atividades institucionais às quais nos vinculamos.

Dentre os desafios, ainda elencamos a necessidade cada vez maior de mobilizar e agregar os profissionais que estão envolvidos com a formação em Psicologia, buscando nos agrupar e nos fortalecer enquanto coletivo. Se não estivermos juntos uns com os outros, dificilmente vamos conseguir resistir e avançar, pois o caos político que vivemos tende a nos imobilizar. Os processos de discussão em torno da formação ficam fragilizados se não fomentarmos a relação de parceria entre CRPs, ABEPs regionais e Instituições de Ensino, pois a tarefa depende de muitas mãos dispostas a construir.

É possível criar estratégias nas quais a formação profissional possa ser vetor de mudanças que visam à garantia de direitos e à participação democrática em todas as relações sociais, bem como de cuidado com o outro em uma sociedade em crise de valores éticos, políticos, de solidariedade e empatia. E assim nos deparamos com possibilidades que demandam muitas mãos e o envolvimento de todas as entidades neste debate, assim como de todos os profissionais que isoladamente também estão preocupados com os rumos da Psicologia no Brasil.

Acreditamos que formação e profissão são indissociáveis, e, da mesma forma, compreendemos a necessária parceria entre ABEP e Sistema Conselhos, no âmbito nacional e regional. É possível promover uma formação ético-política atenta às relações de poder presentes nas instituições, na produção do conhecimento científico e no exercício profissional, na medida em que compartilhamos experiências e informações e cooperamos uns com os outros, pois somando somos mais. Esperamos que a leitura deste texto possa atingir seu objetivo principal: contribuir para processos pautados no compromisso ético-político que fundamenta a Psicologia no Brasil.

REFERÊNCIAS

Brasil. (2008). Lei n. 11.788 de 25 de setembro de 2008. Brasília, DF: Congresso Nacional. Recuperado de: http://www.planalto.gov.br/ccivil_03/_ato2007-2010/2008/lei/l11788.htm. Acesso em 09.10.2020.

Capdeville, E. N. (2020). Categorias analíticas potentes em instrumentos de avaliação em saúde: processos de educação permanente. Novas Edições Acadêmicas.

Capdeville, E. N.; & Péret, A. de C. A. (2019). Formação na área da saúde na dimensão freiriana: perspectivas para reinventar a vida. In *Educação no Brasil e no Mundo Avanços, Limites e Contradições*. Ponta Grossa, PR: Editora Atena, 184-190.

Conselho Federal de Psicologia. (2005). *Resolução CFP n. 10/2005*. Recuperado de: http://site.cfp.org.br/legislacao/codigo-de-etica/

Conselho Federal de Psicologia. (2007). *Resolução CFP n. 03/2007*. Recuperado de: https://site.cfp.org.br/wp-content/uploads/2007/02/resolucao2007_3.pdf

Conselho Regional de Psicologia. (2015). *Guia para o exercício profissional: psicologia, legislação, orientação, ética, compromisso social*. Belo Horizonte, MG: Conselho Regional de Psicologia da 4ª Região (MG).

MEC. (2004). *Resolução CNE/CES n. 8, de 7 de maio de 2004*. Conselho Nacional de Educação. Câmara de Educação Superior. Recuperado de: http://portal.mec.gov.br/cne/arquivos/pdf/rces08_04.pdf

MEC. (2011). *Resolução CNE/CES n. 5, de 15 de março de 2011*. Conselho Nacional de Educação. Câmara de Educação Superior. Recuperado de: http://portal.mec.gov.br/index.php?option=com_docman&view=download&alias=7692-rces005-11-pdf&Itemid=30192

MEC. (2019). *Parecer CNE/CES n. 1071, de 04 de dezembro de 2019*. Conselho Nacional de Educação. Câmara de Educação Superior. Recuperado de: http://portal.mec.gov.br/index.php?option=com_docman&view=download&alias=139201-pces1071-19&category_slug=dezembro-2019-pdf&Itemid=30192

2. EXPERIÊNCIA DE ESTÁGIO EM NEUROPSICOLOGIA CLÍNICA

Kelly Cristina Atalaia da Silva[7]

Ailla Cardoso da Silva Santos[8]

Camila Oliveira de Amorim[9]

Laís Souza Anias[10]

Renata da Silva Lima[11]

Sandra Jesus Almeida[12]

Tainá Morais da Silva[13]

7. Professora adjunta da Universidade Federal do Recôncavo da Bahia (UFRB). Coordenadora da pós-graduação em Psicologia da UFRB e coordenadora do Núcleo de Neurociência e Neuropsicologia Cognitiva (NUNNCOG).

8. Psicóloga pela Universidade Federal do Recôncavo da Bahia (UFRB). Residente em Neurologia pelo Programa Multiprofissional em Saúde (Hospital Geral Roberto Santos). Atua como psicóloga hospitalar e integra o Núcleo de Neurociências e Neuropsicologia Cognitiva (NUNNCOG/UFRB).

9. Psicóloga pela Universidade Federal do Recôncavo da Bahia (UFRB). Especializanda em Psicologia, Avaliação e Atenção à Saúde (UFRB) e em Neuropsicologia pela FADBA. Psicóloga Clínica e integrante do Núcleo de Neurociências e Neuropsicologia Cognitiva (NUNNCOG) da UFRB.

10. Psicóloga pela Universidade Federal do Recôncavo da Bahia (UFRB), atuando na clínica. Especializanda em Psicologia, Avaliação e Atenção à Saúde e integrante do Núcleo de Neurociências e Neuropsicologia Cognitiva (UFRB).

11. Psicóloga pela Universidade Federal do Recôncavo da Bahia (UFRB), com atuação em psicologia clínica, tendo como público-alvo crianças e adultos.

12. Psicóloga pela Universidade Federal do Recôncavo da Bahia (UFRB), atua como psicoterapeuta de orientação cognitivo-comportamental. Mestranda em Neurociências pela Universidade Federal de Minas Gerais (UFMG).

13. Psicóloga pela Universidade Federal do Recôncavo da Bahia; Pósgraduanda em Psicologia, Avaliação e Atenção à Saúde (UFRB). Pós-graduanda em Terapia Cognitivo-Comportamental pela FADBA. Atua como psicóloga na Atenção Básica/SUS.

INTRODUÇÃO

A Neuropsicologia é a ciência que estuda a relação entre cognição, comportamento e sistema nervoso (Mäder-Joaquim, 2010). De natureza interdisciplinar, seu campo de estudo e pesquisa contempla pesquisadores de diferentes áreas do conhecimento. No tocante à sua atuação profissional, a Neuropsicologia é uma especialidade do profissional da Psicologia, reconhecida pelo Conselho Federal de Psicologia através da resolução 002/2004. O neuropsicólogo pode atuar em diversos ambientes, tais como instituições acadêmicas (realizando atividades de ensino, pesquisa, extensão e supervisão), instituições hospitalares, forenses, clínicas, consultórios privados e atendimentos domiciliares.

Em sua atuação clínica, para que o neuropsicólogo possa desempenhar suas atribuições profissionais com qualidade, é necessário associar conhecimentos atualizados de psicologia cognitiva, avaliação psicológica, psicometria, desenvolvimento humano, psicopatologia, neuroanatomia, neurofisiologia, psicofarmacologia, neuroimagem e raciocínio clínico (Atalaia-Silva, 2019). Alguns desses tópicos são vistos de forma aprofundada nas graduações em Psicologia, já outros são vistos de forma superficial. Além de apresentar domínio nessas áreas, o neuropsicólogo clínico deve ser capaz de fazer uma integração de todos esses arcabouços para poder construir uma boa hipótese diagnóstica e delinear um plano de intervenção eficiente.

Nas graduações de Psicologia no Brasil, poucos são os cursos que ofertam a disciplina Neuropsicologia em caráter obrigatório. A maioria dos cursos oferece uma disciplina optativa, e alguns cursos ainda não ofertam esse componente curricular na graduação. Entretanto, com a crescente ampliação da demanda por neuropsicólogos, diversas universidades têm proposto alterações em seus planos psicopedagógicos para inclusão de algumas disciplinas de Neuropsicologia e para oferta de estágio na área.

O conhecimento da Neuropsicologia, até a publicação da resolução que regulamentou a especialidade no campo da Psicologia no Brasil, era restrito aos cursos de pós-graduação. Nesse contexto, o acadêmico de Psicologia que demonstrasse algum interesse pela área precisava estudar de forma autônoma durante a graduação ou tinha que esperar para cursar uma pós-graduação na área. Cabe ressaltar que a demanda pelo serviço de Neuropsicologia tem crescido muito, em virtude dos inúmeros aportes que essa disciplina traz como contribuição para esclarecimento diagnóstico e tratamento de transtornos neuropsiquiátricos. As intervenções neuropsicológicas são embasadas cientificamente e apresentam critérios de avaliação pré e pós-intervenção, que permitem mensurar (quantitativa e qualitativamente) as alterações cognitivas, comportamentais, sociais e emocionais do paciente. Cabe enfatizar que o enfoque da intervenção neuropsicológica é a melhora da qualidade de vida do paciente e de seus familiares (Wilson, 2010). Em suas duas vertentes, avaliação e reabilitação neuropsicológica, a Neuropsicologia propicia um olhar clínico diferenciado em relação aos transtornos neurológicos e psiquiátricos.

A neuropsicologia clínica está voltada para o desenvolvimento de técnicas e diagnóstico de alterações que acometem os aspectos comportamentais e cognitivos (Stuss & Levine, 2002). Para tal, é necessário o desenvolvimento de habilidades essenciais para a atuação profissional. Poucos são os estudos que se debruçaram sobre quais são as habilidades que um bom neuropsicólogo deve desenvolver. Hessen et al. (2018) realizaram uma revisão que avaliou os manuais clínicos de formação do neuropsicólogo na Europa, na Austrália e na América do Norte. Apesar de algumas diferenças, os autores evidenciaram os seguintes aspectos consensuais como habilidades imprescindíveis ao neuropsicólogo clínico: 1) conhecimento profundo de Psicologia geral, incluindo psicologia clínica, ética e parâmetros legais da profissão; 2) conhecimento profundo sobre a relevância clínica das correlações entre cérebro e comportamento; 3) conhecimento aprimorado de técnicas de abordagem ao paciente; 4) conhecimento aprofundado sobre ferramentas de avaliação neuropsicológica; 5) competência para associar e dissociar aspectos cognitivos e comportamentais de fatores sociais e culturais; 6) competência para conseguir comunicar os achados neuropsicológicos de forma clara para os pacientes e seus familiares, além de transmitir os resultados de forma elucidativa no laudo; e 7) conhecimento de técnicas de intervenção psicológica e neuropsicológica.

Recentemente, Hokkanen et al. (2019) investigaram a situação do ensino e do treinamento em Neuropsicologia em trinta países europeus. A pesquisa foi elaborada pela Federação Europeia de Psicologia. Dos países participantes, apenas três reportaram o reconhecimento oficial da especialidade com leis específicas. Para exercer a atividade, a maioria dos países destacou que o grau mínimo para atuar em neuropsicologia clínica era o grau de mestre, sendo o grau de doutor exigido em dois dos países. Em um terço dos países não havia uma padronização sobre o ensino e as habilidades necessárias para a formação em Neuropsicologia.

Janzen e Guger (2016) avaliaram como ocorria a especialização em Neuropsicologia no Canadá. As autoras identificaram que o Canadá tem uma rica história no campo da Neuropsicologia. Nesse país, os neuropsicólogos têm doutorado com ampla prática de experiência supervisionada. A maioria dos neuropsicólogos estão atuando em hospitais, universidades e em consultórios particulares. Os grandes desafios para a Neuropsicologia canadense, segundo as autoras, são propiciar o mesmo nível de atendimento para as populações que utilizam o sistema privado e o sistema público de saúde e ter padronização dos instrumentos neuropsicológicos em todos os idiomas empregados no Canadá.

Gauthier et al. (2020) conduziram um estudo para caracterizar a experiência profissional do neuropsicólogo canadense e compará-la à pratica norte-americana. Os autores encontraram uma similitude de prática profissional nos dois países, sendo que metade dos participantes da pesquisa relataram fazer cursos de treinamento continuado. Cerca de 75% dos neuropsicólogos afirmaram fazer supervisões clínicas a partir de um modelo padronizado de supervisão, sendo o modelo de Shultz et al. (2014) o mais citado.

No Brasil, até o presente momento, não há o registro de estudos que avaliaram o tipo de formação do neuropsicólogo brasileiro. Não temos modelos padronizados de supervisão da prática clínica neuropsicológica e nem um consenso formal sobre as habilidades e competências fundamentais para a atuação na área de neuropsicologia clínica. O que temos observado é que a maioria dos neuropsicólogos no Brasil apresentam apenas o título de especialista, sem ter tido uma experiência de estágio durante o tempo da faculdade, indo para a atuação profissional ainda muito inexperientes e despreparados.

Na tentativa de minimizar essa lacuna de formação profissional no Brasil, iniciamos o campo de estágio supervisionado em neuropsicologia clínica na Universidade Federal do Recôncavo da Bahia (UFRB), no curso de graduação em Psicologia. O estágio supervisionado tem duração de um ano e os alunos são instrumentalizados com estudos teóricos, supervisão e rodada de casos clínicos entre os participantes do estágio. Enfatizamos que a área da

Neuropsicologia ainda não é muito conhecida pela população em geral, então realizamos divulgação e explicação sobre o que o neuropsicólogo faz. A partir dessa ação, tivemos a procura de vários pacientes para a clínica-escola, inclusive com formação de lista de espera. A seguir, passamos a relatar, de forma breve, alguns casos clínicos atendidos no estágio de neuropsicologia clínica da UFRB. Ressaltamos que, pelo fato de a prática de estágio supervisionado ser classificada como uma atividade de ensino, não é necessário ter aprovação em comitê de ética em pesquisa. Cada paciente e/ou familiar assinou o termo de consentimento livre e esclarecido de participação do estágio e de posterior utilização dos dados.

BREVE RELATO DOS CASOS CLÍNICOS

CARACTERIZAÇÃO DO CASO 1

O caso clínico descrito é de uma idosa (79 anos), branca, aposentada, casada, ensino fundamental incompleto, com provável doença de Alzheimer (DA). A paciente foi encaminhada ao Serviço de Psicologia da Universidade por seus filhos, com queixas relacionadas à "perda da memória".

Os filhos relatam que há cinco anos ela começou a apresentar dificuldades de memória para atividades cotidianas, com dificuldade de memorizar fatos recentes. Durante a sua vida, a paciente foi empresária e costureira, gostava de bordados. Por conta das dificuldades relatadas pelos filhos, a família isentou a idosa de todas as atividades de vida diária, incluindo atividades de autocuidado.

A paciente já fazia uso de medicações como inibidores da colinesterase, mesmo sem um diagnóstico de DA. Além deste, no início da intervenção neuropsicológica, foi indicado pelo psiquiatra o uso de um antipsicótico, em decorrência das queixas de agressividade relatadas pelo filho. Em 16 encontros foram realizadas avaliação neuropsicológica, reabilitação neuropsicológica (RN) e reavaliação neuropsicológica. Todas as intervenções foram baseadas em tarefas ecológicas, de acordo com o que era representativo para a paciente.

ESTRATÉGIAS DE ABORDAGEM

Para as avaliações neuropsicológicas (AN), foram utilizados instrumentos capazes de avaliar a cognição, o humor e a capacidade funcional da paciente. Para a reabilitação neuropsicológica, as intervenções foram a partir da AN, visando intervir no que estava preservado e comprometido cognitivamente.

Os instrumentos utilizados na AN foram: entrevista inicial com paciente e familiar, o Desenho do Relógio (Sunderland et al., 1989), a Escala Geriátrica de Depressão (Paradela, Lourenço & Veras, 2005), a Bateria de Avaliação Frontal - FAB (Beato, Nitrini, Formigoni & Caramelli, 2007) e a bateria *Consortium to Establish a Registry for Alzheimer Disease - CERAD* (Bertolucci, Okamoto, Brucki, Siviero, Neto & Ramos, 2001) composta pelo MiniExame do Estado Mental - MEEM (Adaptado de Folstein et al., 1975), Fluência Verbal (animais), Teste de Nomeação de Boston, Lista de Palavras (recordação imediata, tardia e reconhecimento) e Habilidade Construtiva. Foram realizadas escalas funcionais com o filho: o Informant Questionnaire on Cognitive Decline in the Elderly - IQCODE (Sanchez & Lourenço, 2009) e o Questionário de Atividades Funcionais de Pfeffer (QPAF) (Sanchez, Correa & Lourenço, 2011). Esses mesmos instrumentos foram utilizados na reavaliação neuropsicológica.

A primeira AN ocorreu em duas sessões, com aproximadamente 50 minutos cada. Foi possível notar, a partir dos escores dos instrumentos, que a paciente tinha comprometimentos de memória explícita e de funcionalidade, e a FAB demonstrou comprometimentos relacionados ao controle inibitório. Nessa avaliação concluiu-se que a paciente tinha as habilidades práxicas preservadas, humor estabilizado e memória implícita preservada. Além dos instrumentos, a avaliação qualitativa também apontava para uma desinibição frontal e, por isso, foi solicitado que a paciente apresentasse exames de neuroimagem. Estes não foram apresentados até o final do processo.

A RN contou principalmente com atividades relacionadas à memória implícita e habilidades práxicas. Nestas, eram realizados bordados e desenhos de vestidos e figuras abstratas. A costura era uma atividade prazerosa para ela e, antes de iniciar, considerávamos cada passo para o ato de bordar. Nas atividades práxicas, eram solicitadas a cópia e a evocação imediata ou tardia. Foi observado que a paciente tinha maiores dificuldades na evocação, o que condizia com o seu quadro clínico. Desse modo, visando a aprendizagem sem erros, eram dadas "pistas", apresentando uma parte da imagem para que ela realizasse as tarefas. No decorrer da RN, as doses do antipsicótico foram alteradas, e notava-se a paciente com maiores dificuldades atencionais e mais sonolenta.

DESFECHO CLÍNICO

Como não foi possível realizar o diagnóstico diferencial considerando a demência fronto-temporal e a DA, optou-se pela hipótese diagnóstica de provável DA em fase moderada, visto que os comprometimentos de memória eram maiores que os comprometimentos de controle inibitório.

Após a reavaliação neuropsicológica, observou-se que os maiores ganhos foram no MEEM, apresentando diferenças significativas, principalmente nas habilidades de orientação espacial, cópia dos pentágonos, comando em três etapas, e escrita de uma frase. Apesar de não se recordar explicitamente da estagiária, a paciente sempre se referia às dificuldades de memória naquele espaço, demonstrando clinicamente a mudança na orientação espacial.

O uso de antipsicóticos nos casos de DA é descrito pela literatura (McKeith & Cummings, 2005). As implicações da medicação no processo foram evidentes, principalmente pela diminuição da capacidade atencional da paciente. Entretanto, conclui-se que as estratégias da RN foram eficazes neste caso.

CARACTERIZAÇÃO DO CASO 2

Uma das pessoas selecionadas para o atendimento caracterizava-se como um homem de 83 anos, branco, escolarizado até a terceira série do ensino fundamental, de classe média, atualmente aposentado e com baixa acuidade visual decorrente de um procedimento cirúrgico. A queixa inicial do paciente, corroborada no relato de sua acompanhante, era de dificuldade na comunicação, com lentificação da fala verificada desde a ocorrência de um Acidente Vascular Cerebral (AVC) cerca de um mês antes de ele ter buscado o serviço de Psicologia. Os contatos seguintes à triagem foram destinados à realização de procedimentos de avaliação e reabilitação neuropsicológicas.

ESTRATÉGIA DE ABORDAGEM

A avaliação neuropsicológica do paciente se iniciou pela observação clínica dos sintomas de linguagem dos quais o paciente se queixava, porém, foram amenizadas ao longo das primeiras sessões, em virtude de um acompanhamento fonoaudiológico no qual o paciente se submeteu. Além das observações e da escuta, foram utilizados alguns instrumentos de avaliação. A princípio, utilizou-se o Mini-Exame do Estado Mental (MEEM) (Bertolucci Brucki, Campacci & Juliano, 1994), com aplicação em seguida do Teste de Aprendizagem Auditivo Verbal de Rey – RAVLT (De Paula & Malloy-Diniz, 2018) e da Cambridge Cognitive Examination – Revised – CAMCOG-R (Paradela, 2007).

Avaliando os resultados nos instrumentos (todos caracterizando prejuízos mnemônicos e não de linguagem como antes suposto), observações clínicas e as informações cedidas pelo paciente e seus acompanhantes, estabeleceu-se a hipótese diagnóstica de Comprometimento Cognitivo Leve – CCL Mnêmico e de único domínio, caracterizado principalmente pela existência de comprometimento cognitivo sem significativa alteração da funcionalidade do paciente (Gil & Busse, 2009). Para confirmar a hipótese, recorreu-se ao Inventário Depressão de Beck – BDI e o Inventário de Ansiedade de Beck – BAI (Cunha, 2001), para excluir a possibilidade de que um transtorno do humor pudesse explicar melhor o declínio. Utilizouse também escalas de funcionalidade, como a Informant Questionnaire on Cognitive Decline in the Elderly – IQCODE (Sanchez & Lourenço, 2009) e a Pfeffer Functional Activities Questionnaire – QPAF (Sanchez, Correa & Lourenço, 2011), onde foi atestado que a funcionalidade não estava comprometida por conta de *deficits* cognitivos.

Uma vez definida a hipótese diagnóstica, que foi compreendida pelo paciente e seus familiares (nesse ponto, eles passaram a relatar episódios de esquecimento significativos), foram estabelecidos objetivos para o processo. Iniciadas as 12 sessões de reabilitação neuropsicológica, adotou-se como estratégias principais a escuta qualificada, prática de *mindfulness* e atividades envolvendo memória declarativa, trabalhando estratégias de otimização da memória como, por exemplo, musicalização, criação de histórias absurdas e atividades de categorização sempre voltadas para temáticas do interesse do paciente, a fim de aumentar seu engajamento, e focadas em questões que o afetavam no seu cotidiano.

DESFECHO CLÍNICO

O paciente foi reavaliado com o MEEM, o RAVLT e o CAMCOG-R após as sessões de reabilitação. Em todos eles o escore total se elevou. No MEEM e no CAMCOG-R, as pontuações totais foram, respectivamente, de 21 para 23 pontos e de 70 para 79 pontos, com melhora específica nas respostas referentes à memória e diferença estatisticamente significativa ($t = 0{,}846$; $p \leq 0{,}002$ e $t = -1{,}163$; $p \leq 0{,}000$, respectivamente). No RAVLT, a pontuação total foi de 28 para 35 pontos, também estatisticamente significativa ($t = 0{,}580$; $p \leq 0{,}000$), e nenhum dos escores obtidos entre as subtarefas do instrumento classificou-se como indicador de *deficit* clínico.

Ao fim do processo de reabilitação, o paciente já não atingia critério para diagnóstico de CCL, pois seus índices nos instrumentos de avaliação melhoraram, mas não somente por isso. As queixas de esquecimento antes relatadas deixaram de ocorrer. O paciente não só passou a adotar algumas estratégias trabalhadas no acompanhamento, fazendo generalização do que foi aprendido, como também relatou sentir menos dificuldade de lembrar-se das coisas mesmo sem recorrer ao que havia aprendido. O paciente também retomou atividades antes comuns em sua rotina.

Pode-se dizer que o processo de reabilitação foi bem-sucedido, já que para além de melhorar escores em testes, melhorou a qualidade de vida e a funcionalidade do paciente (Wilson, 2008), reduzindo suas chances de evolução para transtornos mais graves (Barboza et al., 2015; Hampstead, Gillis & Stringer, 2014).

CARACTERIZAÇÃO DO CASO 3

Paciente de 37 anos, pardo, sexo masculino, divorciado, ensino superior incompleto, com histórico de Acidente Vascular Cerebral (AVC) hemorrágico ocorrido há cinco anos. O paciente, que trabalhava em uma indústria de medicamentos, ficou internado por dois meses e com comprometimento da fala durante esse período. Após intervenções de fisioterapia e fonoaudiologia, foi se recuperando parcialmente. No retorno para casa, ainda ficou alguns meses sem se locomover, apresentando persistência de hemiparesia dos membros inferiores direitos e dificuldade na fala.

As principais queixas que levaram o paciente à triagem para atendimento no ambulatório de neuropsicologia foram as dificuldades de memória, complicações para leitura e escrita, bem como para digitar e realizar atividades com a mão direita. Foi observado também que o paciente referia uma desvinculação com atividades sociais e de trabalho.

ESTRATÉGIA DE ABORDAGEM

Foi realizada a Avaliação Neuropsicológica, visando a análise de pontos funcionais e cognitivos preservados e comprometidos do paciente, com o auxílio da observação comportamental clínica, o que foi importante para estruturar o plano de Reabilitação Neuropsicológica.

Os instrumentos utilizados para compor o processo de avaliação neuropsicológica, foram desde instrumentos de rastreio cognitivo, como o Mini-Exame do Estado Mental (MEEM) – elaborado por Folstein et al. (1975) e validado no Brasil por Lourenço & Veras. (2006), O Teste do Desenho do Relógio (TDR) – validado por Atalaia-Silva e Lourenço (2008) e o Cambridge Cognitive Examination – CAMCOG-R (Paradela, 2007), até escalas que avaliam a qualidade de vida e funcionalidade do paciente, como a Avaliação da Qualidade de Vida (WHOQOL-bref) (Fleck, 2000).

Foram aplicados também o instrumento de Avaliação Neuropsicológica breve (NEUPSILIN) para adultos (Fonseca, Salles & Parente, 2008) e o Token Test – versão reduzida (Moreira et al., 2011). Para avaliação dos aspectos do humor do paciente, foram utilizados os Inventários de Depressão e Ansiedade Beck – BDI e BAI (Cunha, 2001). Também foram elaboradas tarefas ecológicas como as atividades das pseudopalavras oral e escrita, além de tarefas de leitura de textos.

O paciente expressou dificuldades de linguagem. Nas tarefas para escrita espontânea, ele apresentou dificuldades de montar frases, escrevendo de forma espelhada e apresentando palavras desconexas, muitas vezes sem presença de sentido semântico. Observou-se dificuldade para nomeação de palavras, fato que se observava também em seu discurso restrito, fragmentado e, por vezes, ilógico.

Tendo em vista esse importante prejuízo na linguagem, percebeu-se que possivelmente a rota fonológica teria sido a mais prejudicada, por conta da dificuldade de leitura apresentada nas tarefas que exigiam do paciente aspectos linguísticos, principalmente nas tarefas de pseudopalavras. Consideramos, então, os diagnósticos prováveis de Afasia de Broca e/ou de Condução.

A partir desse momento, após a devolutiva ao paciente, iniciamos a reabilitação neuropsicológica. As sessões aconteciam duas vezes por semana, totalizando treze sessões, em que foram trabalhadas as estratégias de intervenção cognitiva da linguagem e demais funções cognitivas, estabelecendo algumas metas de reabilitação com o paciente e atividades externas às sessões. As atividades foram desde as de psicoeducação com o paciente até tarefas que trabalharam as habilidades de memória, nomeação e linguagem, sempre levando em consideração aspectos da vida do paciente, com conteúdos e temáticas para com as quais demonstrava afeto e que tivessem correlação com sua vida diária.

DESFECHO CLÍNICO

Na reavaliação do paciente após a reabilitação neuropsicológica, foi possível observar que ele se beneficiou das sessões, apresentando melhora estatisticamente significativa para Atenção do NEUPSILIN ($t = -0,36$; $p = 0,002$), Linguagem do NEUPSILIN ($t = 0,23$; $p = 0,000$) e no Token Test ($t = -0,55$; $p = 0,002$).

Foi possível observar uma importante evolução qualitativa da linguagem escrita durante o processo de reabilitação do paciente, apresentando generalização das atividades realizadas em sessão para sua vida diária. A reabilitação promoveu ao paciente uma melhora cognitiva, mas também funcional, que o fazia buscar cada vez mais a independência em todas as esferas de sua vida.

CARACTERIZAÇÃO DO CASO 4

A paciente é uma mulher de 63 anos, parda, divorciada, mãe de três filhos e avó de quatro netos. Sua escolaridade consiste no ensino médio completo; não tem profissão formal, sendo cuidadora do seu lar, no qual reside sozinha.

Já nas primeiras sessões, demonstrou pensamentos e comportamentos ansiosos. Além disso, trazia em seu relato histórico de depressão, fazendo o uso de medicamento antidepressivo com propriedades ansiolíticas e sedativas há três anos, sendo acompanhada por um psiquiatra. O quadro sugestivo de Transtorno obsessivo-compulsivo (TOC) se deu em virtude de sua preocupação com questões de limpeza ligadas ao seu lar, comportamentos repetitivos, e uma organização que buscava sempre a perfeição. Havia também conflitos familiares, alguns relacionados à organização e limpeza de alguns membros da família que não lhe agradavam. Os familiares lhe alertavam sobre o exagero dos afazeres domésticos. A paciente procurou ajuda psicológica orientada por sua neta psicóloga, que já observava seus comportamentos semelhantes ao quadro de TOC. Ela andava sempre bem vestida e arrumada, e gostava muito de conversar. Suas falas eram expressas de forma acelerada e contínua.

ESTRATÉGIA DE ABORDAGEM

As primeiras sessões foram voltadas para investigar de forma mais consistente o TOC e a depressão, através de uma entrevista estruturada embasada pelos critérios diagnósticos do DSM-V. A partir daí, seguiram-se oito sessões de avaliação neuropsicológica, período de investigação de habilidades cognitivas funcionais e disfuncionais. Foram utilizados alguns instrumentos psicométricos, sendo alguns de rastreio e outros específicos. Os instrumentos utilizados no período de avaliação foram: Escala de Beck (Cunha, 2001), Inventário Beck de Ansiedade - BAI - (Cunha, 2001), e Inventário Beck de depressão - BDI (Cunha, 2001), CAMCOG (Paradela, 2007), AAVD - Atividades Avançadas de Vida Diária, (Oliveira et al., 2015), AVD - Atividades de Vida Diária, (Lino et al., 2008). AIVD - Atividades Instrumentais de Vida Diária, (Santos & Júnior, 2008), EGD - Escala de Depressão Geriátrica, (Paradela, Lourenço & Veras, 2005), NPI - Questionário do Inventário Neuropsiquiátrico, (Camozzato et al., 2015), WHOQOL-OLD (Fleck, Chachamovich & Trentini, 2003), RAVLT (de Paula & Malloy-Diniz, 2018), FDT (Jardim de Paula, Malloy-Diniz & Sedo, 2015), e NEUPSILIN (Fonseca, Salles e Parente, 2009).

O resultado dessa avaliação apontou funcionalidade preservada, dificuldades discretas em alguns itens, como memória de trabalho, memória verbal episódico-semântica, memória de curto e longo prazo, processamento de inferências, funções executivas e na velocidade do processamento, além de resultado elevado na escala de ansiedade. Em relação à depressão e sintomas psiquiátricos, a paciente obteve resultados negativos. Nos encontros seguintes foram realizadas 12 sessões de reabilitação neuropsicológica, que eram iniciadas sempre com exercícios de atenção plena, pelo fato de a paciente chegar sempre ansiosa e agitada – às vezes chegava muito antes do horário marcado. Os exercícios passaram a ser feitos de maneira esperada, depois de algumas sessões, e passaram a se estender também para casa. Parar, fechar os olhos e respirar passou a fazer parte da rotina da paciente, além de realizar atividades se conectando ao momento presente. Outras atividades desenvolvidas envolviam treinamento de habilidade de função executiva, dentre elas, narração de história através de uma ficha de imagens, elaboração de história através de imagens embaralhadas que deveriam seguir uma sequência lógica, resolução de labirintos e atividades que relacionavam cores, palavras e formas geométricas, que trabalhavam especificamente função inibitória.

DESFECHO CLÍNICO

Ao final do processo de reabilitação foi realizada a etapa de reavaliação, na qual foram reaplicadas as escalas BECK (BAI e BDI), FDT, RAVLT e NEUPSILIN. A comparação entre as duas avaliações mostrou melhoras significativas. Os exercícios de atenção plena, juntamente com a respiração diafragmática, foram fundamentais para a diminuição da ansiedade. A preocupação com os afazeres domésticos já se mostrava menor, isso porque a paciente foi psicoeducada e entendeu como seu corpo funcionava sob estresse e ansiedade, e como essa ansiedade estava sendo liberada na rotina excessiva de arrumação da casa. Outros avanços apresentados pela paciente foram nas habilidades relacionadas ao controle inibitório, atenção seletiva, e melhoras no funcionamento da memória, fruto dos exercícios propostos na reabilitação neuropsicológica.

CARACTERIZAÇÃO DO CASO 5

Uma idosa com 93 anos de idade, branca, viúva há seis anos e sem escolaridade formal, foi encaminhada para Avaliação Neuropsicológica (AN) por apresentar, segundo sua cuidadora, quadro de desorientação, esquecimento, momentos de irritabilidade e agitação e dificuldade para dormir. Viveu na zona rural como agricultora por 70 anos e atualmente residia numa cidade no interior da Bahia. Mãe de 10 filhos, aposentada, morava com dois filhos, sendo que uma das filhas, de 50 anos, era sua principal cuidadora. Dentre exames laboratoriais e de imagem apresentados pela cuidadora, uma tomografia de crânio indicava sinais de microangiopatia degenerativa, involução cortico-subcortical, sobretudo dos lobos temporais e redução volumétrica dos hipocampos, compatível com prejuízos na memória. Conforme relato, há seis anos a idosa não realizava tarefas domésticas e precisava de apoio para locomoção e higiene pessoal. Fazia acompanhamento neurológico e uso de medicações, sendo elas: Digoxina (25 mg), Quetiapina (25 mg), Rosuvastatina (5 mg), Pradaxa (110mg) e Levotiroxina (50 mg).

ESTRATÉGIA DE ABORDAGEM

Foram realizadas seis sessões de AN de 50 minutos cada, com a aplicação de entrevistas e instrumentos neuropsicológicos. A fim de avaliar a cognição, o Mini-Exame do Estado Mental (MEEM) validado por Lourenço e Veras (2006) foi aplicado e observou-se funcionamento cognitivo geral prejudicado da paciente. Nas escalas funcionais (IQCODE – Informant Questionnaire on Cognitive Decline in the Elderly, validada por Lourenço e Sanchez (2014) e no Questionário de Atividades Funcionais de Pfeffer (QPAF), adaptada por Sanchez, Correa e Lourenço (2014), a idosa apresentou nível alto de dependência funcional. Para a avaliação do humor, foi aplicada a Escala de Depressão Geriátrica, validada por Paradela, Lourenço e Veras (2005). Através da entrevista, testes e exames de neuroimagem, levantou-se a hipótese de um quadro provável de Doença de Alzheimer (DA). Assim, foi aplicada a Bateria Neuropsicológica CERAD – Consortium to Establish a Registry for Alzheimer's Disease, validado para uso no Brasil por Bertolucci et al. (2001). A aplicação do Escore Isquêmico de Hachinski (Hachinski et al., 1975) foi realizada e afastou a hipótese de uma possível demência vascular. Por fim, foi avaliado o Estadiamento Clínico da Demência – CDR, validado por Montaño e Ramos (2005). No CDR global, a idosa obteve a pontuação máxima nas cinco categorias (orientação, julgamento e resolução de problemas, atividades comunitárias, lar e passatempo, e cuidados pessoais), inclusive com perda ressaltada na categoria de memória, indicando quadro demencial em estágio avançado. Também foi realizada uma técnica de redução do intervalo de evocação para memória recente, através de uma informação verbal. Verificou-se que o menor intervalo entre a evocação da informação foi de 60 segundos sem a recordação. No intervalo inferior a um minuto a paciente evocava pseudopalavras de fonética próxima.

Após a avaliação, foi feita a devolutiva para a idosa e a cuidadora, refletindo sobre a capacidade de trabalhar aproveitando as funções preservadas e a adaptação às perdas adquiridas pelo quadro demencial. Nesse período, a idosa esteve em consulta com neurologista, que reforçou o diagnóstico e introduziu o bromidrato de galantamina, indicado para o tratamento da doença de Alzheimer de intensidade leve a moderada, tomando a dose mínima de 8 mg ao dia.

Dentre os comprometimentos cognitivos, a idosa apresentou alteração na orientação e memória episódica, que refletia na dificuldade em transformar memórias de curto para longo prazo, fazendo com que, para a idosa, todos os encontros fossem como a primeira vez. Esse foi um grande desafio, devido à modulação do vínculo que era construído novamente durante cada encontro. Apesar de apresentar raros momentos de orientação, na maior parte do tempo, acreditava ser uma adulta-jovem e não se reconhecia através de fotos recentes. A idosa apresentou preservação da memória implícita e autobiográfica, e da habilidade construtiva visual.

Foram realizadas 12 sessões de RN de 50 minutos, baseadas na teoria da Aprendizagem Sem Erro e com uso de tarefas ecológicas. Os encontros sempre iniciavam com Terapia de Orientação para a Realidade (TOR). Como exemplo, foi elaborado um calendário agrícola mensal, baseado no conhecimento de sua vida. Um livro da história de vida pessoal também foi construído com a idosa, contendo os principais acontecimentos até o momento das sessões, como forma de trabalhar a memória autobiográfica, ajudando na manutenção do sentido de identidade.

DESFECHO CLÍNICO

Após as sessões de reabilitação, foi realizada a reavaliação, a fim de comparar o desempenho cognitivo e funcional da idosa. Os resultados mostraram mudanças significativas em recordação tardia, reconhecimento, fluência verbal e habilidade construtiva, ainda que, neste último, tenha demonstrado prejuízo qualitativo da praxia, como ocorre ao longo da progressão da doença. Por outro lado, através da observação clínica, foram percebidas diferenças qualitativas em orientação e mudanças comportamentais da idosa com o passar das sessões, pois esta levava menos tempo para se acomodar e parecia não estranhar o espaço e a estagiária, como nos primeiros encontros, levando à hipótese de uma aprendizagem implícita. Após o término das sessões, foram feitas orientações à cuidadora para a aplicação de tarefas no dia a dia da paciente, a fim de que a intervenção pudesse ganhar amplitude no funcionamento diário, como experiências de autonomia, coparticipação nos afazeres da casa e manutenção cognitiva e funcional, mesmo diante de um quadro demencial avançado.

CARACTERIZAÇÃO DO CASO 6

Esse caso clínico diz respeito a um jovem adulto (26 anos), pardo, solteiro, graduado numa área de engenharia biológica e pós-graduando. O paciente procurou o Serviço de Psicologia por apresentar sintomas intensos de ansiedade há pouco mais de um ano. Ele já havia abandonado parte significativa de suas relações interpessoais e pensava diariamente em abandonar sua carreira acadêmica devido ao quadro no qual se encontrava.

No decorrer da avaliação, levantaram-se hipóteses diagnósticas de uma depressão e de uma discalculia do desenvolvimento não diagnosticadas previamente. A avaliação neuropsicológica foi efetuada em seis semanas, sendo que na sétima semana do processo iniciou-se a intervenção neuropsicológica seguida de posterior reavaliação neuropsicológica.

ESTRATÉGIAS DE ABORDAGEM

A avaliação iniciou-se com uma anamnese detalhada e, em seguida, houve a construção de uma linha do tempo referente ao curso de seus sintomas ansiosos. A avaliação contou ainda com a aplicação de instrumentos para construção do perfil neuropsicológico: o instrumento de avaliação Neuropsicológica Breve (Neupsilin) (Fonseca, Salles & Parente, 2009); o Teste de aprendizagem auditivo-verbal de Rey (RAVLT) (de Paula & Malloy-Diniz, 2018); Escalas Beck para avaliação de depressão (Beck Depression Inventory – Inventário de depressão de Beck – BDI), da ansiedade (Beck Anxiety Invetory – Inventário de Ansiedade de Beck – BAI); de nível de desesperança (Beck Hopelessness Scale – Escala de Desesperança de Beck – BHS) e de Ideação suicida (Beck Scale for Suicide Ideation – Escala de Ideação Suicida Beck-BSI) (Cunha, 2011).

O conjunto dos resultados revelou um sujeito com certo grau de prejuízos atencionais, de memória de trabalho e visuoespacial. Já no início do rastreio identificou-se ainda um desempenho atípico do paciente no que diz respeito às habilidades aritméticas. O desempenho comprometido nas habilidades numéricas chamou a atenção, o que levou a necessidade da elaboração de tarefas para a avaliação desta habilidade (Tarefa de Verificação de Desempenho em Aritmética; Tarefa de Avaliação de Reconhecimento Numérico; Tarefa de Ditado Numérico; Tarefa de Verificação da Capacidade de Subitização; Tarefa Oral de Verificação de Desempenho em Aritmética, além de uma Investigação de Trajetória Escolar).

Ao final da avaliação neuropsicológica, construiu-se um perfil de paciente que sofre de uma ansiedade grave, cursando com uma depressão em grau moderado e com presença de ideação suicida em um nível inicial, ou seja, sem presença de planos relacionados ou tentativa de suicídio. O curso da avaliação neuropsicológica reuniu diversas evidências da presença de uma Discalculia do Desenvolvimento, sendo que tal hipótese diagnóstica foi conduzida de forma criteriosa devido à baixa prevalência desse transtorno na população e pela raridade em relatos de casos de pacientes com Discalculia do Desenvolvimento com nível superior de escolarização.

A intervenção neuropsicológica se deu, então, com o mote de atenuar as respostas sensoriais advindas do quadro ansioso e com o desenvolvimento de tarefas ligadas ao trabalho das habilidades aritméticas, além de atuar na melhora da memória de trabalho e visuoespacial do paciente, posto que foram identificados comprometimentos nessas funções ao longo da avaliação neuropsicológica, comprometimentos estes que também funcionam como fontes ansiogênicas para o paciente.

Para tanto, o paciente passou por sessões de meditação de forma guiada durante os encontros e, também em casa através de áudios de apoio. Foi feita, ainda psicoeducação breve acerca do modelo cognitivo, pensamentos automáticos negativos e distorções cognitivas, além de psicoeducação acerca da respiração. Foram desenvolvidas ainda tarefas que aliaram as queixas provenientes do quadro de Discalculia do Desenvolvimento e do *deficit* em memória de trabalho e memória visuoespacial, com o fim de melhora das habilidades referentes a estes comprometimentos.

DESFECHO CLÍNICO

Os resultados da intervenção sobre os sintomas ansiosos e depressivos puderam ser vistos através do relato do paciente e da observação da estagiária, mas também com a análise da reavaliação por meio dos instrumentos psicológicos utilizados na avaliação e repetidos na reavaliação. O que se observou no comportamento do paciente em reavaliação foi uma diminuição gradual dos sinais comportamentais de ansiedade e depressão, quais sejam: agitação corporal, respiração ofegante, cansaço e discursos ruminativos. Em relação às Escalas Beck, pôde-se observar um grande êxito do paciente em relação ao seu quadro de ansiedade, que passou de um estado grave de ansiedade para uma ansiedade classificada como leve. Em relação à escala de depressão, não houve mudanças de escore na reaplicação, havendo pequenas variações qualitativas. É preciso destacar o desempenho na reaplicação da BSI, pois o paciente obteve escore zero na reavaliação.

Na readministração do NEUPSILIN, o paciente obteve alguns êxitos pós-intervenção neuropsicológica. No subteste de Atenção, por exemplo, o paciente passou de um escore 9 em 27 pontos para um escore 24, sendo importante destacar que o paciente demonstrou mais segurança na reavaliação, além de apresentar uma atividade mais bem organizada visuoespacialmente. No RAVLT, o paciente, de um modo geral, obteve uma melhora significativa em seu desempenho passando de um escore total de 25 para 44.

DISCUSSÃO

Conforme pode ser observado através da síntese dos relatos de casos clínicos apresentados, o estágio em neuropsicologia clínica configura-se como um campo importante na área da Psicologia. Esse campo de estágio proporciona ao acadêmico uma experiência de atuação clínica pautada em princípios éticos e em teorias psicológicas baseadas em evidência (Grote, 2016). O acadêmico de Psicologia adquire um primeiro contato com a forma de atuação da Neuropsicologia, aprimorando o manejo com o paciente e seus familiares. Além disso, desenvolve o diálogo com outros profissionais da saúde, aprendendo a construir hipóteses diagnósticas, a escolher instrumentos e tarefas avaliativas, a elaborar laudo, a fazer devolutiva e a elaborar o plano de intervenção.

São vários os pacientes acometidos por transtornos neurológicos ou psiquiátricos. Sabemos que esses transtornos cursam com comprometimentos cognitivos, afetivos e sociais que podem se beneficiar das intervenções neuropsicológicas (Gustavsson et al., 2011). A neuropsicologia clínica também oferece contribuições importantes para o diagnóstico e a intervenção em transtornos do desenvolvimento, em transtornos da aprendizagem e em síndromes genéticas que acometem o sistema nervoso (Lezak et al., 2012). Nesta direção, esse campo de prática psicológica é convocado a contribuir em todos os estratos etários, propiciando avanço científico no campo do conhecimento do desenvolvimento humano ao longo de todas as etapas do curso da vida. Nessa perspectiva, crianças, adolescentes, adultos e idosos podem se beneficiar da Neuropsicologia para o aprimoramento da qualidade de vida.

Entre as limitações e desafios encontrados durante esse campo de estágio pioneiro no âmbito da UFRB, podemos destacar a escassez de recursos para aquisição de instrumentos neuropsicológicos, o tempo reduzido para realizar o processo completo de avaliação préreabilitação, reabilitação e avaliação pós-reabilitação, e a dificuldade, por parte da própria equipe de Psicologia da instituição, em relação ao entendimento sobre o que é a Neuropsicologia. Notamos certo incômodo por parte de alguns colegas no tocante à relevância de abrir uma frente de estágio supervisionado em neuropsicologia clínica. Por ser um campo novo de conhecimento, é natural que alguns profissionais da Psicologia desconheçam a importância deste campo de atuação.

Um ponto importante a ser destacado refere-se ao acesso aos serviços de saúde. Sabemos que uma avaliação neuropsicológica apresenta um custo elevado e pessoas com poucos recursos socioeconômicos não teriam chance de passar por um atendimento neuropsicológico. Nesse sentido, a oferta de estágio de Neuropsicologia em serviços de clínica-escola das universidades favorece o acesso a esse serviço às populações que estariam excluídas pela via do acesso privado.

CONCLUSÃO

O campo de estágio em Neuropsicologia possibilita o desenvolvimento profissional do acadêmico em Psicologia, propiciando raciocínio crítico e formação sólida na aplicação de áreas clínicas da Psicologia baseada em evidências. A comunidade é beneficiada com a oferta desse campo de estágio, uma vez que tem a oportunidade de ter acesso a um serviço especializado de forma gratuita e qualificada. Sugerimos que esse campo de atuação seja fortalecido e expandido e que, cada vez mais, as universidades possam incorporar a Neuropsicologia nas grades curriculares das graduações em Psicologia. A Neuropsicologia é uma área promissora e está em franca expansão.

REFERÊNCIAS

Atalaia-Silva, K. C., & Lourenço, R. A. (2008). Translation, adaptation and construct validation of the Clock Test among elderly in Brazil. *Revista Saúde Pública* [Internet]. doi.org/10.1590/S0034-89102008000500020

Atalaia-Silva, K. C. (2019). Neurociência cognitiva e a prática neuropsicológica. In D.F.G. Pereira & E.M.G. Lobosque (Orgs.), *Desafios da avaliação psicológica na contemporaneidade*. Belo Horizonte: Conselho Regional de Psicologia

Barbosa, E. N. B., Faria, C. A., Alves, H. V. D., Lima, D. A., Novaes, R., & Fichman, H. C. (2015). Perfis neuropsicológicos do Comprometimento Cognitivo Leve no envelhecimento (CCL). *Neuropsicologia Latinoamericana, 7*(2), 15-23. doi: 10.5579/rnl.2015.0257

Beato, R. G., Nitrini, R., Formigoni, A. P., & Caramelli, P. (2007). Brazilian version of the Frontal Assessment Battery (FAB): Preliminary data on administration to healthy elderly. *Dementia & Neuropsychologia, 1*(1), pp. 59-65. https://dx.doi.org/10.1590/S1980-57642008DN10100010

Bertolucci, P. H. F., Okamoto, I. H., Brucki, S. M. D., Siviero, M. O., Toniolo Neto, J. & Ramos, L. R. (2001). Applicability of the CERAD neuropsychological battery to Brazilian elderly. *Arquivos de Neuropsiquiatria, 59*(3A), 532-536. https://dx.doi.org/10.1590/S0004-282X2001000400009

Bertolucci, P. H.F., Brucki, S. M.D., Campacci, S. R., & Juliano, Y. (1994). O Mini-Exame do Estado Mental em uma população geral: impacto da escolaridade. *Arquivos de NeuroPsiquiatria, 52*(1), 01-07. doi: 10.1590/S0004-282X1994000100001.

Camozzato, A. L, Godinho, C., Kochhann, R., Massochini, G., & Chaves, M. L., (2015). Validity of the Brazilian version of the Neuropsychiatric Inventory Questionnaire (NPI-Q). *Arquivos de NeuroPsiquiatria, 73*(1), 41-45. https://dx.doi.org/10.1590/0004-282X20140177

Cunha, J. A. (2001). *Manual da versão em português das Escalas Beck*. São Paulo: Casa do Psicólogo.

Fleck M. P., Chachamovich E., Trentini C. M. [WHOQOL-OLD Project: method and focus group results in Brazil]. (2003). *Rev Saúde Pública. 37*(6):793-9.

Fleck, M. P. D. A. (2000). O instrumento de avaliação de qualidade de vida da Organização Mundial da Saúde (WHOQOL-100): características e perspectivas. *Ciência & Saúde Coletiva, 5*, 33-38.

Folstein M., Folstein S., McHugh P. (1975). "Mini-mental state". A practical method for grading the cognitive state of patients for the clinician. *J Psychiatr Res*; 12(3):189198. doi.org/10.1016/0022-3956(75)90026-6

Fonseca, R. P., Salles, J. F. D., & Parente, M. A. D. M. P. (2008). Development and content validity of the Brazilian brief neuropsychological assessment battery Neupsilin. *Psychology & Neuroscience, 1*(1), 55-62. doi.org/10.3922/j.psns.2008.1.009

Fonseca, R. P., Salles, J. F., Parente, M. A., (2009). *Instrumento de Avaliação Neuropsicológica Breve: NEUPSILIN- Manual*. São Paulo: Editora Vetor.

Gauthier, B., Dupont, C., Gosselin, N. & Guise, E. (2020) Neuropsychology supervision: A survey of practices in Quebec and a cross-cultural comparison. *The Clinical Neuropsychologist*. DOI: 10.1080/13854046.2020.1732467

Gil, G., & Busse, A. L. (2009). Avaliação neuropsicológica e o diagnóstico de demência comprometimento cognitivo leve e queixa de memória relacionada à idade. *Arquivos Médicos dos Hospitais e da Faculdade de Ciências Medicas da Santa Casa de São Paulo, 54*, 44-50.

Grote, C. L. (2016). Prologue to special issue of 'International Perspectives on Education, Training and Practice in Clinical Neuropsychology'. *The Clinical Neuropsychologist, 30*, 1151–1153. 10.1080/13854046.2016.1218549

Gustavsson, A., Svensson, M., Jacobi, F., Allgulander, C., Alonso, J., Beghi, E. (2011). Cost of disorders of the brain in Europe 2010. *European Neuropsychopharmacology, 21*, 718–779. 10.1016/j.euroneuro.2011.08.008

Hachinski, V. C., Iliff L. D., Zilhka E. et al. (1975). Cerebral blood flow in dementia. *Arch Neurol, 32*, 632-637.

Hampstead, B. M., Gillis, M. M., & Stringer, A. Y. (2014). Cognitive Rehabilitation of Memory for Mild Cognitive Impairment: A Methodological Review and Model for Future Research. *Journal of the International Neuropsychological Society, 1*, 1-17.

Hessen, E., Hokkanen, L., Ponsford, J., van Zandvoort, M., Evans, J. & Haaland, K.Y. (2018) Core competencies in clinical neuropsychology training across the world. *The Clinical Neuropsychologist, 32*(4), 642-656. doi: 10.1080/13854046.2017.1413210

Hokkanen, L., Lettner, S., Barbosa, F., Constantinou, M. Harper, L., Kasten, E., Mondini, S., Persson, B., Varako, N., & Hessen, E. (2019). Training models and status of clinical neuropsychologists in Europe: Results of a survey on 30 countries. *The Clinical Neuropsychologist, 33*(1), 32-56.

Jardim de Paula, J., Malloy-Diniz, L., Sedo, M.A. *Five Digit Test (FDT)*. São Paulo: Hogrefe.

Janzen L. A., Guger S. (2016). Clinical neuropsychology practice and training in Canada. *Clin Neuropsychol, 30*(8), 1193-1206. doi: 10.1080/13854046.2016.1175668

Lezak, M. D., Howieson, D. B., Bigler, E. D., & Tranel, D. (2012). *Neuropsychological assessment*. New York, NY: Oxford University Press.

Lino, V. T. S., Pereira, S., Camacho, L. A. B., Ribeiro, S. T., & Buksman, S. (2008). Adaptação transcultural da Escala de Independência em Atividades da Vida Diária (Escala de Katz). *Cadernos de Saúde Pública, 24*(1), 103-112. https://dx.doi.org/10.1590/S0102-311X2008000100010

Lourenço, R. A., & Sanchez, M. A. dos S. (2014). Precisão da versão brasileira do Questionário do Informante sobre o Declínio Cognitivo do Idoso na Triagem de Demência em Idosos da Comunidade: Conclusões do Estudo FIBRA-RJ. *Jornal de Psiquiatria Geriátrica e Neurologia, 27* (3), 212-219.

Lourenço, R. A., & Veras, R. P. (2006). Mini-Exame do Estado Mental: características psicométricas em idosos ambulatoriais. *Revista de Saúde Pública, 40*(4), 712-719. https://dx.doi.org/10.1590/S0034-89102006000500023

Mäder-Joaquim, M. J. (2010). O neuropsicólogo e seu paciente: introdução aos princípios da avaliação neuropsicológica. In L.F. Malloy-Diniz, D. Fuentes, P. Mattos, N. Abreu. (Orgs.). *Avaliação neuropsicológica*. Porto Alegre: Artmed.

McKeith, I., & Cummings, J. (2005). Behavioural changes and psychological symptoms in dementia disorders. *Lancet. Neurol*, *4*, 735-742.

Montaño, M. B. M, & Ramos, L. R. (2005). Validade da versão em português da Clinical Dementia Rating. *Revista de Saúde Pública*, *39*(6), 912-917

Moreira, L., Schlottfeldt, C. G., de Paula, J. J., Daniel, M. T., Paiva, A., Cazita, V., & Malloy-Diniz, L. F. (2011). Estudo Normativo do Token Test versão reduzida &58; dados preliminares para uma população de idosos brasileiros. *Archives of Clinical Psychiatry*, *38*(3), 97-101. doi.org/10.1590/S0101-60832011000300003.

Oliveira, E. M., Silva, Salmazo, H., Lopes, A., Cachioni, M., Falcão, D. V., & Yassuda, M. S. (2015). Atividades Avançadas de Vida Diária (AAVD) e desempenho cognitivo entre idosos. *Psico-USF*, *20*(1), 109-120. https://dx.doi.org/10.1590/1413-82712015200110

Paradela, E. M. P. (2007). *Adaptação transcultural para o português do Teste Cognitivo Cambridge Revisado e desempenho do teste em idosos ambulatoriais* (Tese de doutorado). Universidade do Estado do Rio de Janeiro, Rio de Janeiro, Brasil.

Paradela, E. M. P., Lourenço, R. A., & Veras, R. P. (2005). Validação da escala de depressão geriátrica em um ambulatório geral. *Revista de Saúde Pública*, *39*(6), 918-923. https://dx.doi.org/10.1590/S0034-89102005000600008

Sanchez, M. A. S., & Lourenço, R. A. (2009). Informant Questionnaire on Cognitive Decline in the Elderly (IQCODE): adaptação transcultural para uso no Brasil. *Cadernos de Saúde Pública*, *25*(7), 1455-1465. doi: 10.1590/S0102-311X2009000700003

Sanchez, M. A. S., Correa, P. C. R., Lourenço, R. A. (2011) Adaptação transcultural do "Functional Activies Questionnaire – FAQ" para uso no Brasil. *Dement Neuropsychol*, *5*, 322-327.

Santos R. L., & Virtuoso Júnior J. S. (2008). Confiabilidade da versão brasileira da escala de atividades instrumentais da vida diária. *Rev Bras Promoç Saúde*, *21*(4), 290-6.

Shultz, L. A. S., Pedersen, H. A., Roper, B. L. & Rey-Casserly, C. (2014). Supervision in Neuropsychological Assessment: A Survey of Training, Practices, and perspectives of supervisors. *The Clinical Neuropsychologist*, *28*(6), 907–925. https://doi.org/10.1080/13854046.2014.942373

Stuss, D. T., Levine, B. (2002). Adult clinical neuropsychology. *Annual Review of Psychology*, *53*, 401-433.

Sunderland, T., Hill, J. L., Mellow, A. M., Lawlor, B. A., Gundersheimer, J., Newhouse P. A. & Grafman, J. H. (1989). Clock drawing in Alzheimer's disease. A novel measure of dementia severity. *J. Am. Geriatr. Soc*, *37*(8), 725-729.

Wilson, B. A. (2008). Neuropsychological Rehabilitation. *Rev. Clin. Psychol*, *2008*(4), 141-162.

Wilson. B. (2010). *Reabilitação da memória: integrando teoria e prática*. Porto Alegre: Artmed.

3. OBSERVAR, ELABORAR E INTERVIR: O ENCONTRO DO ANALISTA COM SEU PRÓPRIO BEBÊ NA CLÍNICA PSICANALÍTICA COM A CRIANÇA PEQUENA

Anna Ribeiro[14]

Eu aprendi a colocar rédeas nas minhas tendências especulatórias e a seguir o conselho esquecido de meu mestre Charcot, ou seja, observar as mesmas coisas uma vez mais, e outra vez ainda, até que elas mesmas comecem a falar.

Freud, 1893

INTRODUÇÃO

A clínica da psicanálise tem como um dos conceitos fundamentais a associação livre. Para isso, o "treino" de um analista deve ser direcionado para a escuta, pontuando e interpretando aquilo que de enigma ou engodo se apresente na fala do paciente. No entanto, desde que a psicanálise se abriu a outras possibilidades de intervenção técnica, sendo possível às crianças, bebês, grupos e instituições, a formação do analista precisou também se ampliar, indo da escuta para a observação.

14. Pós-doutoranda em Psicologia na UFJF. Mestre e Doutora em Psicologia pela UFJF (Bolsa CAPES e FAPEMIG). Especialização em Psicanálise e Cultura pela UFJF. Graduação em Psicologia pelo CES/JF. Professora do curso de Psicologia e da Pós-graduação em Psicanálise da UniAcademia. Coordenadora do grupo de estudo *Psicanálise com bebês.*

Especificamente na clínica com o bebê e a criança pequena, a habilidade de observar e ser capaz de inferir teoricamente no que se observa é tão ou mais importante quanto a escuta. No bebê, o corpo se apresenta como superfície de associação livre, fazendo do olhar o lugar da escuta analítica.

Assim, um primeiro passo na formação de um analista que se propõe a trabalhar com a clínica da primeira infância, ou a clínica da constituição psíquica, é o treino do observar e somente observar, sem interferir ou interpretar, para que possa tomar contato com as impressões, emoções e desconfortos que esse exercício, aparentemente simples e sem importância, impõem ao psicanalista.

O estágio supervisionado sobre a observação da relação mãe e bebê que este capítulo busca apresentar faz parte do rol de disciplinas obrigatórias do currículo básico do curso de Psicologia do Centro Universitário UniAcademia, hoje lecionado no quinto período da graduação.[15]

Os alunos são divididos e matriculados de acordo com sua livre escolha dentre diversas opções oferecidas de prática e supervisor. Ou seja, aqueles que se colocam na situação de observador parecem possuir, *a priori*, um interesse voltado para essa área e tema de estudo, pesquisa e intervenção.

A disciplina oferece 36 horas/aula de encontros teóricos e supervisão e 18 horas/aula de prática, desenvolvidas no Departamento de Saúde da Criança e do adolescente da PJF.[16]

O estágio tem como base teórica o Método de Observação Esther Bick. Esse método, descrito a seguir neste capítulo, não se aplica em sua ortodoxia, posto que sua indicação é de que mães e bebês sejam observados em situação naturalística familiar, ou seja, em suas residências. Apesar de pequenas adaptações para que seja efetuado em situação não familiar, no DSCA[17] buscamos aplicá-lo o mais próximo possível de suas conceituações teóricas e práticas.

O objetivo maior do estágio não é o contato do aluno com a intervenção na relação mãebebê, mas com a importância do observar para sua formação como possível futuro psicanalista dessa clínica. As horas práticas, então, se

15. Guardadas as devidas considerações sobre o ensino da Psicanálise na graduação que Freud (1919) faz no texto *Sobre o ensino da Psicanálise nas Universidades*.

16. Prefeitura de Juiz de Fora/MG.

17. Departamento de Saúde da Criança e do Adolescente.

dispõem a formar a habilidade de observar e trabalhar os conteúdos emocionais de contratransferência resultantes desse exercício tão fundamental e tantas vezes negligenciado no meio acadêmico e profissional.

MÉTODO ESTHER BICK

O Método Esther Bick, batizado com o nome da psicanalista polonesa que o descreveu, foi desenvolvido por um grupo de analistas e pesquisadores ingleses, incluindo a própria Esther, tornando-se obrigatório na formação dos analistas com crianças na data de 1948, em Londres, na *Tavistock Clinic*. Visa, segundo Bracco (1997), "propiciar aos interessados a possibilidade de desenvolverem o papel de observador, função esta que será de grande valia na sua formação profissional" (Bracco, 1997, p. 78).

Entretanto, na história da Psicanálise, esse método não parece ter sido o primeiro. Segundo Kompinsky (2000), foi Darwin, em 1872, quem primeiro publicou conclusões acerca da possibilidade de depressões em bebês a partir da observação da interação entre a díade[18], conclusões estas que influenciaram os estudos de Spitz no século XX. Freud (1905) também discorreu sobre a importância da observação naturalista de crianças para uma melhor compreensão das neuroses dos adultos. Margaret Mahler (1963) postulou sua teoria sobre o nascimento psicológico da criança a partir da observação longitudinal de bebês e suas mães. Seguindo nesse mesmo caminho, podemos destacar autores importantes para a psicanálise com crianças e bebês, como Winnicott, Melanie Klein, Françoise Dolto, Anna Freud e Bowlby.

O diferencial do método proposto por Esther Bick reside na sistematização da observação da relação mãe-bebê para a formação do analista, podendo ser aplicado em situações específicas – seguindo a sua ortodoxia – ou adequá-lo a situações eventuais, como no caso do estágio básico deste capítulo. Segundo Rosa (1997), "a ênfase que damos é na oportunidade que o aluno tem de vivenciar essa experiência. Em vez de 'dizer' ao estudante o que se passa numa relação mãe-bebê, é oferecida a ele a possibilidade de ver, correlacionar e descobrir correlações com seus 'próprios olhos'" (Rosa, 1997, p. 103).

18. Conceito de Margaret Mahler (1963) para se referir à dupla Mãe-bebê.

A técnica da ORMB[19] consiste na observação familiar *in loco* da dupla mãe-bebê por uma hora semanal no primeiro ano da formação e quinzenal no segundo ano (Kompisky, 2000). Aspectos cotidianos como cuidados com a higiene, alimentação, sono, regulação de dor, angústia e insegurança, troca verbal, contato visual e ambiente familiar são o foco das observações, sendo descritos pelo observador e levados para os Seminários, ou supervisões, como costumamos chamar.

Orienta-se aos observadores exercerem a observação e a escrita das impressões sem um arcabouço teórico de base, evitando, assim, que a racionalização se imponha diante das sensações do analista em formação. Rosa (1997) afirma que a associação livre de ideias na descrição da observação é um recurso potente para a rememoração dos conteúdos vivenciados emocionalmente.

Para tanto, as descrições pormenorizadas com detalhamento são de grande valia para que o supervisor possa intervir na formação do analista de duas maneiras: quando da ausência de detalhes, indicando ao aluno sua "impossibilidade" ou seu bloqueio em ver e ouvir a dupla, fato que habitualmente denuncia uma contratransferência negativa que impede que as comunicações inconscientes aconteçam; e, de outra forma, habilitando o analista a perceber que a sutileza das relações entre mãe e bebê está nos detalhes da vida cotidiana e não em grandes eventos esporádicos (Kompinsky, 1990).

Para Talberg (1997), a escrita das observações deve ser feita nos mínimos detalhes, atingindo seu objetivo primordial quando o grupo e o supervisor conseguem separar as anotações que refletem os detalhes da relação mãe-bebê daquelas que traduzem os impactos no campo psíquico do observador. Para o autor, a cor de pele do bebê na amamentação, o tom de voz materno ou paterno e a reação de franzir a testa do bebê, a movimentação de pernas, o ritmo respiratório da mãe, enfim, tudo o que se apresenta como fenômeno humano é importante aos olhos de uma analista em formação.

Bracco (1997) nos alerta o seguinte:

> [...] o observador é o "instrumento" de observação e quanto mais capacidade tiver de permitir se aproximar do par que observa e pensar suas reações emocionais, [mais] estará habilitado a realizar uma observação mais sensível, com

19. Observação da relação mãe-bebê, sigla que se refere ao Método Esther Bick

> maior precisão do fenômeno que lhe é oferecido para registrar, isto é, terá a possibilidade de desenvolver seu conhecimento sobre o que ocorre nessa primeira relação mãe-bebê, matriz das relações posteriores. (Bracco, 1997, p. 83)

Ao tomar contato com as emoções vivas durante o período da observação, com as imagens que presencia, com os conteúdos que escuta, com os sinais que testemunha tanto da mãe quanto do bebê, é certo que surgirão afetos negativos chamados em psicanálise de contratransferências, e é justamente nesse fenômeno que o método melhor se efetiva (Vilete, 1997).

Esther Bick (1987) ensina que, ao chegar no ambiente familiar, o impacto emocional diante da situação apresentada será intensa e regressiva, apontando para as vivências internas do próprio observador. É tarefa do analista em formação, em conjunto com seu grupo de Seminário e supervisor, encontrar uma maneira possível de desempenhar seu papel com o menor grau de ruído inconsciente e distorções nas descrições.

Bracco (1997) acrescenta aos argumentos de Bick o seguinte:

> [...] no momento em que o observador é aceito na intimidade de uma família e partilha, inicialmente com a mãe, situações que lhe permitam chegar muito próximo do vínculo mãe-bebê, dificilmente poderia ficar isento do contato com suas emoções. Nesse sentido, o estudante conta com os seminários semanais nos quais pode discutir essas reações com os colegas e um profissional mais experiente que procura ajudá-lo a descobrir algumas das projeções que possam estar ocorrendo entre ele e a mãe, ele e o bebê e com o par mãe-bebê. (Bracco, 1997, p. 78)

Os seminários, momentos em que essas descrições são postas pelos alunos, acontecem com frequência semanal ou quinzenal, sempre em grupos. A finalidade do grupo, segundo Rosa (1997), "é de acolher e, se possível, auxiliar os observadores a lidar com o impacto dessas emoções e ansiedade" (Rosa, 1997, p. 105). Nos momentos de troca em grupo, os observadores expõem suas impressões sobre o bebê, formulando hipóteses sobre o desenvolvimento psíquico deste e sobre a qualidade da relação entre a díade, bem como apresentam o que sentem ao estarem numa posição supostamente passiva. Esse lugar pode apresentar grande desconforto, pois na ORMB o observador não interfere de nenhuma forma na condução dos cuidados com o bebê e nem mesmo intervém analiticamente com os pais, mantendo-se fiel ao papel de somente, e tão somente, observar (Kompinsky, 2000).

Souza (1997) comenta o seguinte:

> [...] o observador observa a dupla, observa suas próprias reações, formula uma compreensão do que está ocorrendo e não tem a descarga da interpretação. Como a proposta do observador é apenas observar, de não interferir, fica muito claro na supervisão quando, por um extravasamento de ansiedade, o observador faz comentários, perguntas ou sugestões no intuito de alterar uma situação tensa. Sabemos que, muitas vezes, durante uma sessão analítica, a interpretação ocorre simplesmente como descarga de ansiedade do analista, mas, em geral, ele se apoia no fato de que era preciso interpretar, que sentiu que era oportuno. Na ORMB, como não deve ocorrer inferência alguma, o observador, quando faz comentários ou atua no sentido de aliviar sua tensão, percebe mais claramente com o auxilio da supervisão o que ocorreu consigo mesmo. (Souza, 1997, p. 140)

Talberg (1997), complementando Souza, diz que "a observação é um exercício de tolerância à frustração" (Talberg, 1997, p. 111), pois a ORMB implica em esperar o tempo fazer as coisas acontecerem na relação, implica em esperar o amadurecimento do significado da relação acontecer para os pares, implica em desconstruir conceitos internos sobre maternagem, sobre cuidados e, muitas vezes, sobre o que se entende por amor.

Um incômodo habitual que aparece nos Seminários, vindo dos alunos, é o sentimento de invasão que o método traz, posto que se "invade" a casa, a intimidade e a rotina de uma família e, supostamente, nada se dá em troca. Antes que façamos qualquer comentário sobre o que se dá em troca com a ORMB, é primordial que citemos Mélega (1997, p. 119): "O receio de ser invasivo é a contraparte do receio de ser invadido".

A autora, ao expor tal afirmativa, mostra o quanto o método aflora sensações e contratransferências do próprio observador que, ao se questionar o quanto invade a vida de seus objetos de pesquisa, teme por ser invadido em seu campo psíquico por outras relações. Inclusive, Valladares (1997) cita Bick ao lembrar que um dos ensinamentos dessa teórica é que, ao supervisionar um aluno em formação, o analista mais experiente esteja sempre atento ao sentimento de hostilidade trazido nas descrições, pois interferem negativamente na função de observar, especialmente quando esta hostilidade se apresenta direcionada aos cuidados que a mãe estabelece para com o bebê.

Sobre o que se dá à díade, o ato de observar estabelece para a mãe uma função continente. A simples presença do analista a testemunhar o esforço materno nos cuidados com o bebê age como maternagem para essa mãe, que também experimenta o desamparo do encontro com seu bebê interno pelo fenômeno da regressão psíquica (Winnicott, 2000).

Assim também ocorre com o lugar do supervisor, sendo continente ao aluno, permitindo que a regressão vivida em forma de emoção durante a observação possa ser pensada e elaborada, facilitando o processo de aprendizagem e desconstrução de conceitos prévios e culturais sobre a relação mãe-bebê. Diz Rezende (1997, p. 255-256): "Uma das tarefas mais importantes parece-me ser a de dar continência às angústias do observador, provenientes do impacto que experimenta no contato com as múltiplas condições emocionais da família".

No estágio sob minha supervisão na UniAcademia, a ORMB precisa ser adaptada a exigências institucionais, pois os alunos desempenham a prática em setores e departamentos conveniados à faculdade. Algumas modificações foram feitas, como a observação à distância, não residencial, sem a periodicidade com a mesma díade e sem o pedido formal do observador às famílias. Interessante ressaltar que, mesmo em condições adversas às propostas pela ortodoxia do método, os incômodos de invasão e contratransferência aparecem com recorrência nas supervisões.

No que diz respeito aos Seminários, estes acontecem semanalmente, em grupo e com o mesmo rigor proposto por Esther Bick, bem como as orientações para as descrições da observação, que sejam feitas com o menor grau de interferência de alguma teoria do desenvolvimento como base.

Iremos a seguir discutir quais os fundamentos deste método para a formação do analista.

FORMAÇÃO DO ANALISTA

A formação de um analista foi exaustivamente trabalhada por Freud em seus textos técnicos. Em 1919, no texto *Deve-se ensinar a psicanálise nas universidades?*, Freud apresenta a ideia do tripé como fundamental para o analista: a formação teórica em seminários, a própria análise e a supervisão.

Conforme já foi exposto acima no texto, a formação de um analista com bebês e crianças pequenas precisa ultrapassar o tripé proposto por Freud e incluir a observação como método fundamental.

Nessa direção, entende-se que o Método Esther Bick se apresenta como uma opção interessante de vivência deste observar, dada a complexidade e amplitude que o método atinge.

Ao ser aceito por uma família, o observador assume o compromisso de estar aberto ao processo regressivo que a ORMB obrigatoriamente impõe, especialmente quanto à regressão psíquica que impacta fortemente o observador, entrando em contato com seu mundo primitivo. O interessante é que, ao mesmo tempo que esse mundo primitivo assusta, ele também resgata uma possibilidade de comunicação não verbal imprescindível à clinica com o bebê e que fora perdida com a aquisição e uso da linguagem verbal pelo analista (Martini, 2000).

Vilete (1997) nos apresenta o seguinte:

> O observador da relação de uma mãe com seu bebê teria, assim, dentre as suas tarefas, apreciar o contato e as trocas não verbais do par. Para tanto, impõe-se a ele, como primeiro requisito, resgatar esta sensibilidade primitiva, embotada ao longo de sua vida e do uso predominante dos signos verbais, usando, então, sua empatia cenestésica, ou seja, o seu corpo, como uma caixa de ressonância interna aos sinais transmitidos pela dupla observada. Estará ele, assim, exposto às sensações vagas de tensão, prazer e desprazer que a receptividade cenestésica é capaz de provocar [...]. (Vilete, 1997, p. 86)

O campo cenestésico, esse campo sensorial primitivo, não verbal, é de fato o mais impactado com a ORMB. Entretanto, não se pode tão somente sentir e nada fazer com o que se sente: é preciso que se pense sobre o não verbal até que ele ganhe significado. Essa conduta evita projeções e hostilidades para com os pais e o bebê (Bracco, 1997). Além disso, o resgate da capacidade de decodificação do não verbal amplia o espectro de atuação do analista com bebês e crianças pequenas, pois o habilita a reconhecer os sinais do bebê e também os conteúdos latentes dos pais quando em processo de regressão psíquica.

Mélega (1997) coloca que, ao adentrarmos na intimidade de uma família, não é somente o objeto da observação que se afeta, mas também o observador, ou seja, a neutralidade positivista não se aplica ao campo da pesquisa em Psicanálise, havendo uma troca afetiva entre objeto e pesquisador. Diz a autora que "a transferência e a contratransferência que acontecem no setting analítico também acontecem no campo criado pela observação. Não serão, porém, motivo de intervenção interpretativa, apenas de reflexão por parte do observador" (Mélega, 1997, p. 119).

Essa situação de intercâmbio emocional pode apresentar desconforto ao aluno observador quando solicitado a responder e ajudar. É importante que o observador deixe claro à dupla observada qual é seu papel e as limitações que o método impõe. Fazendo assim, o contrato se estabelece de maneira objetiva e o observador pode se disponibilizar a tomar contato com suas emoções e seus impulsos primitivos de retificar campos próprios.

Retornando à ideia da associação livre, esta também está presente na ORMB quando da escuta dos pais, posto que observador está sim exposto ao conteúdo cenestésico não verbal advindo do encontro entre inconscientes, mas também recebe o conteúdo verbal dito pelos pais. Dessa forma, ressaltamos que a habilidade de observar não pode em nenhum contexto estar distante da de ouvir, sendo complementares nesta clínica da constituição psíquica.

Havendo uma dupla função analítica, a de observar e a de escutar, o Método Esther Bick se propõe a fazer o observador tomar contato com seu bebê, com sua cadeia associativa e as derivações dessa cadeia. Para Rosa (1997), "o impacto produzido por essas emoções e ansiedades, quando suficientemente toleradas e acolhidas, constituirão o mesmo impacto que poderia servir como veículo de conhecimento" (Rosa, 1997, p. 105).

Nesse sentido, na supervisão ou Seminários o supervisor assume uma função continente em relação ao observador ao acolher as angústias e sentimentos trazidos para o grupo. Ele conduz a cadeia associativa a ganhar sentido cognitivo e afetivo, além de servir como possibilidade de descarga da tensão resultante da impossibilidade de intervir na relação mãebebê durante as observações (Mélega, 1997).

Assim, afirmamos que a supervisão em ORMB se orienta em dois sentidos: o conteúdo observado e o observador. Para Souza (1997), "o supervisor e o grupo [...] ajudam a iluminar o inconsciente do colega, propiciando assim que dados que não foram relatados possam ser resgatados no trabalho de supervisão" (Souza, 1997, p. 141).

CONCLUSÃO

A ORMB, como foi apresentada ao longo do capítulo, parece ser uma "poderosa" ferramenta na formação do analista, seja um estudante de graduação ou um aluno de formação em psicanálise.

Rosa (1997) nos afirma que essa prática inverte a lógica tradicional da academia. Segundo a autora, ao darmos a possibilidade de o aluno observar, o colocamos como ativo no processo, saindo do lugar de repetir o que ouviu falar a respeito. A autora continua suas considerações alertando que o Método Esther Bick não visa a observação para o estabelecimento de uma causa-efeito sobre determinado fenômeno observável, mas objetiva o impacto do sentir no observador, do incomodar-se e do compreender como cada relação é construída a partir do desenvolvimento da habilidade em assistir ao campo do não verbal.

Para isso, o aluno deve assumir em seu campo psíquico a possibilidade da ignorância materna em relação ao bebê, ignorância essa que, se tudo correr bem, será transformada gradativamente em maternagem. Entretanto, se o aluno não se desfaz de seus conceitos iniciais sobre o que pensa ser uma relação, a observação ficará enviesada.

Ao se colocar nessa posição de esperar os encontros e desencontros entre a díade acontecerem, o analista, mantendo sua posição de não interferência, abre sua escuta analítica para as diversas possibilidades de laços e relações existentes, abstraindo-se de qualquer préjulgamento sobre o que acha ser uma relação supostamente saudável, ampliando seus próprios espaços transferenciais para futuramente os ofertar a seus pacientes bebês, crianças pequenas ou seus pais.

Com a ORMB, busca-se uma modificação, muitas vezes podendo até mesmo ser chamada retificação, na sensibilidade e disponibilidade para os fenômenos que observa, para a formação e compreensão das relações, para o despertar de que um bebê irá existir onde exista alguém que o adote em seu campo afetivo, seja este como for.

Muitas vezes o estágio parece sufocante, posto que conteúdos regressivos do observador, sua vida psíquica primitiva, sua maternagem pregressa, são constantemente tocados e convocados à elaboração, seja nos Seminários ou em sua análise pessoal. Assim nos aponta Martini (1997), ao dizer que "a ORMB é uma das vias pela qual o analista pode contatar com seu universo primitivo, ao lado da análise pessoal, das supervisões e dos seminários teóricos" (Martini, 2000, p. 346).

Enfim, seja na ortodoxia do método ou nas adaptações necessárias, fato é que a ORMB, segundo nos propôs Esther Bick no século passado, ainda nos apresenta um campo extremamente frutífero para o desenvolvimento da capacidade de observar fenômenos humanos e ampliar a "escuta" de um analista.

"Aquele que vê as coisas crescerem desde o princípio terá delas a melhor visão" (Vilete, 1997, p. 92).

REFERÊNCIAS

Bick, E. (1987). Contribution of observation of Mother-Infant Interaction to Development to the Equipment of Psychoanalyst of Psychanalytic Psychotherapist. In *Harrys, Martha & Bick, Esther. Collect papers of Martha Harrys and Esther Bick.* Scotland: Clunie Press, p. 225-239.

Bracco, D. M. (1997). A especificidade do método de observação de bebês. In *I Simpósio Brasileiro de Observação da Relação Mãe-bebê.* São Paulo: Unimarco.

Freud, S. (2010). *Estudos sobre a histeria.* (Sigmund Freud Obras Completas, Paulo César de Souza, Trad., v. 2). São Paulo: Companhia das Letras. (Originalmente publicado em 1893).

———. (2010). Três ensaios sobre a sexualidade infantil. Sigmund Freud Obras Completas, Paulo César de Souza, Trad., v. 6). São Paulo: Companhia das Letras. (Originalmente publicado em 1905).

———. (2010h). *Deve-se ensinar a psicanálise nas universidades?* (Sigmund Freud Obras Completas, Paulo César de Souza, Trad., v. 14). São Paulo: Companhia das Letras. (Originalmente publicado em 1919).

Kompinsky, E. (2000). Observação de bebês: método e sentimentos do observador. In *A relação pais-bebê. Da observação à clínica.* São Paulo: Casa do Psicólogo.

Mahler, M. S. (1963). Thoughts about development and individuation. *Psychoanalytic Study of the Child*, 18, 307-324.

Mélega, M. P. (1997). A supervisão da observação da relação mãe-bebê – ensino e investigação. In *I Simpósio Brasileiro de Observação da Relação Mãe-bebê.* São Paulo: Unimarco.

Martini, I. I. (2000). Modificações que a ORMB promove no analista. In *A relação pais-bebê. Da observação à clínica.* São Paulo: Casa do Psicólogo.

Rezende, S. N. (1997). A observação da relação mãe-bebê como situação psicanalítica na formação de profissionais em saúde mental. In: *I Simpósio Brasileiro de Observação da Relação Mãe-bebê.* São Paulo: Unimarco.

Rosa, A. C. (1997). Refletindo o método de observação da relação mãe-bebê. In: *I Simpósio Brasileiro de Observação da Relação Mãe-bebê.* São Paulo: Unimarco.

Souza, M. S. I. (1997). Supervisão da observação da relação mãe-bebê. In: *I Simpósio Brasileiro de Observação da Relação Mãe-bebê.* São Paulo: Unimarco.

Talberg, G. (1997). A supervisão da observação da relação mãe-bebê. In: *I Simpósio Brasileiro de Observação da Relação Mãe-bebê.* São Paulo: Unimarco.

Valladares, M. S. R. M. (1997). O impacto emocional do observador em uma observação da relação mãe-bebê. In: *I Simpósio Brasileiro de Observação da Relação Mãe-bebê.* São Paulo: Unimarco.

Vilete, E. (1997). Observação da relação mãe-bebê – a especificidade do método. In: *I Simpósio Brasileiro de Observação da Relação Mãe-bebê.* São Paulo: Unimarco.

Winnicott, D. W. (2000) *Da pediatria à psicanálise.* Obras escolhidas. Rio de Janeiro: Imago.

4. O FAZER EM UMA CLÍNICA-ESCOLA DE PSICOLOGIA: POSSIBILIDADES DE INTEGRAÇÃO ENSINO, PESQUISA E EXTENSÃO NO CONTEXTO DA SAÚDE PÚBLICA

Tatiane Dias Bacelar[20]

Sara Priscilla Alves Silva[21]

João Guilherme de Figueredo Campos[22]

Luiz Nascimento Marques[23]

20. Psicóloga pela Pontifícia Universidade Católica de Minas Gerais. Especialista em Psicologia e Desenvolvimento Humano pela Universidade Federal de Juiz de Fora. Mestre em Psicologia pela Universidade Federal de Minas Gerais. Professora do curso de Psicologia e coordenadora da Clínica Escola de Psicologia do Ambulatório da Faculdade Ciências Médicas de Minas Gerais. Coordenadora do projeto de pesquisa Perfil Psicológico das Pessoas Atendidas na Clínica Escola de Psicologia: estratégias de avaliação e intervenção. Professora do curso de Psicologia do Centro Universitário UNI-BH.

21. Acadêmica do 10º período de Psicologia da Faculdade Ciências Médicas de Minas Gerais (FCMMG). Atualmente estagiária da Clínica de Psicologia no Ambulatório CMMG (2019–2020). Diretora da Liga Acadêmica de Saúde Mental – Faculdade Ciências Médicas de Minas Gerais (2019).

22. Acadêmico do 10º período de Psicologia da Faculdade Ciências Médicas de Minas Gerais (FCMMG). Integrante de equipes de pesquisas nas áreas de preditores individuais e culturais do suicídio, impactos da quarentena na saúde mental, análises das influências da psicoterapia nos usuários de um serviço escola, assim como caracterização das pessoas atendidas nesse contexto.

23. Acadêmico do 10º período de Psicologia da Faculdade Ciências Médicas de Minas Gerais. Estagiário na Diretoria de Valorização Funcional do Servidor (DIVAFS) na Prefeitura Municipal de Contagem (2018–2019). Acompanhante de Inclusão de crianças com transtorno do neurodesenvolvimento (2017–2018).

A prestação de serviços psicológicos em clínicas-escola é um desafio para os profissionais que atuam na gestão desse tipo de serviço. O presente capítulo descreve a experiência da gestão de uma clínica-escola de Psicologia de uma faculdade privada, na prestação de serviços psicológicos no âmbito do Sistema Único de Saúde (SUS). Para tanto, inicialmente destaca-se as características de uma clínica-escola como prevê as Diretrizes Curriculares Nacionais do curso de psicologia, em seguida contextualiza a prestação de serviços psicológicos em um ambulatório multiprofissional. A *posteriori*, descreve os procedimentos utilizados na realização dos atendimentos psicológicos, destacando: procedimentos para realização dos estágios, elaboração de documentos decorrentes dos atendimentos psicológicos segundo às diretrizes do Conselho Federal de Psicologia (CFP). Por fim, destaca a realização da modalidade de atendimento Plantão Psicológico e a realização de uma pesquisa, como estudo piloto, com pessoas atendidas em psicoterapia.

O SERVIÇO-ESCOLA NO CONTEXTO DAS DIRETRIZES NACIONAIS CURRICULARES

As Diretrizes Curriculares Nacionais do curso de Psicologia, em seu art. 3º, apresenta como diretriz balizadora uma formação voltada para a prática profissional, para a pesquisa e para o ensino de Psicologia (Resolução CNE/CES n. 8, 2004). Nesse contexto, as diretrizes preveem a criação do serviço de Psicologia, mais conhecido como clínica-escola, como um dispositivo imprescindível ao curso, com uma dupla função: a formação de competências profissionalizantes dos acadêmicos e a prestação de serviços à comunidade local. Assim, pode-se afirmar que cabe a esse serviço articular ao longo de sua rotina três grandes pilares: o ensino, a pesquisa e a extensão. Tal pressuposto está previsto de forma explícita na Revisão das Diretrizes Curriculares Nacionais do curso de Psicologia aprovada em 04/12/2019, porém aguardando homologação (Parecer CNE/CES n. 1071, 2019).

Acerca do ensino, os estágios que ocorrem nas clínicas-escola voltam-se para a articulação de conhecimentos, habilidades e atitudes, por meio do exercício de um conjunto de práticas profissionais, como: psicoterapia individual, psicodiagnóstico, avaliação neuropsicológica, entre outras, onde situações e dificuldades reais do cotidiano da prática profissional serão enfrentadas, amparados por um professor supervisor da instituição de ensino.

Dessa forma, os estágios têm como objetivo o desenvolvimento de competências profissionais, a contextualização curricular e a promoção do exercício da cidadania. (Resolução CNE/CES n. 8, 2004; Honda & Yoshida, 2012).

A pesquisa, por sua vez, permite ao formando a capacitação para compreender os diferentes fenômenos psicológicos de maneira crítica, concebendo e desenvolvendo investigações científicas, bem como propagando saberes que ajudarão na formação e na prática de outros alunos e profissionais. Nesse sentido, estudos apontam que são escassas as pesquisas em clínica-escola e as atuais têm ocorrido majoritariamente sob duas metodologias: análises dos processos de mudança a partir de intervenções realizadas e caracterização da clientela atendida. (Amaral et al., 2012; Maravieski & Serralta, 2011; Perfeito & Melo, 2006).

Por fim, as práticas extensionistas possibilitam a compreensão dos processos socioculturais, econômicos e políticos nos quais a prática da profissão encontra-se inserida, permitindo também a atuação no campo das políticas públicas. Nas novas diretrizes do curso salienta-se que as atividades de extensão devem fomentar práticas interdisciplinares entre a comunidade acadêmica e a comunidade local, e também intersetoriais, por exemplo, em nível das políticas públicas do SUS e da assistência social.

Contudo, a articulação dessas áreas, mediante a complexa rotina das clínicas-escola, se configura como um desafio ímpar. Em seu cotidiano lidam simultaneamente com a recepção de usuários e usuárias[24], direcionamento à modalidade de atendimento psicológico demandada, uniformidade no estabelecimento da rotina na prestação dos serviços psicológicos, orientação aos estudantes no cumprimento de todos os procedimentos técnicos e éticos, conforme prevê as diretrizes do CFP, dentre outras especificidades, de acordo com o local e instituição em que a clínica esteja inserida, quer seja em um ambulatório multiprofissional ou uma clínica integrada de saúde, por exemplo.

Nos últimos anos, pesquisas identificaram falhas ao integrar ensino, pesquisa e extensão, as clínicas geralmente tendem a recair em um foco excessivo em determinadas vertentes, sobretudo no ensino, em detrimento das

24. A nomenclatura atribuída às pessoas atendidas pode variar, dependo do contexto em que a clínica se encontra inserida: cliente, paciente, usuário. Aqui optou-se por utilizar usuário e usuária, por se tratar de uma clínica inserida no contexto do SUS.

outras. Tal direcionamento pode acarretar na diminuição da qualidade dos serviços prestados, a falta de padronização na confecção de prontuários, foco na quantidade de atendimentos ou filas de esperas extensas, que impacta diretamente no acesso da comunidade a um serviço de qualidade. (Amaral et al., 2012; Maravieski & Serralta, 2011; Peres, Santos & Coelho, 2004).

Assim, as clínicas-escola passam por esses dilemas cotidianamente. Para superá-los, devem estabelecer estratégias de planejamento, execução, avaliação e monitoramento de seus processos, tendo como premissa assegurar o compromisso ético e técnico-científico, assim como o cumprimento do seu papel social na comunidade. Tal prerrogativa também suscita a criação de novas modalidades de atendimento e ações de promoção a saúde e a qualidade de vida da comunidade, como previsto pelo Código de Ética Profissional do Psicólogo (CFP, 2005). Nesse contexto, apresenta-se a seguir estratégias empregadas em um serviço-escola de psicologia ao longo do ano de 2019 e início de 2020, promovidas após identificação de lacunas no fluxo do serviço, bem como nas demandas do público atendido.

CONTEXTUALIZAÇÃO DO SERVIÇO

Trata-se de uma clínica-escola inserida em um ambulatório multiprofissional de uma faculdade privada que presta serviços em nível de atenção secundária do SUS, nas áreas de medicina, fisioterapia, psicologia e enfermagem, integrada à rede de saúde pública de Belo Horizonte, em Minas Gerais (MG). No contexto das políticas públicas de saúde a atenção secundária caracteriza-se como um atendimento intermediário entre a atenção primária e terciária, realiza atendimentos em nível ambulatorial de apoio de diagnóstico e terapêutico, atendendo demandas de média complexidade (Oliveira, 2009).

No tocante ao atendimento psicológico, a média complexidade abarca demandas de gravidade moderada, como transtornos de humor, dependência química e transtornos de ansiedade, atendendo às necessidades de complexidade intermediária entre a atenção básica e os Centros de Atenção Psicossocial (CAPS). Os casos de alta complexidade, são atendidos em caráter emergencial e direcionados a atenção terciária, sendo composta por serviços designados de acordo com as definições da Secretaria de Estado de Saúde de MG.

Nesse contexto de prestação serviços, atualmente a clínica-escola dispõe das seguintes modalidades de atendimento: psicoterapia individual e psicoterapia em grupo, plantão psicológico, acompanhamento terapêutico e processos de avaliação psicológica e neuropsicológica. Em linhas teóricas são compreendidas as abordagens: Comportamental, Psicanálise, Humanista-Fenomenológica e Terapia Cognitivo Comportamental.

A sua estrutura física conta com cinco consultórios (dois próprios para o atendimento infantil, dois para atendimento a adultos e um que pode ser utilizado para atendimento infantil, adulto, familiar ou em grupos) e uma Sala de Apoio a estudantes e usuários(as), todos com mobiliário e equipamentos adequados à realização dos atendimentos. O período de funcionamento é das 7h às 19h, de segunda a sexta-feira, e aos sábados, das 8h às 14h, com uma média de 249 usuários e 1.633 atendimentos por semestre. A equipe da clínica conta com uma coordenadora, duas estagiárias de Psicologia, com carga horária de 6 horas diárias cada uma e uma colaboradora com a função de auxiliar administrativo, com carga horária de 8 horas/dia.

Em relação à origem de encaminhamentos dos usuários atendidos pela clínica, até o segundo semestre de 2018 havia o recebimento de encaminhamentos externos (outras Clínicas-escola de psicologia, hospitais, escolas municipais e estaduais etc.) e demanda espontânea, entre outros. A partir do primeiro semestre de 2019, em consonância à prestação de serviços do ambulatório no âmbito do SUS, a clínica passou a realizar atendimentos para as pessoas encaminhadas pela rede de saúde pública de Belo Horizonte.

Isso significa o foco na atenção integral em saúde, com vistas a sua prevenção e promoção, aplicando os princípios do SUS (Oliveira, 2009): a Universalização, ou seja, a saúde como um direito de cidadania que deve ser assegurado pelo Estado à todas as pessoas; a Integralidade, por meio da articulação da saúde com outras políticas públicas e uma atuação intersetorial entre as diferentes áreas; e a Equidade, evidenciado no atendimento de acordo diferentes necessidades, diferenças nas condições de vida e saúde. Na prática, a organização dos serviços em saúde volta-se para atender a diversidade de pessoas e grupos sociais, compreendendo as necessidades de grupos específicos (mulher, idoso etc.) no cuidado em saúde, com uma ação articulada de intervenções.

Nessa perspectiva, no segundo semestre de 2019, houve uma reorganização do serviço, objetivando a efetiva aplicação dos princípios do SUS e a melhoria da qualidade dos serviços prestados à comunidade. Assim, os atendimentos psicológicos passaram a ser destinados exclusivamente aos usuários e usuárias encaminhados pela equipe multidisciplinar do ambulatório (medicina, fisioterapia e enfermagem), sendo os encaminhamentos caracterizados como Urgente ou Programado.

As urgências são prioridade e não entram em uma fila de espera, sendo direcionados imediatamente para o serviço de Plantão Psicológico, que será descrito ao longo deste capítulo. Os atendimentos caracterizados como Programado, por sua vez, entram em uma fila de espera por ordem cronológica de data de encaminhamento, catalogados em uma planilha, contendo informações gerais como: número de prontuário, data do encaminhamento, nome completo, data de nascimento, faixa etária, profissional que encaminhou, com vistas ao acesso rápido e geral das informações das pessoas que estão aguardando atendimento. A *posteriori*, em consonância ao número de vagas para atendimento psicológico, esses usuários passam por uma triagem, para direcionamento da modalidade de atendimento psicológico.

A CHEGADA DO ESTUDANTE DE PSICOLOGIA NA CLÍNICA: PROCEDIMENTOS PARA REALIZAÇÃO DOS ESTÁGIOS

As orientações para início das práticas de estágio, em geral, ficam a cargo do professor supervisor, sendo muitas vezes restrita aos apontamentos técnicos e teóricos específicos de cada modalidade de atendimento psicológico que será realizado. A partir da necessidade de sistematizar a prestação de serviços pela clínica foi elaborada uma nova versão do seu antigo manual, voltada para a orientação dos estudantes e padronização dos procedimentos. Nesse ínterim foi estabelecida a obrigatoriedade da participação em treinamento prático e teórico acerca de todos procedimentos gerais do ambulatório e específicos da clínica psicológica.

Nesse novo manual são apresentadas todas as orientações sobre os procedimentos necessários à realização dos atendimentos psicológicos pelos estudantes do curso de Psicologia, sendo estruturado em duas partes. A primeira elucida aspectos técnicos e éticos referentes à prestação de serviços psicológicos na clínica, configurando-se como o conteúdo do treinamento teórico. A segunda, apresentada na parte prática, descreve as etapas para a realização do registro documental dos atendimentos psicológicos em prontuário eletrônico, conforme prevê as diretrizes do CFP, destacando o passo a passo do referido registro em um sistema específico. Ressalta-se que tal metodologia adotada foi devidamente aprovada pelo colegiado do curso de psicologia.

O treinamento teórico e o prático são realizados periodicamente no início do semestre letivo para todos os estudantes previstos para as atividades de estágio na clínica. A parte teórica é ministrada em sala de aula pela coordenadora da clínica e a prática acontece no ambulatório.

A orientação teórica contempla inicialmente informações gerais, como: horário de funcionamento, formas de contato com a equipe de profissionais da Clínica, além de ressaltar a Sala de Apoio como local de referência para usuário do serviço, bem como para estudantes para solicitar equipamentos e documentos necessários à realização dos atendimentos psicológicos. Destaca-se aqui que o procedimento de contato com a equipe da clínica é exclusivo via telefone fixo ou e-mail. A partir de imagens, informações gerais sobre consultórios e materiais disponíveis para atendimento são apresentadas aos estudantes, como brinquedos, testes psicológicos, cartão de marcação de consulta.

Em seguida apresenta-se os procedimentos necessários para realização dos estágios, como: cartão de vacina atualizado, Termo de Compromisso de Estágio devidamente assinado, treinamento prático no sistema de prontuário eletrônico, leitura obrigatória dos registros dos prontuários anteriores de usuários que darão continuidade aos atendimentos, entrega do formulário "Termo de responsabilidade e autorização para realização de atendimento psicológico" devidamente assinado pelo aluno e pelo docente supervisor(a) responsável. Esse documento é muito importante, pois o estudante declara estar em concordância com todas as normas e procedimentos contidos no manual para a realização da prática de estágio e o professor supervisor autoriza este estudante a iniciar as atividades práticas de estágio.

Outro tópico contemplado pelo treinamento teórico são os procedimentos iniciais para agendamento do(a) usuário(a) para atendimento psicológico, destacando as orientações a respeito do contato telefônico com a pessoa que será atendida, como documentação necessária destinada a adultos e para pessoas menores de 18 anos. Vale ressaltar que é vedado ao discente a utilização de telefone particular para contato com a pessoa que será atendida, sendo feito exclusivamente via telefones fixo da clínica, bem como qualquer outro contato particular com o usuário vinculado ao serviço de psicologia do ambulatório.

Após isso, prossegue-se com os procedimentos para os atendimentos psicológicos em geral. Aqui são descritos em detalhes todos os itens necessários à realização de um atendimento, desde o agendamento presencial do consultório de atendimento psicológico, fixar na porta do consultório a placa "em atendimento", o registro da data e horário do próximo atendimento pelo estudante no Cartão de Marcação de Atendimento Psicológico, até as especificidades do registro em prontuário eletrônico multiprofissional e do prontuário físico para os casos previstos na resolução 001/2009 do CFP, arquivamento de cópia dos documentos produzidos por psicólogos e decorrentes do processo de avaliação psicológica.

Os critérios para interrupção, continuidade ou encerramento do atendimento de usuários(as) também fazem parte do treinamento e estão dispostos no manual. Durante a construção desse tópico constatou-se que ele é alvo de muitas discussões entre os professores supervisores de estágio e coordenadores de clínicas de várias instituições, sendo estabelecidos muitas vezes de modo arbitrário, pois a literatura carece de evidências científicas ou técnicas que sustentem estes parâmetros (Campezanatto & Nunes, 2007). A regra até então estabelecida, na versão anterior do manual, era que um(a) usuário(a) seria considerado(a) desistente quando tivesse duas faltas consecutivas sem justificativa. No entanto, ao informar a esse usuário sobre assiduidade no serviço e a possibilidade de desligamento, deparava-se em não raras vezes, com um cenário de vulnerabilidade e fragilidade no acesso às políticas públicas, que acabam por impossibilitar a sua frequência aos atendimentos. Nessa perspectiva, tendo como referência o princípio da integralidade do SUS, decide-se por cancelar tal regra adotada e rever a conceituação de desistente.

Nessa nova versão partiu-se de duas premissas: a primeira considera que o professor supervisor de estágio é a referência técnica para a pessoa atendida; desse modo, tem poder decisório acerca da condução clínica sobre o processo interventivo realizado. A segunda diz respeito ao fato que a clínica-escola presta serviço de atenção secundária, ou seja, deve atuar de forma integrada às políticas públicas no âmbito do SUS e do Sistema Único de Assistência Social (SUAS). Isso implica em termos práticos, por exemplo, caso uma pessoa idosa não compareça para atendimento psicológico de forma consecutiva, cabe então contato com o familiar de referência e ainda contato com a Equipe de Saúde da Família de referência deste idoso, no Centro de Saúde, em nível de atenção primária, sendo devidamente registrado no prontuário eletrônico.

Assim como o critério de interrupção, o de continuidade e alta também ficam a critério do supervisor, que conduz o caso e está sempre em consonância com a coordenação da clínica, que gerencia quaisquer necessidades de intervenção ou orientação a estudantes em campo. O foco volta-se, independentemente da abordagem teórica, para o desenvolvimento das potencialidades e da autonomia dos usuários e usuárias, ou seja, a promoção da saúde e qualidade de vida, e não um tratamento prolongado de psicoterapia por anos a fio.

O último ponto abordado no treinamento teórico refere-se aos princípios técnicos e éticos necessários à prática dos estágios. Esse item foi o mais desafiador ao longo de sua elaboração, possibilitando uma rica discussão em nível de colegiado do curso. Durante o semestre, deparou-se com condutas dos discentes que demandam uma intervenção imediata, tanto da coordenação da clínica, quanto do professor supervisor de estágio, como por exemplo, a falta do aluno ao atendimento psicológico agendado, sem justificativa, aviso prévio ou ao término do atendimento não realiza o registro em prontuário. Qual a melhor intervenção nestes casos?

Com vistas a uma isonomia na conduta adotada para todos os discentes, foram estabelecidas uma série de práticas pautadas nas normas institucionais da faculdade, nos procedimentos dispostos no manual e nas diretrizes do CFP preconizadas nas resoluções e no código de Ética Profissional do Psicólogo. Nesse tópico do manual foram elencados os deveres dos estudantes e também as condutas vedadas durante a prática de estágio. Cada descumprimento cometido é classificado de natureza: grave, média ou leve, implicando diretamente na avaliação do(a) estudante.

Em suma, todos esses tópicos são abordados durante o treinamento teórico dos estudantes antes de iniciar a prática de estágio no ambulatório, também no decorrer do curso na disciplina específica de Ética Profissional e nas supervisões, especialmente em relação aos princípios éticos e técnicos. O discente conta com o amplo acesso ao Manual da Clínica disponível no portal do aluno, bem como sua versão impressa para consulta na Sala de Apoio.

Além disso, no treinamento prático *in loco* as orientações de todos esses processos são abordadas de forma categórica e verificados a partir da sua simulação. Destaca-se aqui os procedimentos práticos necessários ao acesso do sistema eletrônico para efetuar o registro no prontuário multiprofissional, bem como as suas especificidades técnicas que serão detalhadas a seguir.

OS REGISTROS EM PRONTUÁRIO ELETRÔNICO: UMA ESTRATÉGIA DE APRIMORAMENTO DA QUALIDADE

A qualidade do registro documental é apontada por estudos como um problema frequente em prontuários de clínicas-escola. Constata-se uma falta de sistematização nos registros, ausência de relação temporal entre eles e também muitas vezes com informações incompletas, redigidos com dados que pouco colaboram para a compreensão do caso. Tal situação impacta diretamente na continuidade das intervenções realizadas, bem como na realização de pesquisas sobre os atendimentos psicológicos realizados em clínicas e seus respectivos resultados (Honda & Yoshida, 2012; Herzberg, 2007).

Acerca da legislação a este respeito, a Resolução 001/2009 do CFP estabelece que o registro documental deve ser realizado de forma sucinta, informando o serviço prestado, a sua descrição e evolução, bem como os procedimentos técnico-científicos empregados. De modo específico, para o contexto do ambulatório multiprofissional em questão, menciona apenas que deve ser realizado em prontuário único, relatando somente as informações que atendam ao objetivo do trabalho de modo a garantir o sigilo profissional.

Diante dessa realidade, alguns questionamentos emergiram: como elaborar um registro em prontuário de qualidade que garanta o sigilo e esclareça o trabalho realizado, bem como seu acompanhamento? Como um registro sucinto pode contribuir efetivamente para o processo de intervenção dos outros profissionais, fomentando uma atuação interdisciplinar?

Nesse ínterim foi desenvolvida uma alteração no documento eletrônico utilizado para o registro no prontuário multiprofissional da clínica-escola e implementada pelo setor de Tecnologia da Informação da faculdade.

Essa alteração foi elaborada com o intuito de oferecer ao estudante um balizador para redigir a evolução em prontuário, a partir de uma estrutura contendo itens imprescindíveis ao preenchimento, sendo abordados tanto no treinamento teórico, como no prático. Especificamente no treinamento prático é realizada uma simulação nos computadores da clínica, a partir de um passo a passo disponível no Manual, para o acesso ao sistema do prontuário eletrônico, podendo tirar dúvidas em como proceder os respectivos registros tanto do ponto de vista de operar o sistema como da redação do registro do atendimento psicológico realizado. O Quadro 1 descreve as orientações explicitadas no Manual e também disponíveis no prontuário eletrônico, a cada realização de registro de atendimento psicológico, funcionando como uma orientação explicativa.

Pode-se afirmar que a maneira como foi estruturado possibilita uma identificação imediata dos dados do caso, da conduta estabelecida e do estudante que atendeu. É importante esclarecer que nesse documento, em seu formato eletrônico, a cada registro há um cabeçalho contendo as informações de identificação da pessoa atendida: nome completo, nome social, número de prontuário, data de nascimento, data e horário do atendimento realizado. O prontuário com arquivo físico ocorre apenas nos casos previstos como obrigatórios pela legislação: arquivamento de instrumentos decorrentes do processo de avaliação psicológica e cópias de outros documentos produzidos pelo psicólogo para o usuário, como atestados, relatórios psicológicos.

Quadro 1 – Orientações para registro no prontuário eletrônico

1. **Modalidade do atendimento psicológico:** Informar a modalidade do atendimento psicológico realizado, por exemplo: • Psicoterapia Individual • Plantão Psicológico
2. **Descrição do atendimento realizado:** A descrição do atendimento realizado precisa esclarecer: hipótese diagnóstica (caso já possua); sintomas; impressões gerais. Exposição descritiva considerando aspectos sociais, emocionais, históricos e cognitivos da pessoa atendida, preservando o sigilo profissional. Dificuldades e potencialidades identificadas. A redação do registro deve também: • Contextualizar a evolução atual ao atendimento anterior, de modo que demonstre o desenvolvimento (ou não) de uma semana para a outra e também ao longo de todo o processo; • Descrever o exame do estado mental relatando as funções psíquicas preservadas e alteradas; • Teste aplicado: (Nome e finalidade do teste aplicado). • Observações gerais: (Observações clínicas, comportamentais)
3. **Conduta:** Explicitar a conduta para o próximo atendimento e outras como: • Agendado novo atendimento informando a data. • Agendado atendimento com familiar da pessoa atendida. • Realizado contato com a equipe de Saúde da Família, explicitando o motivo e encaminhamentos.
4. **Nome e matrícula do(a) estudante:** Informar o nome completo e matrícula

Neste contexto, ao longo do ano de 2019, a partir do início dos atendimentos psicológicos, procedeu-se da seguinte maneira: os prontuários redigidos foram verificados pelas estagiárias ou pela coordenação da clínica com vistas ao monitoramento do procedimento, as inconsistências foram identificadas e repassadas aos estudantes para proceder às alterações necessárias. Caso tivessem dificuldade eles poderiam solicitar à coordenação e às estagiárias da clínica orientação na reelaboração. Contudo, constatou-se que tal atividade se tornou muito morosa à equipe da clínica e por vezes não foi possível repassar aos estudantes os apontamentos em tempo hábil, acumulando solicitações de alteração ao final do semestre. Assim, o procedimento foi revisto sendo elaborada uma atividade denominada "Participação em orientação para elaboração do registro documental em prontuário eletrônico".

Tal atividade tem como finalidade auxiliar e acompanhar o(a) estudante no processo de elaboração do registro documental em prontuário eletrônico ao longo do semestre, sendo ministrada pelas estagiárias da clínica e ou pela coordenação. A participação deverá ocorrer ao menos duas vezes ao mês, tendo a carga horária de participação registrada na folha de horas práticas do estágio computando no máximo 30% do total das horas práticas. Caso o estudante queira participar de mais horas, poderá ser considerada como atividade complementar de graduação na modalidade "cursos de atualização" de acordo com as diretrizes estabelecidas pela faculdade. Essa atividade de orientação foi prevista para iniciar no primeiro semestre 2020, não sendo ainda implantada em virtude do contexto da pandemia do COVID-19.

A IMPLANTAÇÃO DE UM NOVO SERVIÇO: O PLANTÃO PSICOLÓGICO

Ao final do ano 2018, existia uma grande fila de espera para os usuários não atendidos durante o ano letivo; além dos encaminhamentos programados, eram encontrados também encaminhamentos classificados como urgência. Nesse contexto, surge a necessidade de estabelecer um serviço capaz de abarcar o volume destes encaminhamentos urgentes já existentes e que atendesse também aos próximos, à medida que fossem surgindo no novo ano que se anunciava. Houve então, a ideia de implantar o Plantão Psicológico, integrado aos estágios do último ano do curso (9º e 10º períodos), prontamente acolhida pela coordenação de estágios e do curso.

O Plantão Psicológico constitui-se como uma compreensão ampliada de Psicologia Clínica para atender às novas demandas da atualidade, desvinculando-se da concepção tradicional que a promoção e prevenção em saúde mental é eficaz somente em atendimentos longos, na modalidade de psicoterapia. Trata-se de uma modalidade de atendimento que visa oferecer suporte emocional, no momento exato da procura, ou seja, não é necessário agendamento prévio. Assim, é função primordial do plantonista se colocar à disposição de quem busca a atenção psicológica, à manifestação de sentimentos e angústias, aberto a expressão de conflitos e dificuldades de qualquer natureza seja, social, emocional, cognitiva, familiar (Scorsolini-Comin, 2015; Palmieri & Cury, 2007).

O instrumento principal para a realização do plantão é a atitude de cuidado e de abertura do plantonista para com o inesperado à complexidade humana. Além da escuta atenta, sensível e livre de censuras, capaz de acolher as diferenças e de sustentar as tensões da angústia em prol do cuidado e da produção de sentidos destes sentimentos.

Assim, pode-se afirmar que no contexto do Plantão cabe circunscrever o acolhimento, o provimento de informações e o encaminhamento, quando necessário. Pelo seu caráter emergente e espontâneo, não é necessário agendamentos prévios. O trabalho desenvolvido se dá entre uma a quatro sessões, dependendo da necessidade da pessoa que procura ajuda.

O Plantão começou a funcionar no primeiro semestre de 2019, em um cenário onde a fila existente impactava o acesso de usuárias ao serviço. Inicialmente, a modalidade de atendimento fugiu um pouco ao delineamento mencionado acima, uma vez que havia uma "fila de espera de urgência". Pois estabeleceu-se a conduta de realizar contato com todas as pessoas que estavam aguardando nessa fila, informando a existência desse tipo de atendimento e os horários disponíveis dos plantonistas – em caso de interesse, poderiam comparecer a clínica e os atendimentos ocorreriam por ordem de chegada.

As novas demandas para atendimento do Plantão também têm acontecido de modo peculiar a partir do recebimento de encaminhamentos internos, do tipo urgente, um procedimento institucional do ambulatório. Tal situação ocorre porque a oferta do serviço para os usuários, em geral, acontece durante a realização de atendimentos em outras especialidades. Por exemplo, em um atendimento da Fisioterapia em que a usuária apresenta uma crise de ansiedade, ou após receber um prognóstico de difícil aceitação na especialidade médica de Infertilidade, ou relata ideação suicida em uma consulta na Hebiatria. Em casos como esses e tantos outros, as pessoas são acompanhadas pelos professores ou acadêmicos até à clínica de psicologia, com o referido encaminhamento, para a realização do atendimento psicológico.

Entre os desfechos desse processo, pode-se citar que foram todas as pessoas que procuraram atendimento de 2018 que estavam aguardando atendimento e também todos os novos encaminhamentos de urgência recebidos, isto significou, 22% e 13% do total de pessoas atendidas no primeiro e segundo semestres de 2019, respectivamente. Atualmente, o plantão está disponível dentro do horário de funcionamento da clínica, a partir de um regime de escalas, com o objetivo de ter a presença de ao menos um estudante disponível para acolher qualquer urgência ou intercorrência psicológica, que possa ser atendida segundo as diretrizes do SUS, em nível de atenção secundária. Essas escalas são montadas de acordo com o mapeamento prévio de demanda para potenciais atendimentos, como por exemplo, os dias de atendimento da especialidade médica psiquiatria e disponibilidade de horário dos alunos.

Ao longo desse trabalho constatou-se que esse *modus operandi* de plantão tem possibilitado e fomentado uma atuação interdisciplinar, a partir de discussões dos casos e também de intervenções conjuntas entre as áreas. Para além das especificidades, pode-se afirmar que a prática nos moldes oferecidos ainda continua a corresponder ao serviço de plantão, visto que diante da informação de disponibilidade do serviço o usuário(a) pode ou não procurar o atendimento psicológico. Além disso, optando pela escuta, é o usuário quem apresenta a demanda de atendimento a ser trabalhada, que necessariamente não corresponde de modo linear ao motivo pelo qual foi encaminhado. Portanto, configura-se como um pronto atendimento de escuta ao ineditismo de quem busca acolhimento para uma demanda emergente, no exato momento de sua necessidade, o que afinal caracteriza o plantão psicológico.

Durante a implementação desse serviço tornou-se evidente uma questão: a imprecisão do conceito de "urgência psicológica", sendo este passível de diferentes compreensões pelas outras especialidades do ambulatório. Tal fato ficou explícito para a equipe de psicologia, a partir do recebimento de encaminhamentos classificados como programado e após leitura dos prontuários, constatava-se a necessidade de atendimento psicológico urgente e vice-versa. Diante disso, como ação imediata, a coordenação discutia cada caso com o profissional que encaminhou. Mas tal fato anunciou a necessidade de intervenção, a fim de melhorar a eficácia e a qualidade do fluxo do trabalho multiprofissional, a prestação de serviço aos usuários e ao constante exercício da atuação interdisciplinar.

Instaurou-se então uma discussão e estudos sobre o tema, bem como elaboração de estratégias de intervenção. Nesse momento encontra-se em desenvolvimento um protocolo de atendimento que caracteriza o serviço de urgência psicológica, baseado nas linhas guia do SUS e em literatura disponível sobre a temática. A finalidade é instrumentalizar a equipe multiprofissional do ambulatório na melhor categorização do encaminhamento e ou na necessidade de encaminhamento para atendimento da atenção terciária da rede de saúde pública, como por exemplo, casos de ideação suicida com planejamento e histórico de tentativa.

Por fim, a título de reflexão, cabe trazer a nomenclatura de Plantão Psicológico à discussão, por alguns motivos: por se tratar de um serviço oferecido de modo mais flexível atendendo a necessidades da instituição, da comunidade e da formação acadêmica; por ocorrer em escalas nos dias de potenciais demandas urgentes, como no período dos atendimentos da psiquiatria, hebiatria e pediatria; por ocorrer muitas vezes a partir da identificação da urgência na perspectiva do profissional que encaminha e não exclusivamente da urgência psicológica relacionada às demandas individuais do usuário e usuária. Assim, questiona-se se esse serviço especializado não poderia ser melhor denominado de Pronto Atendimento. Tal como se verifica no cenário internacional, onde o Pronto Atendimento é realizado a partir de situações configuradas *a priori* como urgência e emergência, situações de calamidade ou desastres ambientais (Knotek, 2006; Scorsolini-Comin, 2015), ou mesmo no Brasil, como no desastre de Brumadinho (MG), ou após enchentes de 2019, em Belo Horizonte (MG).

Nessa perspectiva, pode-se afirmar que toda modificação realizada em favor de uma prestação de serviços mais efetiva ocorre com o advento da identificação de fragilidades. Dito isto, é importante lembrar a necessidade de uma articulação com a pesquisa, que em não raras vezes é vislumbrada em um campo rígido laboratorial, mas que a sua grande efetividade encontra-se no ponto de convergência com o contexto de "vida real". Assim, constitui-se também como uma forma de cuidado integral ao usuário e usuária, vez que possibilita identificar objetivamente as potencialidades ou fragilidades dos serviços. A seguir tece-se algumas considerações sobre a prática da pesquisa.

OS DESAFIOS DA PRÁTICA DA PESQUISA AO LONGO DA ROTINA DAS CLÍNICAS-ESCOLA

Administrar as inúmeras variáveis que envolvem a prestação de serviço das clínicas-escola, para além de atender as demandas de seus usuários e o currículo acadêmico, enquanto realiza pesquisas científicas, é um manejo desafiador para a gestão do serviço. Devido a essa complexidade de articulações e a carência de materiais publicados a respeito destas instituições, é possível inferir que as pesquisas têm sido colocadas em segundo plano nesse cenário.

Verifica-se que as pesquisas que ocorrem nas clínicas com mais frequência são marcadas por delineamentos que realizam um levantamento dos dados que constam em prontuários, gerando assim uma um perfil sociodemográfico das pessoas atendidas. Isso inclui a descrição de variáveis, como sexo, faixa etária, nível socioeconômico, escolaridade e origem dos encaminhamentos, entre outros. Pode envolver também um levantamento clínico, onde as demandas psicológicas ganham destaque, assim como queixas principais e estudos epidemiológicos (Honda & Yoshida, 2012; Maravieski & Serralta, 2011).

Dessa forma, a partir do reconhecimento do público para o qual se presta o serviço, os gestores das clínicas-escola, assim como professores e acadêmicos envolvidos nesse processo, têm a possibilidade de direcionar seu trabalho para um atendimento especializado à comunidade atendida. Além disso, contribui também para o ajuste da rotina das clínicas de acordo com a demanda de seus usuários, a exemplo, a disponibilização de um determinado serviço, para além da estrutura curricular ou a especialização de um serviço do qual a comunidade necessita (Perfeito & Melo, 2006).

Outro delineamento verificado na literatura, ainda que pouco frequente no contexto das clínicas-escola, é o longitudinal. Trata-se de uma metodologia de pesquisa envolvendo procedimentos de avaliação periódica e regular das pessoas atendidas, a fim de observar as influências das intervenções psicológicas realizadas, assim como obter resultados mais fidedignos de suas contribuições na promoção da saúde mental e qualidade de vida.

Nesse sentido, a prática sistematizada desse modelo baseado em evidências, atrelada à percepção clínica do supervisor e do(a) estudante, elucida e concretiza alguns dos resultados terapêuticos, verificados por meio de escalas psicométricas ou testes psicológicos. Entretanto, cabe ressaltar que, este modelo não desconsidera a prática psicoterápica como sendo um processo interpessoal que envolve aspectos subjetivos, sobretudo na relação acadêmico-usuário, mas sim um modelo ateórico que demonstra a funcionalidade e os benefícios quantificáveis da prática.

Grande parte dos estudos documentados sob esse delineamento se distancia da prática cotidiana, por serem ensaios clínicos randomizados e ocorrerem em ambientes onde se possui o controle rígido de diversas variáveis, como número limitado de sessões, procedimentos bem delimitados e seleção clínica das pessoas atendidas: controle e clínica (sem comorbidades), podendo ser pouco representativo da realidade prática. Quando transferimos esta metodologia para o cotidiano, sobretudo em um contexto de clínica-escola, realizar estudos desse modelo envolve estratégias de logística interna, assim como um método científico adequado para sua execução (Brum et al., 2012).

Diante disso, no segundo semestre de 2019, foram realizadas na clínica duas pesquisas[25] que seguem os delineamentos citados. A primeira, envolveu o levantamento do perfil dos usuários e usuárias, baseado nos dados sociodemográficos, no qual possibilitou o conhecimento das suas características que culminou em modificações imediatas em alguns procedimentos da clínica. Foi realizada alteração nos dados da planilha de cadastro das pessoas que estão em atendimento e das pessoas que estão em fila de espera, ampliando a mensuração do registro das informações. Essa mudança possibilita identificar de modo preciso dados, por exemplo, o tempo de espera na fila após o encaminhamento ou o tempo que a pessoa já está em atendimento psicológico na clínica.

A segunda pesquisa envolveu um estudo piloto investigando a influência da psicoterapia na satisfação com a vida e qualidade de vida dos usuários. Por ser um estudo inicial, durante a sua realização deparou-se com situações inesperadas e desafiadoras.

A respeito das dificuldades encontradas, uma delas foi a inserção de um cronograma de pesquisa que ocorra simultaneamente a agenda da clínica. Isso representa, então, a tentativa de não alterar a rotina e a logística das pessoas atendidas, nem do serviço. Há que se considerar também um

25. Pesquisas integrantes do projeto Perfil Psicológico das pessoas atendidas na clínica escola de psicologia: estratégias de avaliação e intervenção, parecer consubstanciado do comitê de ética em pesquisa da Faculdade Ciências Médicas de Minas Gerais (CAA: 06375318.0.0000.5134).

importante aspecto: a maioria dessas pessoas apresenta baixo nível socioeconômico, e encontrar meios para que os(as) usuários(as) estendam suas visitas à clínica, seja antes ou após os atendimentos ou convidá-los(as) a comparecer em horários extraordinários, pode ser um dificultador para a realização das avaliações.

Uma alternativa para esse problema é pensar em estratégias de inserção das avaliações aos procedimentos padrões da clínica, ou seja, delimitar as rotinas de pesquisa como uma atividade periódica do serviço. Assim, recomenda-se a avaliação na entrada da pessoa ao serviço, podendo ser incluída no processo de triagem ou ao final do primeiro atendimento e então, em um tempo após as intervenções psicológicas, podendo ser sob após um número estimado de sessões ou um determinado tempo. Ressalta-se que tal procedimento deve seguir rigorosamente os critérios da ética em pesquisa com seres humanos, previstos pelo Conselho Nacional de Saúde (CNS) na resolução 466/2012.

Ainda a respeito dos procedimentos de pesquisa, vale destacar a importância da escolha de instrumentos que apresentem evidências de validade e precisão, como meio de assegurar a qualidade das respostas e do estudo. Ressalta-se que para além de suas propriedades psicométricas, recomenda-se envolver instrumentos que mensuram construtos influenciados pelo processo psicoterápico, a exemplo questionário socioeconômico, qualidade de vida, bem-estar subjetivo, sintomas psicopatológicos e relação terapêutica, entre outros. O cuidado na escolha de instrumentos que sejam adaptados para pessoas com diferentes níveis de escolaridade, de modo que a compreensão dos itens do instrumento não seja um viés na hora de responder as escalas/testes, assim como para assegurar que as respostas sejam mais fidedignas possível.

Nesse contexto, para além dos instrumentos e da rotina, outro ponto que pode dificultar a realização de pesquisas nas clínicas, sobretudo com um delineamento longitudinal como o mencionado, são os elevados índices de interrupção dos tratamentos. É um fenômeno frequente nesses serviços que, de acordo com a literatura, variam entre 30% a 60%, existindo uma maior probabilidade de que ocorra antes do 15º atendimento (Campezanatto & Nunes, 2007). Isso pode ser encarado como um empecilho para a realização das pesquisas, porém, por meio do acompanhamento contínuo dos casos, informações a respeito dos motivos de interrupção, podem auxiliar na elaboração de estratégias de intervenção em todos os níveis, desde à preparação dos(as) estudantes ao aperfeiçoamento dos procedimentos operacionais da clínica. Em suma, faz-se necessário fomentar a pesquisa no contexto da clínica-escola de forma efetiva a fim de que docentes e discentes sintam-se convocados a operar e laborar neste intenso e abastado campo.

CONSIDERAÇÕES FINAIS

Os desafios elencados ao longo desse capítulo, bem como as conquistas e a fluente composição de toda a trama de uma clínica-escola em pleno funcionamento, corroboram para um aprendizado tácito e em seu desenvolvimento, evocam cotidianamente indagações sobre a prática em andamento. Ao longo dessa experiência na prestação de serviços psicológicos no contexto do SUS, pode-se afirmar que a execução, a manutenção e a inserção de novos serviços em uma clínica-escola devem ser realizadas de forma meticulosa e cuidadosa, considerando que é um ambiente real e em pleno funcionamento. É imprescindível que aconteçam de forma a compreender a magnitude social e temporal, pois a estaticidade no tempo é incompatível com o ser humano, a todo momento em movimento objetivo e subjetivo.

Para tanto, as evidências de pesquisa têm um papel promissor, tanto no que diz a respeito à produção de conhecimento científico, como na identificação de pontos que colaboram para o aprimoramento dos processos na gestão de serviços. Neste sentido, diante das fragilidades encontradas, atualmente trabalha-se em um projeto de aprimoramento para a integração de pesquisas à prática do serviço, acoplando a investigação científica aos procedimentos normativos de gestão, bem como trabalhando para instigar a realização de pesquisas entre os discentes, fomentando a integração ensino, pesquisa e extensão.

Ainda na tentativa de articular essas vertentes, o plantão psicológico promoveu não apenas a integração ensino e extensão, como também a possibilidade de estabelecer um vínculo mais forte com as outras áreas do conhecimento atuantes no ambulatório multidisciplinar. Observou-se a mudança de alguns paradigmas e a abertura de outras possibilidades de atuação, surgindo um maior número de encaminhamentos, atendimento simultâneos das diferentes áreas da saúde, a discussão ampliada de casos clínicos e o acompanhamento integralizado. Por outro lado, torna-se necessária a discussão de todo o processo, a fim de se produzir reflexões e questionamentos que auxiliem na formulação de um serviço mais sólido e efetivo tanto, em termos de prática interdisciplinar, aprendizagem para os acadêmicos integrantes, quanto de benefício ao usuário e usuária.

Outro ponto importante diz respeito ao registro em prontuário eletrônico, pode-se afirmar que a estrutura estabelecida pela clínica e a nova estratégia de suporte aos estudantes na sua elaboração, configura-se como uma das principais ações da clínica. Focada na elaboração de um documento com uma linguagem clara, técnica-científica, favorecendo o processo de comunicação no contexto do prontuário multiprofissional e contribuindo de forma efetiva na formação e atuação profissional em psicologia. Provavelmente, a próxima frente de pesquisa, com vistas ao constante aperfeiçoamento do trabalho realizado.

Por fim, diante do exposto, algumas inquietações são levantadas: será a hora de começar a realizar eventos, encontros de práticas, a fim de expandir esse debate? Ou um simpósio de estágios? Envolvendo as especialidades do ambulatório voltado para a construção de uma prática galgada na interdisciplinaridade e na aplicação efetiva dos princípios do SUS. A partir do levantamento dessas questões, fica evidente a contínua de reflexão e tentativa de aprimoramento da prática, estabelecendo estratégias de planejamento, execução e avaliação dos processos internos. Tal inquietação, no entanto, é proveitosa e necessária ao serviço como um todo, vez que incita o movimento a fim de propiciar cada vez mais um atendimento e uma formação de qualidade.

REFERÊNCIAS

Amaral, A. E. V., Luca, L., Rodrigues, T. de C., Leite, C. de A., Lopes, F. L., & Silva, M. A. da. (2012). Serviços de psicologia em clínicas-escola: revisão de literatura. *Boletim de Psicologia, 62*(136), 37-52. Recuperado em 05 de julho de 2020, de http://pepsic.bvsalud.org/scielo.php?script=sci_arttext&pid=S0006-59432012000100005&lng=pt&tlng=pt

Brum, E. H. M. de, Frizzo, G. B., Gomes, A. G., Silva, M. da R., Souza, D. D. de, & Piccinini, C. A. (2012). Evolução dos modelos de pesquisa em psicoterapia. *Estudos de Psicologia (Campinas), 29*(2), 259-269. https://dx.doi.org/10.1590/S0103-166X2012000200012

Campezatto, P. V. M., & Nunes, M. L. T. (2007). Caracterização da clientela das clínicas-escola de cursos de Psicologia da região metropolitana de Porto Alegre. *Psicol Reflex Crit*, 376-388. https://doi.org/10.1590/S0102-79722007000300005

CFP – Conselho Federal de Psicologia (2005). Código de Ética Profissional do Psicólogo. Recuperado de http://site.cfp.org.br/wp-content/uploads/2012/07/codigo-de-etica-psicologia.pdf

CFP – Conselho Federal de Psicologia (2009). Resolução 001 de 2009. Dispõe sobre a obrigatoriedade do registro documental decorrente da prestação de serviços psicológicos. Recuperado de http://satepsi.cfp.org.br/docs/ResolucaoCFP001-09.pdf

Herzberg, E. (2007). *Gerenciamento informatizado de uma clínica-escola de psicologia.* (Tese de Livre-docência não publicada). Universidade de São Paulo, São Paulo.

Honda, G. V., & Yoshida, E. M. P. (2012). Mudança em pacientes de clínica-escola: avaliação de resultados e processos. *Paidéia (Ribeirão Preto), 22*(51), 73-82. https://dx.doi.org/10.1590/S0103-863X2012000100009

Knotek, S. (2006). Administrative crisis consultation after 9/11: A university's systems response. Consulting Psychology Journal: Practice and Research, 58(3), 162173. https://doi.org/10.1037/1065-9293.58.3.162

Maravieski, S., & Serralta, F. B. (2011). Características clínicas e *sociodemográficas da clientela atendida em uma clínica-escola de psicologia. Temas* em Psicologia, 19(2), 481-490. Recuperado em 05 de julho de 2020, de http://pepsic.bvsalud.org/scielo.php?script=sci_arttext&pid=S1413-389X2011000200011&lng=pt&tlng=pt.

Oliveira, R. G. de (Org.) (2009). *Qualificação de gestores do SUS.* Rio de Janeiro, RJ: EAD/Escola Nacional de Saúde Pública. Recuperado de: https://biblioteca.univap.br/dados/00002d/00002dfd.pdf#page=49

Palmieri, T. H., & Cury, V. E. (2007). Plantão psicológico em Hospital Geral: um estudo fenomenológico. *Psicologia: Reflexão e Crítica, 20*(3), 472-479. https://doi.org/10.1590/S0102-79722007000300015

Parecer CNE/CES n. 1071, de 04 de dezembro de 2019. (2019). Dispõe sobre as diretrizes curriculares nacionais do curso de graduação em Psicologia. Aguardando Homologação. Recuperado de http://portal.mec.gov.br/index.php?option=com_docman&view=download&alias=139201-pces1071-19&category_slug=dezembro-2019-pdf&Itemid=30192

Peres, R. S., Santos, M. A. dos, & Coelho, H. M. B. (2004). Perfil da clientela de um programa de pronto-atendimento psicológico a estudantes universitários. *Psicologia em Estudo,* 9(1), 47-54. https://dx.doi.org/10.1590/S1413-73722004000100007

Perfeito, H. C. C. S., & Melo, S. A. de. (2006). Características da população infantil atendida em triagem no período de 2000 a 2002 numa clínica-escola. *Estudos de Psicologia (Campinas), 23*(3), 239-249. https://dx.doi.org/10.1590/S0103-166X2006000300003

Resolução CNE/CES Nº 8, de 07 de maio de 2004. (2004). Institui as Diretrizes Curriculares para os cursos de Psicologia. Brasília, DF: Conselho Nacional de Educação. Recuperado de http://portal.mec.gov.br/cne/arquivos/pdf/rces08_04.pdf

Scorsolini-Comin, F. (2015). Plantão psicológico e o cuidado na urgência: panorama de pesquisas e intervenções. *Psico-USF, 20*(1), 163-173. https://doi.org/10.1590/1413-82712015200115

5. PSICOLOGIA EM INTERFACE COM A EDUCAÇÃO: EXPERIÊNCIAS DE ATENDIMENTO À QUEIXA ESCOLAR

Celso Francisco Tondin[26]

Bárbara Rocha de Araújo[27]

Daniel Sarsi Orta[28]

Fernanda de Cássia Oscar Otaciano[29]

Geovana Teodoro Barbosa[30]

Marcelo Soares Cotta[31]

Esse texto tem por objetivo compartilhar reflexões a partir de um estágio baseado na proposta de Souza (2007c) acerca da "Orientação à Queixa Escolar" e que aconteceu durante os anos 2018 e 2019. Para contextualizar esta experiência, cabe situar o território em que ocorreu o trabalho: a Universidade Federal de São João del-Rei (UFSJ), em Minas Gerais.

A UFSJ foi federalizada em 2002, fruto da transformação da Fundação de Ensino Superior de São João del-Rei (Funrei) em Universidade, através da

26. Doutor em Psicologia pela Pontifícia Universidade Católica do Rio Grande do Sul. Professor do Departamento de Psicologia da Universidade Federal de São João del-Rei.

27. Estudante do Curso de Psicologia da Universidade Federal de São João del-Rei.

28. Estudante do Curso de Psicologia da Universidade Federal de São João del-Rei.

29. Bacharela em Psicologia pela Universidade Federal de São João del-Rei.

30. Bacharela em Psicologia pela Universidade Federal de São João del-Rei.

31. Doutor em Psicologia pela Pontifícia Universidade Católica de Minas Gerais. Psicólogo técnico-administrativo da Universidade Federal de São João del-Rei.

Lei n. 10.425/2002. Atualmente, possui mais de dezesseis mil alunos e conta com seis unidades acadêmicas, além do Centro Cultural da UFSJ, do Centro de Referência Musicológica José Maria Neves, da Fazenda Experimental Boa Esperança, da Fazenda Experimental Granja Manoa e do Fortim dos Emboabas (ainda em fase de doação para a Universidade). Na cidade sede da UFSJ, São João del-Rei, localizam-se os *campi* Santo Antônio, Dom Bosco e Tancredo de Almeida Neves. Além destes, a UFSJ possui os *campi* Alto Paraopeba, localizado na divisa entre os municípios de Congonhas e Ouro Branco; o Sete Lagoas, na cidade homônima; e o Centro Oeste Dona Lindu, em Divinópolis. O Departamento de Psicologia funciona no *Campus* Dom Bosco, e conta com o Curso de Psicologia, que disponibiliza as modalidades de matrícula integral (entrada no 1º semestre) e no noturno (2º semestre), e o Programa de Pós-Graduação em Psicologia (mestrado e doutorado).

Na formação da(o) psicóloga(o) é fundamental a promoção da conexão entre teoria, prática (estágios e extensão) e pesquisa. Nesse sentido, o Curso de Psicologia conta com o Serviço de Psicologia Aplicada (SPA). Um ponto que pode passar despercebido é a nomenclatura deste serviço. O termo "serviço de psicologia" é muito mais abrangente e significativo do que "clínica-escola" ou outra nomenclatura usual para os locais de práticas psicológicas empreendidas por discentes, pois, diferentemente do imaginário social sobre a Psicologia, o SPA possui uma função que extrapola a atuação clínica. Busca-se, assim, desmistificar a Psicologia e apresentar à sociedade uma ciência e profissão que objetivam ser mais amplas.

O SPA da UFSJ foi criado com o objetivo de dar suporte à realização de convênios e de projetos de estágio, pesquisa e extensão, que demandem a cooperação técnica e administrativa do setor. Este serviço é amplamente conhecido na região como local de práticas profissionalizantes do Curso de Psicologia, recebendo encaminhamentos de diversas cidades do entorno de São João del-Rei.

EDUCAÇÃO, MEDICINA E PSICOLOGIA: IMBRICAMENTOS E CONFLITOS

O conhecimento é ideológico. Isto porque a função da ideologia, como postula Chauí (2016), é fabricar teorias que compreendam a gênese da sociedade e das desigualdades entre as classes, com o objetivo de mascarar sua verdadeira origem — marcada por processos de desumanização e pela própria barbárie. Portanto, quando teorias são desenvolvidas sem considerar os modos de relação inerentes à organização social, há uma tendência de consolidação de um olhar cujo foco não contempla (e não possui o objetivo de contemplar) os diversos marcadores e especificidades do objeto de estudo. Analisando a consolidação de intervenções e políticas educacionais no Brasil, a partir do século XX, é possível corroborar esta afirmativa e analisar suas raízes históricas.

Zucoloto (2007) afirma que a escola, outrora pensada enquanto aglomerado de crianças, consolida-se como espaço de ascensão social meritocrática à medida que o saber biomédico se responsabiliza pela construção de diretrizes para o funcionamento escolar. Com a ascensão do movimento sanitarista e higienista no Brasil, delineia-se "um projeto inovador de disciplinamento do corpo social por meio da prevenção de desvios físicos, intelectuais e morais de crianças e adolescentes" (Zucoloto, 2007, p. 142). Este saber passa, portanto, não só a definir os padrões de higiene física a serem adotados nas escolas e nas famílias, mas também acerca das etapas de desenvolvimento infantil e dos comportamentos requeridos no processo de escolarização, firmando o lugar da Medicina enquanto construtora de concepções ideológicas sobre a(o) aluna(o) e a instituição escolar. Sendo assim, já no início do século esta ciência firmava seu lugar de destituição do saber pedagógico, que sequer havia se estabelecido consistentemente.

A cronologia do imbricamento da Educação e da Psicologia, esmiuçada por Patto (1984; 2015) e Antunes (2003) em seus estudos, será aqui abordada em pontos elementares desta história marcada por polarizações e descontinuidades. O advento da Psicologia brasileira enquanto ciência também se dá sob forte influência do saber biomédico. A partir da década de 1940, a presença expressiva da leitura psicológica acerca do processo de escolarização caminhou *pari passu* ao próprio desenvolvimento da ciência psicológica (Yazlle, 1997; Angelucci, Kalmus, Paparelli & Patto, 2004). Alicerçada nos pressupostos da Escola Nova, coube ao saber *psi* a criação de avaliações psicológicas e pedagógicas, voltadas sobretudo para as "capacidades individuais" da(o) aluna(o), buscando encontrar em seus aspectos psicológicos/neurológicos justificativas para o fracasso escolar.

Nessa época e nas décadas subsequentes, Patto (2015) pontua a existência de uma mudança epistemológica significativa na definição de crianças que necessitariam de intervenções psicológicas. Outrora denominadas como "crianças anormais", entendendo-se o fracasso escolar como resultado exclusivo da hereditariedade, com o surgimento do conceito de "crianças-problema", foram localizadas(os) novas(os) culpadas(os), principalmente a esfera cultural e familiar. Era impulsionada, portanto, a compreensão ideológica acerca da família baseada na teoria da carência cultural, a qual define que "a pobreza ambiental nas classes baixas produz deficiências no desenvolvimento psicológico infantil" (Patto, 2015, p. 117) e, portanto, era causa exclusiva das dificuldades de aprendizagem.

A gênese das explicações acerca do fracasso escolar, portanto, demarca uma relação entre as concepções sobre o ensino-aprendizagem e os pressupostos positivistas, os quais postulam que só as(os) "mais aptas(os)" e as(os) "mais capazes" obteriam sucesso (Zucoloto, 2007) e ascensão no mercado de trabalho. Assim, a Psicologia adentrou a escola com objetivos bem delineados, sobretudo por cumprir o papel de legitimar cientificamente desigualdades sociais, assumindo-as enquanto limitações individualizadas. Amparadas por teorias e avaliações psicométricas, são notáveis, sobretudo pelo estudo de Patto (2015), as justificativas da escola, não se reconhecendo enquanto instituição produtora de fracasso.

Apesar da existência de olhares e práticas que dão continuidade ao projeto de individualização de problemáticas escolares, novos fazeres se delinearam com o surgimento de uma Psicologia Educacional e Escolar que se propõe a ser crítica, portanto, social, histórica e politicamente contextualizada. Patto (2013) propõe que se dirija a atenção à participação da própria escola nos resultados por ela obtidos, buscando superar a biologização e a psicologização do fracasso escolar. O objetivo é romper com a estrutura hierárquica entre os diferentes campos de conhecimento que habitam a escola, convidando seus agentes a produzirem e analisarem os fenômenos que acontecem neste espaço. Surge, então, um novo trilhar epistemológico e é com este olhar que desenvolvemos o estágio ora relatado.

UMA PROPOSTA DE ANÁLISE CRÍTICA E NÃO INDIVIDUALIZANTE

Uma das metodologias utilizadas como ponto de partida do estágio foi a "Orientação à Queixa Escolar". A construção desta prática foi alicerçada a partir das produções teóricas e das experiências vivenciadas no Serviço de

Psicologia Escolar da Universidade de São Paulo (USP), onde se tem construído formas de pensar e intervir na queixa e no fracasso escolar (Souza, 2007c) por meio de intervenções que extrapolam o trabalho clínico individual. Primeiramente, entende-se como queixa escolar:

> aquela que tem em seu centro, o processo de escolarização. Trata-se de um emergente de uma rede de relações que tem como personagens principais, via de regra, a criança/adolescente, sua escola e sua família. O cenário principal em que surge e é sustentada é o universo escolar. (Souza, 2007a, p. 100)

A investigação acerca do ambiente escolar é de grande importância para esta abordagem, por possibilitar conhecer elementos necessários ao entendimento das dificuldades no processo de escolarização, como: "em que tipo de classe está? Quantas professoras teve este ano? Onde se senta na classe? Qual a frequência com que ocorrem faltas de professores? Em que momento da carreira escolar emergiu a queixa em questão?" (Souza, 2007a, p. 99).

Estudos como os de Freller et al. (2001) demonstram outras frentes de trabalho que são possíveis de serem pensadas para esta modalidade de intervenção, desde a oportunidade às(aos) professoras(es) de "reflexão compartilhada e um suporte respeitoso ao seu trabalho analisando as queixas escolares e a própria função da escola" (p. 130) até o "diálogo com os profissionais da área da saúde que se dedicam a pensar as queixas escolares" (p. 130). Portanto, já que este trabalho visa a participação de todas(os) as(os) componentes da rede e a circulação de informações que sirvam para despatologizar os problemas escolares, faz-se necessária uma troca de saberes com o intuito de buscar ações coletivas, em que as questões não sejam individualizadas, muito menos naturalizadas (Souza, 2007b).

Contudo, mesmo com a inserção no ambiente escolar, uma atuação apenas institucional não se faz suficiente: é preciso estar atenta(o) aos sofrimentos e questões individuais que, embora perpassados pela instituição, possuem particularidades, "necessitando de uma abordagem que aprofunde a compreensão das relações em que indivíduo e instituição se constituem mutuamente, cuidando de não negar nem a um, nem a outro" (Souza, 2007a, p. 97). Portanto, a criança ou a(o) adolescente devem ser ouvidas(os) e tomadas(os) como sujeitos de sua própria história, informadas(os) sobre a queixa e convidadas(os) a pensar a existência desta, buscando apresentar sua visão, problematizá-la e também procurar possíveis formas de superá-la (Souza, 2007a).

Como parte destas particularidades, a família também necessita ser implicada no processo tanto quanto a escola e a própria criança. Assim, responsáveis devem ser convidadas(os) a falar e pensar sobre a relação de suas (seus) filhas(os) com a escola e resgatar o processo de formação da queixa apresentada. Devem expressar suas hipóteses e considerações acerca do que está acontecendo com a criança e, ainda, pensar possíveis saídas (Souza, 2007a). Portanto, este modo de pensar as queixas escolares nos convoca a conhecer a sua produção histórica e social, buscando investigar e intervir na rede de relações constituída pela criança, sua família e sua escola, e, assim, movimentar essa dinâmica para que todas(os) tenham suas potencialidades desenvolvidas (Saraiva, 2007).

Embora esta perspectiva tenha guiado as intervenções, havia especificidades dos territórios que exigiram a busca de outras estratégias e leituras que pudessem complementar o entendimento do campo e da prática em questão. A abertura a novas construções segue tanto as indicações de Souza (2007c), para quem a orientação à queixa escolar pode ser realizada de diferentes formas, quanto os pressupostos da Psicologia Escolar que se propõe crítica, de modo que o que referenciou as práticas foi a compreensão da singularidade de cada território e de cada componente.

Desse modo, o estágio teve como proposta, partindo da queixa, envolver distintas(os) componentes do cenário escolar na reflexão acerca das demandas, da sua participação na produção e reprodução da queixa e na busca de caminhos outros. Situou-se como um convite para que se pense uma atuação que modifique uma perspectiva historicamente construída que prima por uma homogeneização compulsória e que se baseia na noção do fracasso escolar como sendo problema individual da(o) aluna(o), processo no qual a Psicologia tem se inserido oferecendo um leque de diagnósticos e análises das tramas individuais e familiares. Essa mudança implica investigar o papel desta ciência e profissão e, sobretudo, propor um olhar e fazer que não devem ser desvinculados de uma compreensão crítica acerca do processo de escolarização. Trata-se, portanto, de uma atuação comprometida com a transformação social, que questiona o fazer e olhar corriqueiros e já enraizados acerca das possibilidades da escola, das relações envolvidas entre escola-aluna(o)-família, da(o) "aluna(o)-problema" e do estatuto do saber psicológico.

MAPEANDO PERCURSOS

O ESTÁGIO EM 2018

A metodologia deu-se através de leituras e fichamentos individuais de textos e de discussão em grupo, inserção nas escolas, supervisões semanais, observação da realidade escolar, escrita de diários de campo, análise de demandas, elaboração e realização de planos de ação, e redação de relatório de estágio. O trabalho foi orientado por um professor do Curso de Psicologia e um psicólogo do SPA, ambos regularmente inscritos no Conselho Regional de Psicologia de Minas Gerais.

Tendo o SPA como ponto de partida, iniciamos o estágio em abril de 2018, com a realização de um levantamento junto à lista de espera por atendimento, buscando situações de queixa escolar relacionadas a crianças e adolescentes. Os 26 nomes localizados foram separados por escola, sendo contabilizadas 11 escolas públicas e duas escolas privadas. Além disso, foram categorizadas as idades, séries, tipos de queixas e responsáveis pelos encaminhamentos.

Após longa discussão, optamos por trabalhar apenas com escolas públicas, uma vez que, naquele momento, não havia a previsão legal de existência de psicólogas(os) no corpo de profissionais destas instituições. Assim, fizemos contato por telefone e enviamos, via *e-mail*, uma carta de apresentação do estágio, na qual foi colocada a proposta, seus objetivos de acolhimento das questões do cotidiano escolar e os pressupostos da “Orientação à Queixa Escolar”. Apesar de terem sido contatadas as 11 escolas públicas localizadas, apenas duas demonstraram interesse pelo estágio. As demais não sustentaram este interesse de maneira ativa: mostraram-se solícitas com o trabalho, mas afirmaram que havia um excesso de estagiárias(os) de Psicologia e de outros cursos da Universidade, ou não retornaram nosso contato em tempo hábil para o início das atividades. A falta de interesse das escolas se contrapunha à grande demanda encaminhada ao SPA, indicando que a expectativa era a de atendimento clínico individual à(ao) aluna(o).

Assim, o estágio contemplou estas duas escolas, e decidimos pela divisão das(os) oito estagiárias(os) em diferentes frentes de atuação, o que, num primeiro momento, referia-se a uma divisão espacial. Cada subgrupo teve o papel de estabelecer contato com as escolas, na qual a proposta e abordagem do estágio foram apresentadas, e também contrastadas com as queixas. Após os enquadres iniciais, as primeiras queixas escolares foram sendo explicitadas, tanto em se tratando das turmas como um todo quanto de situações "isoladas" de alunas(os). Foi consenso que, com maior ou menor intensidade, todas as salas tinham queixas, sendo estas as mais variadas, atribuídas às(aos) mais variadas(os) responsáveis: às famílias "negligentes", "que não educaram direito"; às(aos) amigas(os) das(os) alunas(os), pela "má influência"; à(ao) aluna(o), cuja personalidade/transtorno era "impossível de conter".

Atendendo aos pedidos das instituições e entendendo nossas limitações diante da impossibilidade de realizar nosso trabalho em todas as turmas, optamos por acompanhar, nos períodos matutino e vespertino, sete turmas. Essa decisão, que implicou numa segunda divisão dos subgrupos, pautou-se nas queixas encaminhadas ao SPA e a uma noção (trazida pela direção/supervisão de ambas as escolas) de que, em determinadas turmas, queixas e reclamações eram mais acentuadas e repetiam-se. A observação das turmas buscou resgatar elementos do cotidiano escolar em seu desenrolar. Desse modo, iniciou-se uma primeira etapa no mês de junho, que consistiu na ambientação na realidade escolar, em que as(os) estagiárias(os) se alocaram de modo a observar os dois turnos (matutino e vespertino) de ambas as escolas. As observações exigiram atuações diferentes nos dois cenários escolares.

Em um deles, a observação conduziu à participação em uma reunião de módulo de estudos das(os) professoras(es), tendo por intuito conhecer as(os) diferentes componentes da escola, apresentar o estágio e sua abordagem e, por fim, buscar entender, na perspectiva das(os) profissionais, as práticas em sala de aula, a perspectiva delas(es) acerca das turmas e apreender a implicação desta reunião no compartilhamento de uma visão, por vezes destoante entre elas(es), acerca das(os) alunas(os). Realizamos atividades com três turmas e duas reuniões com o psicólogo do Centro de Referência de Assistência Social (CRAS) da localidade, com o objetivo de intensificar, ou tornar possível, uma articulação entre escola e os demais órgãos de proteção social e de pontuar casos observados que fizeram emergir questões que, em parte, escapavam do processo ensino-aprendizagem, sendo necessária uma construção conjunta em diálogo com outros pontos da rede.

No outro cenário, a observação demandou a construção de um plano de ação que, refletindo a relação entre distintas(os) componentes da escola, as demandas em cena e respostas dela ao que se fez observado, ramificou-se em três ações. Realizamos atendimentos individuais de algumas(alguns) alunas(os), a participação no módulo da equipe escolar e a tentativa (infrutífera) de realização de grupo de familiares. Por fim, foi necessário fazer contato com outros aparatos de proteção social à criança em situação de vulnerabilidade: o CRAS e o Centro de Referência Especializado de Assistência Social (CREAS), não só com o intuito de realizar encaminhamentos, como também acompanhar casos levantados pela escola.

Para encerrar as atividades e receber o *feedback* concernente à percepção das escolas acerca do trabalho, promovemos, em uma delas, um encontro com cada uma das turmas, bem como uma reunião com as(os) professoras(es) e a direção/supervisão. Em ambas, apresentamos o mapeamento das atividades desenvolvidas ao longo do ano, compartilhando perspectivas e possibilidades outras de trabalhos a serem feitos com as turmas. Na reunião com as(os) profissionais, tratamos do que foi observado no desenrolar do processo, no sentido propositivo, sendo explicitada a possibilidade de um fazer não restrito a um(a) profissional que vem de fora da escola.

O ESTÁGIO EM 2019

A partir de alguns casos e demandas específicas observadas no ano anterior, no ano de 2019 planejamos desenvolver um trabalho que tivesse como foco a criança ou adolescente e o constante diálogo com sua família e a escola, além de outras instituições que se fizessem necessárias. Esta proposta segue o apontamento de Souza (2007a), segundo a qual o trabalho institucional, ainda que de extrema importância, frequentemente não alcança os sofrimentos cristalizados nas(os) alunas(os), ressaltando-se, por outro lado, a necessidade de que o contato com estas(es) seja mediado pelo entendimento de seus pertencimentos sociais e pelo diálogo com outras(os) componentes da rede.

Assim, os atendimentos individuais baseados na proposta da "Orientação à Queixa Escolar" (Souza, 2007c) tiveram início principalmente por duas vias: a princípio, entramos em contato com as famílias das(os) alunas(os) que haviam sido atendidas(os) pelas estagiárias no ano anterior, tendo sido percebida a importância de dar continuidade ao trabalho. Além disso, fizemos uma nova triagem dos cadastros registrados no SPA, com a proposta de selecionar aquelas(es) cujas demandas se relacionavam à queixa escolar.

A partir destas vias iniciais, iniciamos os encontros com as crianças, que ocorriam semanalmente, tendo como mediação os recursos lúdicos. Buscamos possibilitar que a criança explorasse as salas de atendimento com o intuito de saber sobre seu cotidiano, principalmente escolar.

Com base nos conteúdos trazidos por elas, pretendeu-se fortalecer e articular a rede (aluna/o, escola, família e equipamentos públicos), por meio de reuniões com as(os) responsáveis, cujo objetivo era tanto conhecer melhor a realidade da criança quanto intervir nesta realidade, entendendo-se a família como uma das principais mediações da criança com o mundo. Além disso, organizamos reuniões com as equipes das escolas, nas quais se procurou conhecer a visão desta sobre a queixa, além de buscar e produzir novos olhares sobre ela. Concomitantemente a estas atividades, ocorreram supervisões coletivas semanais (com o professor supervisor do estágio e o psicólogo do SPA), nas quais se discutia o desenvolvimento de cada caso, bem como a leitura de referenciais bibliográficos relacionados ao trabalho.

Diante da intensificação de adoecimentos no contexto universitário, buscamos acolher esta demanda da UFSJ. Assim, criamos uma metodologia que tinha por objetivo permitir às(aos) estudantes compartilhar e dialogar acerca das diferentes experiências de existir dentro da Universidade. Aqui foi necessária uma construção inédita de processos e técnicas que pudessem abarcar a perspectiva do estágio dentro de um contexto de educação superior.

Promovemos rodas de conversa compostas por estudantes que tinham como tema a saúde universitária e ocorriam em um encontro único com cada grupo. Os grupos eram compostos por alunas(os) de um mesmo *campus*, mas de cursos diferentes, possibilitando uma maior diversidade de experiências relatadas: processos de adoecimento institucionais, estratégias de enfrentamento, entre outras. Participavam das rodas as(os) estudantes indicadas(os) pelos centros acadêmicos, integrantes destes ou não, como também outras(as) discentes convidadas(os) pelas(os) estagiárias(os). Os grupos eram coordenados por estas(es), que tinham por função suscitar e mediar a discussão, direcionando o recorrente afeto emergente das(os) estudantes para a produção discursiva, com eventuais sugestões de encaminhamento.

A metodologia foi fundada na possibilidade de diálogo institucional (pró-reitoria, coordenadorias, colegiados de curso) com o encontrado em campo, entendendo que os dados produzidos deveriam circular entre as(os) diferentes componentes do processo de escolarização, considerando as peculiaridades de cada curso e *campus*. Com isso, foi possível ter uma visão geral sobre o assunto da saúde mental das(os) estudantes, pontos comuns de produção de adoecimentos e mapear alguns dos seus determinantes.

O QUE ENCONTRAMOS

Ao longo destes dois anos do estágio, notamos que, apesar de ter como ponto de partida o mesmo referencial teórico-metodológico, os diversos espaços habitados pelo estágio exigiram diferentes práticas e saberes, introduzindo riqueza de questões, demandas e desafios. No entanto, percebemos também que esses percursos e ramificações, ainda que diferentes entre si, em muito dialogavam.

A princípio, a proposta do estágio produziu certos estranhamentos, o que pode ser atribuído à forte tradição de atuação da Psicologia em interface com a Educação, que se dedicou por anos a trabalhar exclusivamente com a(o) aluna(o), tido como problemática(o) (Barbosa & Souza, 2012). É curioso apontar que há 20 escolas públicas na cidade de São João del-Rei, segundo os dados do Índice de Desenvolvimento da Educação Básica (Ideb), de 2017, fornecidos pelo QEdu (2017). Portanto, mais da metade das escolas da cidade (55%) possuíam encaminhamentos de queixas escolares para atendimento individual no SPA. Entretanto, muitas destas escolas não se mostraram abertas à realização de um trabalho dentro de seus muros, embora a atuação clínica junto às(aos) alunas(os) no SPA fosse bem vista e bastante procurada.

Assim, as expectativas apresentadas pelas escolas em relação ao trabalho da(o) psicóloga(o) constituíram um dos desafios encontrados. Entendemos que estas expectativas estão ligadas tanto às demandas do contexto escolar quanto ao modo como tradicionalmente a Psicologia vem se inserindo nele, frequentemente com um fazer mecanicista que oferece respostas prontas, e não numa construção em que os campos de conhecimento se articulam para analisar o processo de escolarização. Além disso, muitas vezes se esperava que cumpríssemos o papel de palestrantes, havendo convites para falarmos a respeito de temas sobre os quais as(os) professoras(es) não se sentiam aptas(os) a tratar. Estas expectativas se somavam às das(os) próprias(os) estagiárias(os), que muitas vezes esperavam conseguir resolver a situação e atender às demandas recebidas da escola, das(os) responsáveis e das(os) alunas(os) — demandas que eram, por vezes, conflitantes entre si.

O fato de o estágio se inserir em um serviço que oferece predominantemente atendimentos clínicos também gerou certas dificuldades às(aos) estagiárias(os), já que os cadastros muitas vezes mesclavam queixas escolares com queixas identificadas a partir de outros contextos. Nesse sentido, ao nos debruçarmos sobre tais casos, que chegavam frequentemente como demandas clínicas, encontramos certos impasses e dificuldades teórico-metodológicas para trabalhá-los a partir da perspectiva da Psicologia Escolar de perspectiva crítica e, muitas vezes, para discernir o limiar entre as queixas que demandavam, de fato, um olhar clínico e aquelas que poderiam ser trabalhadas segundo a metodologia proposta no estágio. Nos momentos em que este olhar era entendido como necessário, impunha-se o desafio de decidir como proceder em relação aos casos, quais referenciais teóricos buscar para embasar o trabalho e como empreender uma construção metodológica que desse subsídios para atuação no contexto dos atendimentos.

Nessa direção, tanto no trabalho institucional, diretamente na escola, quanto no trabalho de atendimento individual à queixa escolar, no SPA, identificamos a necessidade de acionar recursos teóricos para além daqueles que guiaram a proposta inicial. Esta questão constituía, simultaneamente, desafio e potencialidade, uma vez que a produção de saberes e práticas se dá no contato entre a teoria e a realidade. A possibilidade de práticas diversas, no entanto, não deve ser traduzida como improviso, mas como a necessidade de recuar e pensar referências que possam contribuir com as especificidades apresentadas.

Em alguns casos percebemos, especialmente, uma necessidade maior de implicação da família que contribuísse com o movimento da queixa. Ainda que não possa ser entendida como a única instância envolvida na rede que constrói o processo de escolarização, em muitos casos havia uma responsabilidade da família a ser convocada, por exemplo, quando havia negligência em relação à criança ou adolescente. Cabe ressaltar que o sentido do trabalho não era buscar culpadas(os), mas possibilitar um deslocamento da situação para a produção de algo novo.

Apesar de, em alguns momentos, ter sido necessário trabalhar com estes estranhamentos, a inserção no campo da escola se valendo dos princípios ético-políticos da Psicologia Escolar de perspectiva crítica se mostrou muito potente. Foi possível a construção de um vínculo tanto com as(os) discentes quanto com as(os) docentes, promovendo espaços de escuta. Em relação às conversas com as(os) professoras(es), foram momentos que podiam expressar dificuldades relacionadas ao trabalho, configurando-se como importante meio dialógico e reflexivo à medida que estas dificuldades não eram utilizadas para colocá-las(os) como culpadas(os) pela queixa.

A formação deste vínculo e deste espaço de escuta foi fundamental para que se pudesse identificar alguns preconceitos que envolviam as(os) alunas(os), que se manifestavam, por exemplo, na ideia de que estas(es) possuíam algum transtorno que as(os) impediam de aprender, que tinham somente atitudes maldosas ou eram "burras(os)". Assim, muitas vezes, nosso trabalho se concentrava em questionar estes estigmas, movimentá-los e abrir espaço para que outras versões aparecessem.

Constatamos, ainda, uma forte adesão de muitas(os) profissionais e familiares a uma concepção medicalizante, entendendo-se o processo de medicalização como a transposição para o campo médico de questões que são de outras ordens (Collares & Moysés, 1996; Meira, 2012). Nesse sentido, identificamos a expectativa de que fosse encontrado um diagnóstico que explicasse as dificuldades, como o de Transtorno do *Deficit* de Atenção e Hiperatividade (TDAH), que teria no medicamento a saída satisfatória. Em algumas situações, os medicamentos prescritos por neurologistas e corroborados pelas(os) professoras(es) eram introduzidos em meio ao nosso trabalho, dificultando a percepção dos efeitos das nossas práticas que, caso fossem positivos, eram sempre atribuídos à intervenção medicamentosa. Por outro lado, entendemos também que nossa presença permitia a produção de algumas reflexões sobre a queixa e a apresentação de alternativas em relação ao tratamento medicamentoso como única resposta, já que sempre havia um incentivo para que as práticas de todas(os) as(os) atrizes(atores) envolvidas(os) fossem repensadas e para que se refletisse sobre seus efeitos em relação à demanda.

Outra dificuldade que se apresentou no trabalho foi lidar com questões da configuração escolar, como a falta de salas para que as atividades pudessem ser realizadas, a dificuldade em encontrar horários em que a equipe profissional estivesse disponível e até mesmo articular o ritmo do estágio e da Universidade ao ritmo da escola, que funciona em um calendário próprio e que, por vezes, esbarrava na necessidade de um tempo mais prolongado para que a proposta fosse desenvolvida. A escola, que por vezes colocava entraves e paralisava a queixa (em seus atrasos, falhas de comunicação ou pouca participação), era também a mesma que buscava soluções; com isso, não era incomum que houvesse apoio ativo, participação na reflexão e construção conjunta de formas de contornar as questões.

No processo de articulação da rede, tivemos dificuldade de produzir ou ressignificar o diálogo entre suas(seus) componentes. A relação estabelecida entre a escola e a família, muitas vezes, acabava por abastecer a queixa, repetindo explicações duras, uma apontando "irresponsabilidades" da outra. As escolas não responderem aos pedidos de encontros, as famílias não comparecerem às reuniões marcadas e as(os) alunas(os), eventualmente, faltarem ao atendimento eram ocorrências que compreendíamos como uma resistência a essa nova forma de agir diante de um problema estabilizado. Ou seja, muitas vezes, os próprios sujeitos criavam empecilhos à resolução da demanda. Entendemos que isso faz parte, também, da falta de diálogo em rede. Em certos momentos, na tentativa de realização deste diálogo, suas(seus) componentes apresentavam suas angústias na forma de ataques, voltando-se para uma visão negativa em relação à(ao) aluna(o), acabando por novamente culpabilizá-la(o) a partir da própria desresponsabilização. A desarticulação da rede paralisa o processo, sendo nosso trabalho fazê-la (rede) estar presente, convocar (as)os diferentes integrantes para o exercício de seus papéis, fomentar e articular diálogos efetivos para movimentar a queixa escolar.

Outro importante aspecto analisado foi o fenômeno de multiplicação de queixas: ora as escolas encaminhavam um caso e, a partir dele, reportavam diversos outros similares; ora encaminhavam diversos casos semelhantes em suas demandas (sendo também semelhantes as possíveis respostas esperadas, a saber: diagnósticos e "receitas"); ora alguma turma era afirmada como um agrupamento dos "piores casos". Na análise destes casos, torna-se possível situar, além da queixa em si, o posicionamento da escola frente a ela. Nesse aspecto, observamos que a queixa vinha permeada de variadas explicações dadas pelas(os) envolvidas(os) (por exemplo, diante da fala de professoras/es de que é desinteressada/o, a/o aluna/o referia o espaço físico e material da escola como algo que a/o desestimulava). Observou-se também que uma queixa atribuída a um(a) aluno(a) manifestava-se, silenciosamente, também em outras(os), a saber: embora o suicídio aparecesse como problema particularizado em um(a) aluno(a), segundo professoras e direção, era uma questão vivenciada por outras(os) colegas. Ademais, notou-se a possibilidade de a queixa trazer algo que a ela escapa, e aqui se pode citar a recorrência de alunas(os) afirmadas(os) bagunceiras(os) e violentas(os) (queixa vocalizada) de quem se negligenciavam as relações e subjetividades marcadas por racismo (queixa silenciada).

Nesse sentido, cabe assinalar a lacuna (indicada em conversas com professoras/es e direção) quanto ao atentar-se aos marcadores socioeconômicos e raciais em brincadeiras vivenciadas por alunas(os). As situações nomeadas como "*bullying*" eram facilmente contornadas pelas escolas, pois bastava optar por ignorá-las ou convidar palestrantes para falar do tema. Esta, e outras questões passíveis de serem trabalhadas cotidianamente, eram relegadas e negligenciadas. Em decorrência, apareciam de outras formas. Assim, apesar de não serem explicitadas tais temáticas, fica bem nítido que, no cenário escolar, isso que se chama "*bullying*" não é dirigido a alvos aleatórios: é um preconceito velado e desfigurado que atinge pessoas e/ou grupos estigmatizadas(os). Na escola, fez-se notar um não reconhecer-se no outro (entre alunas e alunos) e certo descaso partindo de professoras(es) — que não comentavam ou problematizavam estas práticas senão na forma de reclamação (exemplo: "a reação de P. é violenta") ou silenciamento (professoras/es mencionam "bagunça" de aluna(o), mas não sua óbvia não aceitação de si mesma(o) e de sua aparência). Tem-se, assim, um *deficit* na função da escola como espaço público em que são possíveis intensas negociações das diferenças (Seffner, 2013).

Por fim, tem-se que, no desenrolar desses dois anos, foram possibilitados outros aprendizados que podem ser assinalados. Em especial no que se refere ao trabalho com grupos de alunas(os), cabe ressaltar que a tendência de abordar direta e insistentemente o incômodo não torna possível sair do lugar cristalizado. Em vez disso, na mediação de encontros com turmas em sala de aula, outras estratégias foram mais frutíferas: tratar do corriqueiro com as(os) educandas(os), utilizar-se de estratégias lúdicas, aproximar-se e escutar suas potencialidades, seus desejos e instigar o surgimento de assuntos que elas(es) próprias(os) quisessem falar, refletir e resolver. Assim, foi possível trabalhar dinâmicas conflitivas e pontos delicados das relações de sala de aula (como o caso de uma turma, em que era quase impossível as/os alunas/os se escutarem) de maneira que elas(es) estivessem muito mais implicadas(os).

ALGUMAS PONTUAÇÕES PARA A FORMAÇÃO E O TRABALHO DA(O) PSICÓLOGA(O) ESCOLAR

PSICOLOGIA ESCOLAR DE PERSPECTIVA CRÍTICA, SUAS LIMITAÇÕES E POTÊNCIAS ÉTICAS, TEÓRICAS E METODOLÓGICAS

A Psicologia Escolar de perspectiva crítica nos oferece referenciais teórico-metodológicos para atuar junto às dificuldades e potencialidades do processo de escolarização, intervindo em situações de sucesso e fracasso escolar, tomando como parâmetro o cumprimento ou não, e em que medida e de que modos, da função social da escola, que é a socialização do conhecimento historicamente acumulado e a emancipação a partir da humanização do indivíduo (Saviani, 2008). No estágio, o referencial da Psicologia sócio-histórica/histórico-cultural na interface com a Pedagogia histórico-crítica foi fundamental para a compreensão dos fenômenos educacionais com os quais lidamos.

Isso implica que as ações realizadas partem não apenas dos princípios éticos da profissão de psicóloga(o) pautados nos direitos humanos, mas também dos que embasam esta posição teórica, uma posição política perante a forma de ver as relações sociais e seus mediadores. A partir disso, é possível a utilização de técnicas, estejam elas prontas ou criadas a partir do contato com a realidade concreta. Afinal, da coerência e vigilância epistemológicas decorre o conhecimento em contato com novas situações e abertura para a reinvenção teórica e metodológica.

Um desafio é a "separação" entre o que seriam questões clínicas e questões educacionais vinculadas às queixas escolares. Se a natureza destas questões e as modalidades de abordagem são específicas, é muito complexo estabelecer as fronteiras que irão definir quando se trata de uma questão e quando de outra, ou mesmo quando as duas se imbricam. Se a Psicologia Escolar de perspectiva crítica denunciou que questões escolares/educacionais vinham sendo tratadas como problemas clínicos, está a se dizer que as dificuldades — que são do processo de escolarização (portanto, se referem a dimensões sociais, institucionais etc.) — estavam sendo individualizadas na(o) aluna(o) (e sua família) e tratadas de maneira ajustatória, sem intervir nos condicionantes macro e micro que contornam o fenômeno. Contudo, no trabalho da(o) psicóloga(o) escolar, não podemos incorrer em um reducionismo semelhante: entender que problemas de cunho clínico podem ser tratados a partir dessa perspectiva. Disto, é preciso que, concomitante ao atendimento adequado da queixa, os aspectos que digam de uma problemática clínica sejam encaminhadas para outras(os) profissionais fora da escola.

O LUGAR HISTÓRICO DA PSICOLOGIA E DA(O) PSICÓLOGA(O) NA ESCOLA

Uma prática neste campo precisa se comprometer a combater o entendimento historicamente construído de que a questão do fracasso escolar se centra na(o) "aluna(o)-problema", e que, portanto, trata-se de adequá-la(o) aos parâmetros esperados. Além disso, é necessário que a própria Psicologia se posicione enquanto um campo teórico e prático que não tem por objetivo apresentar técnicas e instrumentos definidos de antemão a serviço de outras disciplinas, mas um saber que se propõe, junto aos outros campos de conhecimento que perpassam o processo de escolarização, a construir mobilizações em torno da queixa escolar.

Desse modo, faz-se necessário compreender ainda que, ao buscarmos este posicionamento, que se diferencia da perspectiva que se tornou tradicional na atuação psicológica, sobretudo na escola, precisaremos lidar com expectativas diferentes por parte da instituição e, muitas vezes, com certa resistência. Um dos desafios desta tarefa, portanto, é, ao mesmo tempo, entrar neste espaço com cautela – compreendendo os atravessamentos históricos da constituição da Psicologia Educacional –, ocupar o espaço da escola, consolidar nossas práticas e defender politicamente que o lugar da Psicologia também é ali e que seu fazer deve se pautar em uma concepção crítica e transformadora. Esperamos que a própria prática, munida de princípios ético-políticos, mostre a sua potência e contribua para abrir espaço para esta perspectiva.

O ESTÁGIO EM PSICOLOGIA ESCOLAR, ESTAGIÁRIOS E UNIVERSIDADE

É válido considerar o tensionamento entre as diferentes demandas da Universidade, da comunidade e da formação discente. A comunidade tem direito a um atendimento de qualidade às suas queixas, a Universidade busca a formação da(o) aluna(o) e esta(e) embasamento para a prática profissional. O encontro dessas demandas deve ser orientado pelo "Código de Ética Profissional da(o) Psicóloga(o)" e construído na cultura de cada instituição de ensino superior, considerando as características específicas da comunidade local, das(os) discentes e docentes.

Para a construção de um estágio em Psicologia Escolar é fundamental estar aberto e propiciar novos olhares sobre todas(os) que configuram a rede. Cabe destaque, no entanto, o papel da orientação de estágio nessa relação, no qual as(os) supervisoras(es) devem oportunizar um espaço apropriado e acolhedor para as(os) demais participantes dessa rede e estar dispostas(os) a transitar na interface dialógica com diferentes correntes teóricas sem deixar que o conteúdo de cada uma delas seja distorcido pelas demais. Esta tarefa é significativamente complexa, mas necessária, tendo em vista que a queixa escolar é um fenômeno atravessado por múltiplos determinantes históricos, políticos, econômicos e sociais.

Essa construção passa por mediar conflitos; possuir uma escuta apurada dos relatos das(os) estagiárias(os); incentivar e acompanhar o resultado da autonomia e movimentação delas(es); ter abertura para os posicionamentos das(os) discentes e considerar suas singularidades; se implicar no estabelecimento de hipóteses de trabalho; analisar crenças do imaginário social e promover quebra de paradigmas limitantes; e construir autoconfiança para caminhar na incerteza e com abertura para a construção do novo.

A QUEIXA ESCOLAR, SEUS ATRAVESSAMENTOS E MODOS DE RESSIGNIFICAÇÃO

Deslocar o foco da(o) "aluna(o)-problema" para o cenário escolar/educacional e suas(seus) atrizes(atores) possibilita uma análise da queixa não como dado isolado, mas como produção marcada e atravessada por diversos fatores e discursos, permitindo-se compreender que esta carrega consigo diferentes versões, as quais ora concordam entre si, ora se desdizem, ora se contrariam. Assim, a queixa tem o potencial de fazer emergir também incômodos institucionais, dentre os quais, como exemplos, a(o) aluna(o) desconfortável com o que considera aulas e ordens sem sentido ou que não consegue se prender à aula por ser inferiorizada(o) dentro e fora da sala de aula, ou o(a) professor(a) em sua inquietação por ter que dar conta de grande carga de trabalho, acompanhada de baixos salários, e descompassos com alunas(os) que se movimentam em ritmos diferenciados entre si.

A proposta, desse modo, constitui-se enquanto dupla ruptura: tanto por não partir da ideia de "aluna(o)-problema" quanto por reconhecer as ramificações sociopolíticas em análise (os significados da manutenção de problemas educacionais e escolares como interessante ao capital) e advindas da intervenção (a reafirmação do lugar do saber psicológico). Reconhecidas as demarcações feitas por problemáticas estruturais, deixa-se o convite para que se percorra rumos outros: para que possa haver, além das versões de cada participante da rede, a promoção da mobilização desta no tocante a circular informações, propiciar releituras e a busca conjunta por superar a situação produtora da queixa (Souza, 2007a). Nesse sentido, a partir da queixa, desvelamos problemáticas estruturais, tateamos o que à queixa parece escapar e, sobretudo, convidamos cada componente à não paralisia da queixa em suas justificativas encerradas. Para tanto, é preciso construir perspectiva crítica acerca dos processos de escolarização, socialização e seus atravessamentos e, então, ver o modo como são veiculados nos discursos e subjetividades. Isso significa um não negligenciar os marcadores instituídos socialmente e também (re)convocar políticas públicas e seus equipamentos, como redes de ensino, Sistema Único de Saúde (SUS) e Serviço Único de Assistência Social (SUAS).

O PAPEL DE OUTRAS ÁREAS DO CONHECIMENTO

Nossos esforços coadunam às construções teóricas de Paulo Freire (1983), nas quais o autor sustenta que é somente por meio de uma prática problematizadora e dialógica, comprometida com os direitos sociais, que será possível a transformação da realidade escolar e social. Esta prática se constitui por meio do desvelamento das mediações opressoras que delineiam a nossa realidade objetiva. Nosso lugar, muitas vezes, será o do questionamento acerca de práticas e saberes enrijecidos que guiam as concepções e definições de criança e educação; o de questionar os aspectos medicalizantes que colocam as práticas docentes em um lugar de subalternidade; o de refletir sobre os marcadores sociais que dão contornos mais ou menos expressivos aos sofrimentos vivenciados na escola; o de entender o imbricamento do saber biomédico com a Pedagogia e com a própria Psicologia, no qual estes conhecimentos não se articulam, mas se sobrepõem, dentre outras questões inerentes à realidade escolar.

Rockwell e Ezpeleta (2007) afirmam que o positivismo mudou nosso modo de relação com o tempo e o espaço, no qual as manifestações humanas são descoladas de seu passado histórico, e colocadas enquanto anomias presentes que afetarão expressivamente o futuro. O passado, portanto, é tido como sinônimo de ultrapassado. Nessa perspectiva, o lugar da Psicologia que se propõe a ser crítica, na escola, é um caminho complexo que somos convidadas(os) a traçar diariamente, pois antes mesmo de construções propositivas, nosso lugar é um chamamento para a inquietação, reflexão e um resgate à memória. Nesse sentido, o fato é que nem sempre conseguiremos dar passos quantitativos para frente. Na maioria das vezes, será necessário recuar alguns para que possamos analisar quais mecanismos, ideologias, relações de poder e afetos, que extrapolam a imediaticidade, estão mobilizando a nós e às(aos) outras(os), compreendendo, de maneira paciente, que em muitos momentos nosso trabalho será preparar o território para que mudanças futuras possam ocorrer. O que nos moveu até aqui?

REFERÊNCIAS

Angelucci, C. B., Kalmus, J., Paparelli, R., & Patto, M. H. S. (2004). O estado da arte da pesquisa sobre o fracasso escolar (1991-2002): Um estudo introdutório. *Educação e Pesquisa, 30*(1), 51–72. doi: https://doi.org/10.1590/S1517-97022004000100004

Antunes, M. A. M. (2003). Psicologia e Educação no Brasil: Um olhar histórico-crítico. In M. E. M. Meira, & M. A. M. Antunes (Orgs.) *Psicologia Escolar: Práticas críticas* (p. 139-168). São Paulo: Casa do Psicólogo.

Barbosa, D. R., & Souza, M. P. R. de. (2012). Psicologia Educacional ou Escolar? Eis a questão. *Psicologia Escolar e Educacional, 16*(1), 163–173. doi: https://doi.org/10.1590/S1413-85572012000100018

Chauí, M. de S. (2016). Ideologia e educação. *Educação e Pesquisa, 42*(1), 245–258. doi: https://doi.org/10.1590/S1517-97022016420100400

Collares, C. A. L., & Moysés, M. A. A. (1996). *Preconceitos no cotidiano escolar: Ensino e medicalização.* São Paulo: Cortez Editora.

Freire, P. (1983). *Pedagogia do oprimido* (13ª ed.). Rio de Janeiro: Paz e Terra.

Freller, C. C., Souza, B. de P., Angelucci, C. B., Bonadio, A. N., Dias, A. C., Lins, F. R. S., & Macêdo, T. E. C. R. de. (2001). Orientação à queixa escolar. *Psicologia em Estudo, 6*(2), 129–134. doi: https://doi.org/10.1590/S1413-73722001000200018

Lei n. 10.425, de 19 de abril de 2002. Dispõe sobre a transformação da Fundação de Ensino Superior de São João del Rei em Fundação Universidade Federal de São João del Rei, e dá outras providências. Diário Oficial da União, 22 de abril de 2002.

Meira, M. E. M. (2012). Para uma crítica da medicalização na educação. *Psicologia Escolar e Educacional, 16*(1), 136–142. doi: https://doi.org/10.1590/S1413-85572012000100014

Patto, M. H. S. (1984). *Psicologia e ideologia: Uma introdução crítica à psicologia escolar*. São Paulo: T. A. Queiroz.

Patto, M. H. S. (2013). O fracasso escolar como objeto de estudo: Anotações sobre as características. *Cadernos de Pesquisa, 65*, 72–77. Recuperado de http://publicacoes.fcc.org.br/ojs/index.php/cp/article/view/1198/1204

Patto, M. H. S. (2015). *A produção do fracasso escolar: Histórias de submissão e rebeldia* (4ª ed.). São Paulo: Intermeios.

QEdu. (2017). *São João del Rei: Ideb por escolas*. Recuperado de https://www.qedu.org.br/cidade/2991-sao-joao-del-rei/ideb/ideb-por-escolas

Rockwell, E., & Ezpeleta, J. (2007). A escola: Relato de um processo inacabado de construção. *Currículo sem Fronteiras, 7*(2), 131–147. Recuperado de http://www.curriculosemfronteiras.org/vol7iss2articles/rockwell-ezpeleta.pdf

Saraiva, L. F. de O. (2007). Olhares em foco: Tensionando silenciamentos. In B. de P. Souza (Org.), *Orientação à queixa escolar* (pp. 59–78). São Paulo: Casa do Psicólogo.

Saviani, D. (2008). *Pedagogia histórico-crítica: Primeiras aproximações* (10ª ed.). São Paulo: Autores Associados.

Seffner, F. (2013). Sigam-me os bons: Apuros e aflições nos enfrentamentos ao regime da heteronormatividade no espaço escolar. *Educação e Pesquisa, 39*(1), 145-159. doi: https://doi.org/10.1590/S1517-97022013000100010

Souza, B. de P. (2007a). Apresentando a Orientação à Queixa Escolar. In B. de P. Souza (Org.), *Orientação à queixa escolar* (pp. 97–118). São Paulo: Casa do Psicólogo.

Souza, B. de P. (2007b). Funcionamentos escolares e a produção de fracasso escolar e sofrimento. In B. de P. Souza (Org.), *Orientação à queixa escolar* (pp. 241–278). São Paulo: Casa do Psicólogo.

Souza, B. de P. (Org.). (2007c). *Orientação à queixa escolar*. São Paulo: Casa do Psicólogo.

Yazlle, E. G. (1997). Atuação do psicólogo escolar: Alguns dados históricos. In B. B. B. Cunha, E. G. Yazlle, M. R. R. Salotti, & M. de Souza, *Psicologia na escola: Um pouco de história e algumas histórias* (pp. 10–37). São Paulo: Arte & Ciência.

Zucoloto, P. C. S. do V. (2007). O médico higienista na escola: As origens históricas da medicalização do fracasso escolar. *Revista Brasileira de Crescimento e Desenvolvimento Humano, 17*(1), 136–145. Recuperado de http://pepsic.bvsalud.org/scielo.php?script=sci_arttext&pid=S0104-12822007000100014&lng=pt&tlng=pt

6. SERVIÇOS-ESCOLA COMO CAMPO DE PESQUISA: PRÁTICAS, POTENCIALIDADES E DESAFIOS

Ana Carolina Zuanazzi[32]

Maíra Bonafé Sei[33]

Carlos Manoel Lopes Rodrigues[34]

OS SERVIÇOS-ESCOLA DE PSICOLOGIA: BREVE CONTEXTUALIZAÇÃO

Os serviços-escola de Psicologia apresentam-se como serviços vinculados a instituições de ensino superior que possuam cursos de graduação em Psicologia. De acordo com Cobalchini, Oliveira, Menghin, Sousa e Roncaglio (2015), são espaços "de exercício das práticas profissionais, tendo por objetivo desenvolver e aplicar habilidades e competências promovidas no decorrer do curso" (p. 9). Sua existência está vinculada à Lei 4.119 de 1962, que dispõe sobre os cursos de formação em Psicologia e regulamenta a profissão de psicólogo. A referida lei indica que as faculdades "deverão organizar Serviços Clínicos e de aplicação à educação e ao trabalho — orien-

32. Mestre em Psicologia Clínica pelo Instituto de Psicologia da Universidade de São Paulo, Doutora em Psicologia com ênfase em avaliação psicológica pela Universidade São Francisco. Gerente de Projetos do Instituto Ayrton Senna.

33. Mestre e Doutora em Psicologia Clínica pelo Instituto de Psicologia da Universidade de São Paulo. Professora Adjunta do Departamento de Psicologia e Psicanálise da Universidade Estadual de Londrina — UEL. Diretora da Clínica Psicológica da UEL (Gestão 2014-2018; Gestão 2018-2022).

34. Mestre e Doutorando em Psicologia Social do Trabalho e das Organizações pela Universidade de Brasília. Professor Adjunto e Supervisor de Estágio na área de avaliação psicológica do Centro Universitário de Brasília — UniCEUB.

tados e dirigidos pelo Conselho dos Professores do curso abertos ao público, gratuitos ou remunerados".

No que se refere à denominação de tais espaços, usualmente eram intitulados como clínicas-escola de Psicologia, contudo, no 12º Encontro de Clínicas-Escola de Psicologia, realizado em 2004, tal uso foi questionado por se entender que os estágios se relacionam a diferentes áreas, tendo havido uma decisão por se utilizar a "expressão Serviços-Escola de Psicologia como estratégia para integrar as diversas áreas de atuação profissional" (Ramos, Silva, & Souza, 2006, p. 23). Cobalchini et al. (2015) argumentam que tal modificação não está vinculada tão somente à nomenclatura, como também "caracteriza fortemente a proposta de organização dos serviços que o curso de Psicologia oferece como base de aplicação e habilitação da(o) psicóloga(o) que pretende formar, bem como fortalece o atendimento às necessidades sociais e aos direitos humanos" (p. 14), marcando sua multiplicidade de saberes e práticas.

Entende-se que os serviços-escola de Psicologia podem se organizar a partir de atividades vinculadas ao ensino, à pesquisa e à extensão (Marturano, Silvares, & Oliveira, 2014). Neste sentido, além de configurarem como um espaço dedicado ao ensino e à aprendizagem por parte dos estagiários de habilidades e competências necessárias ao exercício profissional da Psicologia (Cobalchini et al., 2015), também visam ofertar o atendimento à população que busca tais espaços, trabalhando para o desenvolvimento do conhecimento no campo, a partir de pesquisas diversas.

Entretanto, grande parte da atenção aos serviços-escola está direcionada ao ensino e extensão, sendo a pesquisa uma ação secundária nesses espaços. Marturano et al. (2014) defendem que os serviços-escola de Psicologia se mostram como espaços favoráveis à produção do conhecimento, de novas práticas de intervenção que podem ser testadas e implementadas, sendo pertinente a revisão periódica das atividades em andamento em tais serviços. Neste sentido, Villemor-Amaral et al. (2012) realizaram uma revisão da literatura acerca dos serviços-escola de Psicologia, tendo encontrado 45 trabalhos publicados entre os anos de 2000 e 2010. Dividiram a produção em seis categorias: 1) representação social do psicólogo; 2) descrição dos serviços prestados em diferentes regiões e da clientela; 3) atendimento ao aluno; 4) triagem; 5) serviços diferenciados; e 6) abordagens e atendimento infantil.

De forma similar, Galindo, Sousa e Tamman (2019) realizaram um levantamento da produção científica dos anos 2011 a 2015, organizando as publicações em três grupos: 1) atividades educacionais; 2) atividades de autoavaliação; e 3) atividades clínicas. Tais autores fazem a ressalva de que nem tudo o que é produzido nos serviços-escola de Psicologia é publicado no formato de artigo, mas entre aqueles localizados, nota-se uma concentração de artigos relativos às atividades clínicas. Por outro lado, indicaram ter havido uma ampliação nas modalidades clínicas interventivas desenvolvidas, distintas das tradicionais (avaliação psicológica e psicoterapia).

Os serviços-escola de Psicologia oferecem uma ampla gama de atividades. Tal como posto por Galindo et al. (2019), a literatura retrata uma ênfase maior nas atividades clínica e educacional, a primeira se configurando majoritariamente por atendimentos psicoterápicos em diferentes configurações (infantil, adulto, casal, família, grupo). No campo das atividades educacionais está incluído o atendimento às questões das queixas escolares e questões da aprendizagem, frequentemente realizado por meio de avaliação psicológica.

Por outro lado, nota-se que há uma diversidade de práticas empreendidas nesses serviços. São descritas práticas de avaliação psicológica, psicoterapia individual, plantão psicológico, psicoterapia de casal e família, orientação profissional na modalidade individual e grupal, grupos de apoio, grupos lúdicos, grupos realizados por meio de atividades expressivas e grupos psicoterapêuticos. Cada uma dessas práticas apresenta configurações e características próprias, além de distintas possibilidades de desenvolvimento de pesquisas.

OS SERVIÇOS-ESCOLA COMO CAMPO DE PESQUISA

Como indicado, os serviços-escola de Psicologia se configuram como espaços vinculados a instituições de ensino superior, muitas delas caracterizadas como universidades e, como tal, necessariamente vinculadas não apenas ao compromisso com o ensino, como também com a extensão e com a pesquisa. Compreende-se que em tais espaços podem ser desenvolvidas investigações diversas, que caminham desde a caracterização da clientela até o desenvolvimento e avaliação de práticas psicológicas realizadas.

Tendo em vista que o conhecimento da população que demanda as intervenções psicológicas oferecidas pelos serviços-escola contribui para o aprimoramento das ações realizadas, nota-se que diversos são os estudos de caracterização da clientela, advindos de variadas regiões do país, sendo o tipo de pesquisa mais frequentemente publicada em artigos científicos (Fam & Neto, 2019; Galindo et al., 2019; Scorsolini-Comin, 2015; Villemor-Amaral et al., 2012). Os estudos de caracterização têm por objetivo principal trazer um panorama amplo que permite qualificar e compreender demandas. Ao mesmo tempo, é específico o suficiente para evidenciar peculiaridades advindas de tipos e contextos das práticas empregadas. Em geral, o problema de pesquisa desse tipo de estudo é conhecer o que define uma determinada amostra (clientela) em um determinado recorte (atendimento infantil, familiar, queixas de ansiedade etc.), dado um determinado contexto (serviço-escola específico, município, período de tempo etc.).

Nessa linha, alguns exemplos ilustrativos da contribuição desse tipo de pesquisa trazem desde configurações que caracterizam clientelas amplas até contextos específicos, como descrição de perfis de uma modalidade de atendimento. Assim, Campezatto e Nunes (2007) descreveram o perfil da clientela atendida (i.e. amostra) no período de um ano por dez serviços-escolas (i.e. contexto), abrangendo nove municípios da região metropolitana de Porto Alegre. Assim, foi possível avaliar que alguns serviços-escola têm maiores demandas por atendimento e conseguem abarcar um maior número de casos (amplitude 45 a 1438 pessoas atendidas nos diferentes locais durante o período avaliado). Também verificaram que mulheres tendem a buscar mais pelos serviços; ao menos um terço dos atendidos são crianças de até 15 anos, dentre as quais a maioria são meninos. As principais queixas reportadas foram dificuldades no comportamento afetivo, processos cognitivos e relacionamento interpessoal.

No que se refere a recortes específicos, pode-se citar a psicoterapia de casal e família, dado os estudos recentes que mapearam a clientela que buscou por esse tipo específico de intervenção clínica. Neumann e Wagner (2015) entrevistaram 41 adultos encaminhados para a terapia familiar e notaram que as mulheres eram as maiores responsáveis pela busca pelo atendimento, com queixas centradas nos filhos e referindo problemas para o exercício da parentalidade. Pires, Berger, Fiorini e Gastaud (2016) investigaram o perfil de casais e famílias atendidos em uma clínica-escola de pósgraduação de Porto Alegre e observaram que os casais apresentavam dificuldades de comunicação, enquanto que as famílias desejavam orientação quanto ao manejo com os filhos. Sei e Gomes (2017) levantaram os dados advindos de Fichas de Triagem Familiar de 87 famílias e apontaram uma predominância de um público com faixa salarial entre dois a quatro salários mínimos, católicos, com ensino médio completo e queixa relativa a problemas emocionais de um dos familiares.

Além de traçar o perfil de clientelas, os estudos de caracterização revelam problemáticas específicas que, por meio desse tipo de delineamento, podem ser sintetizadas e compreendidas sob diferentes ângulos. A exemplo disso, Sei e Colavin (2016) analisaram as taxas e perfil de usuários que desistem ou abandonam a psicoterapia. Para tanto, os autores analisaram fichas de triagem e levantaram os motivos de desistência e abandono, dentre os quais estão as trocas de terapeuta (ocorrência característica de serviços-escola) e dificuldade de formação de vínculo terapêutico. O levantamento permitiu aos autores traçarem estratégias que visassem a redução das taxas de desistência e abandono (quase um quarto da clientela no período analisado), como é o caso da disponibilização de serviços que melhor contemplassem as demandas da população.

Observa-se que estudos como esses agregam conhecimentos importantes sobre uma determinada amostra, recorte e contexto, permitindo inclusive ações mais direcionadas para demandas específicas. Dessa forma, estudos de caracterização favorecem trocas não apenas entre a comunidade científica, mas também promovem maior integração entre pesquisa e prática ao compartilhar ações e metodologias que podem ser aplicadas em outros serviços-escola. Contribui-se, assim, para o desenvolvimento de serviços de excelência em diversas localidades. Na mesma direção seguem os estudos de caso, talvez o segundo tipo de pesquisa mais frequentemente publicado no contexto de serviço-escola e que será abordado na sequência (Galindo et al., 2019; Villemor-Amaral et al., 2012).

Os estudos de caso utilizam, em geral, metodologias qualitativas e têm como principais características o aprofundamento em particularidades e sua articulação com determinadas teorias e práticas que favoreceram ou não a compreensão do caso. Há uma importante discussão quanto aos objetivos e abrangência de estudos de casos (para uma revisão mais aprofundada sobre o tema, veja por exemplo Peres & Santos, 2005 e Serralta, Nunes, & Eizirik, 2011). De forma sucinta, estudos de caso se prestam a evidenciar e exemplificar aspectos já conhecidos sobre um fenômeno (por exemplo, condutas clínicas de transtornos psiquiátricos) ou enfatizar particularidades de casos atípicos (por exemplo, experiências singulares, transtornos psiquiátricos menos recorrentes ou testagem de novas propostas de intervenção clínica).

Como o objetivo é promover uma compreensão aprofundada da questão investigada, é fundamental que o pesquisador explore os diferentes aspectos envolvidos com a problemática em análise. Assim, deve compor a análise não apenas o campo psicológico, mas também social, cultural, biológico, familiar, econômico e outros que sejam relevantes para o escopo da análise (Hilliard, 1993; Peres & Santos, 2005). Essa articulação de óticas sobre o caso traz um caráter singular ao estudo, favorecendo uma compreensão que não seria possível em estudos com amostras maiores (Serralta et al., 2011).

A exemplo de estudos de caso, tem-se Santos e Rocha (2019), que analisaram o fenômeno da transferência sob o referencial lacaniano em um caso de psicose. Dessa forma, os autores se propuseram discutir, por meio do estudo de caso, a compreensão de aspectos sintomáticos à luz da interpretação e técnica psicanalítica. Já Backes et al. (2019) acompanharam por dez meses o processo de perda de palavras de uma criança com transtorno do espectro autista. Os autores analisaram e quantificaram a ocorrência de episódios onde a perda de palavras foi evidenciada e analisaram as particularidades do paciente estudado. Observa-se que ambos estudos potencializam uma compreensão mais aprofundada sobre um fenômeno ou transtorno, levando em consideração o aporte teórico e os aspectos multifacetados de um caso. Dessa forma, o conhecimento sobre as temáticas específicas é difundido tanto para profissionais pesquisadores quanto aos que se dedicam à prática clínica, promovendo articulação entre campos de saber.

De forma similar aos estudos de caso, as pesquisas de relatos de experiência também se propõem a uma maior articulação entre teoria e prática. Essa modalidade tem como objetivo destacar o papel ativo e participativo do pesquisador, tirando-o do lugar contemplativo e contribuindo para elucidar diferentes problemáticas (Pádua, 2004). Apesar de sua relevância, Daltro e Faria (2019) indicaram que poucos periódicos científicos da área estão abertos à publicação de artigos no formato relato de experiência. Analisando 170 periódicos, apenas cinco indicaram aceitar essa modalidade de pesquisa. Essa limitação pode ser um fator que contribui para o ressaltado por Galindo et al. (2019): muitas vezes pesquisas clínicas não são publicadas em formato de artigos científicos.

As pesquisas de relato de experiência podem envolver diferentes temáticas e delineamentos amostrais, inclusive o uso de caso único. Como exemplos, podemos citar o estudo de Tavora (2002), que apresenta, por meio de sua experiência enquanto supervisora clínica, estratégias para aprimorar a supervisão de casos atendimentos por estudantes ainda em formação, visando favorecer o processo de troca e desenvolvimento do aprendiz. Já Amaral et al. (2012) utilizaram o método de relato de experiência para apresentar uma modalidade de atendimento clínico desenvolvido para acolhimento de universitários. Por meio desse estudo, as autoras propuseram a reflexão sobre esse tipo de serviço e suas especificidades.

POTENCIALIDADE DOS SERVIÇOS-ESCOLA COMO CAMPO DE PESQUISA

Os serviços-escola, tanto pela diversidade de atividades que oferecem quanto pelo fato de facilitarem o acesso a grupos com características e demandas específicas, que em outros contextos seriam de difícil alcance, apresentam-se como ambientes ricos para o desenvolvimento da pesquisa para além dos temas e delineamentos já evidenciados.

Neste sentido, os serviços-escola carregam a particularidade de reunir um importante número de pessoas num mesmo local, favorecendo o desenvolvimento de pesquisas cujo escopo muitas vezes extrapola o setting clínico, permitindo compreensões outras sobre a população que busca serviços e sua relação com fenômenos específicos. Como exemplo, tem-se o estudo de Schlindwein, Silva, Bueno e Morais (2017), que buscou compreender e caracterizar a percepção e a relação que pacientes de um serviçoescola tinham sobre o fazer laboral. Nesse estudo, foi objetivo dos autores compreender um aspecto bastante particular das pessoas que buscavam atendimento: o sofrimento do ambiente de trabalho. Dessa forma, os autores levantaram nos prontuários relatos de queixas laborais diversas a fim de compreender tais fenômenos e dar luz à questão do estresse no trabalho como uma demanda de saúde. Compreende-se que, por ser um espaço que reúne pessoas vindas de diversas regiões, é possível o delineamento de pesquisas com amplas amostras. O contexto de serviço-escola também pode ser proposto como um espaço de investigação de eventos que interferem de forma não tão explícita, como foi o caso do estresse laboral investigado por Schlindwein et al. (2017).

Outro campo de pesquisa potencializado pelo espaço dos serviços-escola são os estudos que subsidiam o desenvolvimento de instrumentos de avaliação psicológica. Como premissa base, os instrumentos de avaliação psicológica devem atender critérios mínimos de evidências de precisão e validade (AERA, APA, & NCME, 2014; APA, 2014), ou seja, se o instrumento é confiável e se ele mede aquilo que se propõe medir (Alves, Souza, & Baptista, 2019). Para isso, o instrumento deve ser aplicado em uma amostra normativa de maneira padronizada. A amostra normativa deve ser representativa da população que apresenta determinada característica, alvo do escopo do instrumento em questão. Por exemplo, um instrumento que avalia inteligência geral em adultos, deve contemplar pessoas na fase adulta com diferentes níveis de inteligência e com diferentes características que possam interferir no nível de inteligência.

O mesmo se aplica a instrumentos que avaliam aspectos da saúde mental, como é o caso de transtornos psiquiátricos, traços da personalidade e bem-estar geral. A clientela atendida em serviços-escola, em sua maioria, apresenta queixas relacionadas à saúde mental, tornando este um ambiente propício a reunir pessoas com determinadas características psicológicas. Dessa forma, esse espaço potencializa o desenvolvimento de pesquisas normativas de desenvolvimento de instrumentos de avaliação psicológica. A exemplo disso, Yoshida (2013) buscou em serviços-escola sujeitos em atendimento e também seus acompanhantes para investigar evidências de validade para um instrumento de avaliação de recursos adaptativos.

Além disso, os serviços-escola apresentam um cenário propício para a condução de estudos importantes na psicologia contemporânea, como a avaliação da qualidade e efeito das intervenções (Leonardi & Meyer, 2015; Spring, 2007) e da avaliação do próprio processo de formação, uma vez que este é central no desempenho dos futuros profissionais (Elman, Illfelder-Kaye, & Robiner, 2005).

É crescente o número de estudos e instrumentos que se propõem a avaliar modelos de intervenção e a experiência dos usuários de serviços psicológicos (Zuanazzi, Moreira, Queluz, & Villemor-Amaral, no prelo). Por se tratarem de espaços de construção de conhecimento e atendimento a demandas da comunidade (Cobalchini et al., 2015; Marturano et al., 2014), os serviços-escola podem ser compostos por diferentes práticas e modelos interventivos, o que favorece o desenvolvimento de metodologias e testagem da eficácia e eficiência de intervenções. Nessa linha, o estudo de Silva (2013) analisou as qualidades psicométricas de um instrumento que avalia os ganhos percebidos pelo usuário sobre os tratamentos psicoterápicos conduzidos. De forma semelhante, Campbell e Wilson (2017) avaliaram a percepção dos clientes sobre os serviços prestados por meio de entrevistas semiestruturadas.

Pesquisas que se propõem a analisar modelos específicos de atendimento também favorecem conhecer o quanto aquela proposta de atendimento tem sido aceita e entendida pelos usuários como benéficas. Assim, Ortolan e Sei (2019) investigaram a percepção dos usuários do serviço de plantão psicológico por meio de entrevista que contemplou oito categorias de análise. As autoras concluem que esse tipo de estudo permite aos profissionais articularem ações que de fato atendam a demanda da comunidade. Já Prebianchi (2011) analisou a percepção dos responsáveis por crianças em atendimento psicoterápico sobre o serviço prestado e os estagiários. Por meio desse estudo, a autora notou haver discrepâncias sobre a compreensão dos objetivos e alcances do atendimento infantil e se esta atua como um divisor na sua avaliação. Esses estudos alimentam e movimentam a dinâmica dos serviços-escola, fortalecendo a integração entre pesquisa, ensino e extensão, confirmando o caráter indispensável dessa tríade à prática profissional.

Outra frente de pesquisa a ser explorada inclui a avaliação do impacto social e sobre o sistema de saúde dos serviços prestados à comunidade (Zilli et al., 2017). Estudos que mapeiem a inserção e impacto dos serviços-escola dentro das redes de saúde e assistência social, além de identificar os atores envolvidos, podem subsidiar o planejamento, integrando entes diversos nas políticas públicas (Gomes, & Dimenstein, 2016; Ortolan, Sei, & Victrio, 2018).

DESAFIOS PARA PESQUISA

Os pesquisadores implicados nos estudos relativos aos serviços-escola de Psicologia podem encontrar variados desafios para o desenvolvimento de suas investigações. Por um lado, deve-se pensar na estrutura do espaço no qual se deseja realizar a pesquisa, refletindo sobre a forma de funcionamento do serviço, sua equipe, as estratégias de registro de suas ações e aspectos similares, seja para se pensar em pesquisas documentais, seja para os estudos empíricos. Exemplos seriam colegas desejando caracterizar o público de um conjunto de serviços-escola de um estado do país, mas sem contar com uma equipe própria para a coleta dessas informações e desejosos que os coordenadores pudessem ter tais dados já agregados para disponibilização.

Quanto às pesquisas documentais, sejam elas aquelas com dados agregados visando caracterização da clientela, sejam os estudos de caso a partir dos relatos de atendimentos, os pesquisadores podem se ver face a impasses referentes a questões éticas, haja vista que frequentemente se trata de um atendimento que já ocorreu, cujos pacientes não estão mais acessíveis para a assinatura de um termo de consentimento livre e esclarecido a posteriori. Acerca desses estudos, a resolução CNS 510/2016, que trata da pesquisa com seres humanos na área de Ciências Humanas, indica que "pesquisa com bancos de dados, cujas informações são agregadas, sem possibilidade de identificação individual" e "pesquisa que objetiva o aprofundamento teórico de situações que emergem espontânea e contingencialmente na prática profissional, desde que não revelem dados que possam identificar o sujeito", não precisam ser registradas ou avaliadas pelo sistema CEP/CONEP. Entende-se que por meio dessa resolução permitiu-se o desenvolvimento de alguns tipos de estudos advindos das experiências práticas realizadas nesses serviços.

Outro ponto de destaque que também se configura um desafio para a pesquisa em serviços-escola é a morte amostral, que se apresenta como um dos impasses que podem ser vivenciados pelos pesquisadores no contexto das pesquisas empíricas; contudo, notase que este não se mostra como um tema de grandes discussões, sendo escassos os relatos acerca dos aspectos relativos a tal fenômeno. Sobre a temática, encontra-se o trabalho de Moura (2020), que tece considerações sobre a morte amostral em seu estudo. Tal autora propôs um programa de treinamento parental, almejando a prevenção do comportamento antissocial infantil, e indicou que a perda de participantes se centrou no início da intervenção, possivelmente por descrédito ou falta de sensibilização acerca da importância das intervenções parentais, tendo havido, ademais, problemas na comunicação com os participantes e recusa de outros em continuar a participação.

A morte amostral também surge como um empecilho na condução de estudos longitudinais. Apesar de sua importância na Psicologia e o potencial dos serviços-escola como campo de pesquisa, esse tipo de estudo é raro na produção. Além da morte amostral, características dos próprios serviços podem afetar a possibilidade de realização de estudos longitudinais, como por exemplo a duração dos serviços estar vinculada aos semestres letivos ou a projetos específicos com duração limitada.

CONSIDERAÇÕES FINAIS

Os serviços-escola de psicologia ocupam papel importante na formação dos futuros profissionais (Cobalchini et al., 2015), além de atuarem na democratização do acesso à Psicologia a população, exercendo papel relevante no campo da assistência em saúde (Gomes, & Dimenstein, 2016; Ortolan, Sei, & Victrio, 2018; Zilli et al., 2017).

Esses espaços configuram-se como um local fértil para a consolidação do trinômio ensino-pesquisa-extensão, e em certa medida têm sido explorados na produção nacional (Galindo et al., 2019; Villemor-Amaral et al., 2012). Entretanto, esse espaço privilegiado de reflexão ainda não é explorado em todas suas possibilidades, centrado, principalmente no modelo clínico (Gomes, & Dimenstein, 2016). Entretanto, há que se notar que toda iniciativa de pesquisa a ser realizada nesse campo deve, acima de tudo, se basear em preceitos éticos sólidos, como a busca da beneficência e não maleficência, principalmente ao considerar as características de vulnerabilidade dos usuários dos serviços de saúde mental (Oliveira, & Ludwig, 2009).

Por fim, este capítulo pretendeu apresentar algumas reflexões sobre a pesquisa no cenário dos serviços-escola de psicologia, sem, no entanto, se propor a esgotar todas as possibilidades. Espera-se que os exemplos e possibilidades apresentados possam contribuir na constituição de um olhar para os serviços-escola não só como local de aplicação de teorias e técnicas, mas como local de construção de saberes.

REFERÊNCIAS

AERA, APA, & NCME (2014). *Standards for educational and psychological testing*. Washington: American Educational Research Association.

Alves, G., Souza, M. S. & Baptista, M. N. (2019). Validade e precisão de testes psicológicos. In R. A. M. Ambiel, I. S. Rabelo, S. V. Pacanaro, G. A. S. Alves & I. F. A. S. Leme (Orgs.). *Avaliação Psicológica: Guia de consulta para estudantes e profissionais de psicologia (revisado e atualizado)* (pp. 93-108). Belo Horizonte: Artesã.

APA (2014). *Manual de diagnóstico e estatística dos transtornos mentais*: 5ª edição. Porto Alegre: Artmed.

Backes, B., Teixeira, M. C. T. V., Mecca, T. P., Brunoni, D., Zanon, R. B., & Bosa, C. A. (2019). Perda de palavras no transtorno do espectro autista:

Análise de vídeos caseiros. *Psicologia: Teoria e Prática, 21*(3), 437-455. http://dx.doi.org/10.5935/1980-6906/psicologia.v21n3p437-455

Campbell, M., & Wilson, C. (2017). Service users' experiences of participation in clinical psychology training. *The Journal of Mental Health Training, Education and Practice, 12*(6), 337-349. https://doi.org/10.1108/JMHTEP-03-2017-0018

Campezatto, P. M., & Nunes, M. L. T. (2007). Caracterização da clientela das clínicas-escola de cursos de Psicologia da região metropolitana de Porto Alegre. *Psicologia: Reflexão e Crítica, 20*(3), 376-388. https://doi.org/10.1590/S0102-79722007000300005

Cobalchini, C. C. B., Oliveira, M. A. C., Menghin, M. C., Sousa, S. M. S. P. S., & Roncaglio, S. M. (2015). *Caderno de orientações aos serviços-escola de psicologia do Estado do Paraná*. Curitiba: Conselho Regional de Psicologia do Paraná. Recuperado de https://crppr.org.br/wp-content/uploads/2019/05/AF_Cardeno_escola_v4.pdf.

Elman, N. S., Illfelder-Kaye, J., & Robiner, W. N. (2005). Professional Development: Training for Professionalism as a Foundation for Competent Practice in Psychology. *Professional Psychology: Research and Practice, 36*(4), 367-375. doi:10.1037/0735-7028.36.4.367

Fam, B. M., & Neto, J. L. F. (2019). Análise das práticas de uma clínica-escola de psicologia: potências e desafios contemporâneos. *Psicologia: Ciência e Profissão, 39*(8), e178561. http://dx.doi.org/10.1590/1982-3703003178561

Galindo, W. C. M., Sousa, T. B. D. S., & Tamman, B. F. (2019). Modalidades de atendimento à população por serviços-escola de Psicologia: panorama das publicações. *Gerais: Revista Interinstitucional de Psicologia, 12*(2), 371-388. http://dx.doi.org/10.36298/gerais2019120212

Gomes, M. A. F., & Dimenstein, M. (2016). Serviço escola de psicologia e as políticas de saúde e de assistência social. *Temas em Psicologia, 24*(4), 1217-1231. http://dx.doi.org/10.9788/TP2016.4-03Pt.

Hilliard, R. B. (1993). Single-case methodology in psychotherapy process and outcome research. *Journal of Consulting and Clinical Psychology, 61*(3), 373-380. https://doi.org/10.1037//0022-006x.61.3.373

Lei 4119 de 27 de agosto de 1962. (1962, 28 agosto). *Dispõe sobre os cursos de formação em psicologia e regulamenta a profissão de psicólogo*. Câmara dos Deputados, Brasília. Recuperado de https://transparencia.cfp.org.br/wp-content/uploads/sites/15/2016/12/Lei-4119_1962.pdf.

Leonardi, J. L., & Meyer, S. B. (2015). Prática baseada em evidências em psicologia e a história da busca pelas provas empíricas da eficácia das psicoterapias. *Psicologia: Ciência e Profissão, 35*(4), 1139-1156. http://dx.doi.org/10.1590/1982-3703001552014

Marturano, E. M., Silvares, E. F. M., & Oliveira, M. S. (2014). Serviços-escola de psicologia: seu lugar no circuito de permuta do conhecimento. *Temas em Psicologia, 22*(2), 457-470. https://dx.doi.org/10.9788/TP2014.2-15

Moura, D. P. F. (2020). *Comportamentos antissociais na infância: proposta e avaliação do Programa Aprendendo sobre Filhos*. (Tese de doutorado). Centro de Humanidades, Universidade Federal do Ceará, Fortaleza. Recuperado de http://repositorio.ufc.br/bitstream/riufc/50160/1/2020_tese_dpfmoura.pdf.

Neumann, A. P., & Wagner, A. (2015). Caracterização da clientela atendida em terapia de família em uma clínica-escola. *Psicologia Clínica, 27*(2), 63-81. Recuperado de http://pepsic.bvsalud.org/scielo.php?script=sci_arttext&pid=S0103-56652015000200004&lng=pt&tlng=pt.

Oliveira, M. S., & Ludwig, M. W. B. (2009). A bioética na pesquisa em saúde mental. In I. I. L. Argimon, G. J. C. Gauer, & M. S. Oliveira (Orgs.). *Bioética e psicologia* (pp. 27-40). Porto Alegre: EdiPUCRS.

Ortolan, M. L. M., Sei, M. B., & Victrio, K. C. (2018). Serviço-escola de psicologia e potencialidades dos projetos de extensão: construção de políticas públicas em saúde mental. *Revista Brasileira de Tecnologias Sociais, 5*(1), 78-85. http://dx.doi.org/10.14210/rbts.v5n1.p78-85

Ortolan, M. L. M., Sei. M. B., (2019). Avaliação do plantão psicológico de um serviço-escola de psicologia. *Interação em Psicologia, 23*(2). doi: http://dx.doi.org/10.5380/psi.v23i02.56248

Pádua, E. M. D., (2004). Metodologia da pesquisa: Abordagem teórico-prática. Campinas: Papirus.

Peres, R. S., & Santos, M. A., (2005). Considerações gerais e orientações práticas acerca do emprego de estudos de caso na pesquisa científica em psicologia. *Interações, 20*(10), 109-126. Recuperado em 15 de junho de 2020 de https://www.redalyc.org/pdf/354/35402008.pdf

Pires, T., Berger, D., Fiorini, G. P., & Gastaud, M. B. (2016). Psicoterapia psicanalítica de casais e famílias: caracterização da clientela. *Revista Brasileira de Psicoterapia, 18*(1),40-54. Recuperado em 17 de maio de 2017 de http://rbp.celg.org.br/detalhe_artigo.asp?id=189

Prebianchi, H. B. (2011). Avaliação psicológica infantil: Compreensão de usuários e estagiários do serviço-escola. *Psicologia em Revista, 17*(2), https://doi.org/10.5752/P.1678-9563.2011v17n2p322

Ramos, C., Silva, G. G., & Souza, S. (2006). Prática psicológica em instituições: uma reflexão sobre os serviços-escola. In C. Ramos, Silva, G. G., & Souza, S. (Orgs), *Práticas Psicológicas em Instituições: uma reflexão sobre os serviços escola* (pp. 23-25). São Paulo: Vetor.

Resolução nº 510, de 7 de abril de 2016. (2016, 7 abril). Brasília: Diário Oficial da União. Recuperado de http://www.in.gov.br/materia/-/asset_publisher/Kujrw0TZC2Mb/content/id/22917581.

Santos, M. C. O., Rocha, G. M. (2019) A transferência como meio de tratamento do outro e recurso de contenção à passagem ao ato na psicose. *Psicologia em Revista, 25*(2), 532-551. https://doi.org/10.5752/P.1678-9563.2019v25n2p532-574

Schlindwein, V. D. L. D. C., Silva, A. L., Bueno, D. H. D., & Morais, P. R. (2017). Considerações sobre queixas relacionadas ao trabalho em pacientes de uma clínica-escola. *Estudos e Pesquisas em Psicologia, 17*(3), 860-876. Recuperado de http://pepsic.bvsalud.org/pdf/epp/v17n3/n17a04.pdf.

Scorsolini-Comin, F. (2015). Plantão psicológico e o cuidado na urgência: panorama de pesquisas e intervenções. *Psico-USF, 20*(1), 163-173. http://dx.doi.org/10.1590/1413-82712015200115

Sei, M. B., & Colavin, J. R. P. (2016). Desistência e abandono da psicoterapia em um serviço-escola de Psicologia. *Revista Brasileira de Psicoterapia, 18*(2), 37-49. Recuperado de http://rbp.celg.org.br/detalhe_artigo.asp?id=200.

Sei, M. B., & Gomes, I. C. (2017). Caracterização da clientela que busca a psicoterapia psicanalítica de casais e famílias. *Psicologia: teoria e prática, 19*(3), 70-83. https://dx.doi.org/10.5935/1980-6906/psicologia.v19n3p70-83

Sei, M. B., Zuanazzi, A. C., Oliveira, K. L., Lúcio, P. S., & Cordeiro, S. N. (2019). Da avaliação à psicoterapia em um serviço-escola de psicologia: uma interlocução entre práticas. Gerais: *Revista Interinstitucional de Psicologia, 12*(1), 96-106. https://doi.org/10.36298/gerais2019120108

Serralta, F. B., Nunes, M. L. T., & Eizirik, C. L. (2011). Considerações metodológicas sobre o estudo de caso na pesquisa em psicoterapia. *Estudos de Psicologia (Campinas), 28*(4), 501-510. https://doi.org/10.1590/S0103-166X2011000400010

Silva, S. M. D. (2013). *Escala de avaliação de resultados-outcome questionnaire (OQ 45.2): validade e precisão.* Tese de Doutorado, Instituto de Psicologia, Universidade de São Paulo, São Paulo. http://dx.doi.org/10.11606/T.47.2013.tde-22112013-114741

Spring, B. (2007). Evidence-based practice in clinical psychology: What it is, why it matters; what you need to know. *Journal of Clinical Psychology, 63*(7), 611-631. https://doi.org/10.1002/jclp.20373

Tavora, M. T. (2002). Um modelo de supervisão clínica na formação do estudante de psicologia: A experiência da UFC. *Psicologia em Estudo, Maringá, 7*(1), 121–130.

Villemor-Amaral, A. E. V., Luca, L., Rodrigues, T. D. C., Leite, C. D. A., Lopes, F. L., & Silva, M. A. D. (2012). Serviços de psicologia em clínicas-escola: revisão de literatura. *Boletim de Psicologia, 62*(136), 37-52. Recuperado de http://pepsic.bvsalud.org/pdf/bolpsi/v62n136/v62n136a05.pdf.

Villemor-Amaral, A. E., Silva, M. A., Lopes, F. L., Leite, C. A., Luca, L., Rodrigues, T. C. (2012). Programa de acolhimento a universitários: relato de experiência em clínica-escola. *Revista de Psicologia, 15*(23), 27-35.

Yoshida, E. M. P. (2013). Escala Diagnóstica Adaptativa Operacionalizada de Autorrelato - EDAO-AR: evidências de validade. *Paidéia, 23*(54), 83-91. https://doi.org/10.1590/1982-43272354201310

Zilli, M. G., dos Santos, A. P. S., Yamaguchi, C. K., & Borges, L. A. (2017). Contribuições de uma clínica escola no atendimento em saúde no sul de Santa Catarina. *Revista Interdisciplinar de Estudos em Saúde, 6*(1), 105-116. https://doi.org/10.33362/ries.v6i1.1321

Zuanazzi, A. C., Moreira, T. C., Queluz, F. N. F. R., Villemor-Amaral, A. E. (no prelo). Avaliação do processo psicoterápico: levantamento de técnicas e instrumentos. *Gerais: Revista Interinstitucional de Psicologia.*

7. ESTÁGIO DE AVALIAÇÃO PSICOLÓGICA EM SERVIÇO-ESCOLA: POSSIBILIDADES E DESAFIOS

Elza Maria Gonçalves Lobosque[35]

Fernanda Gonçalves da Silva[36]

O estágio supervisionado em Psicologia tem como objetivo promover o desenvolvimento de habilidades e competências no estudante, embora lhe traga diversas outras experiências e aprendizados, tanto pessoais quanto profissionais. Grande parte dos estágios práticos só se inicia nos anos finais da graduação.

Quando pensamos na proposta de um estágio em avaliação psicológica, temos que ter em mente que a avaliação psicológica se apresenta como um processo amplo de coleta e interpretação de dados obtidos por meio de um conjunto de processos e procedimentos confiáveis, sendo esses as entrevistas, a observação e os testes psicológicos, entre outros. A avaliação psicológica é uma das atividades exclusivas do psicólogo; tal exclusividade é apresentada no parágrafo 1º do art. 13 da Lei 4.119/62, e pode ser utiliza-

35. Psicóloga, Mestre em Avaliação Psicológica pelo Programa de Pós-graduação Em Psicologia/Universo. Coordenadora da Comissão em Avaliação Psicológica do CRP-4/ Subsede Sudeste. Membro da Comissão de Avaliação Psicológica do CRP/MG, Subsede sudeste. Docente e Supervisora de Estagio em Avaliação Psicológica, Orientação Profissional e Recursos Humanos do Centro Universitário Estácio/JF e coordenadora da Pós-Graduação em Avaliação Psicológica IESPE. Consultora de RH.

36. Psicóloga e Mestre em Avaliação Psicológica/Psicometria. Doutoranda no Programa de Pós-Graduação em Psiquiatria e Saúde Mental do Instituto de Psiquiatria da UFRJ. Docente e Coordenadora do curso de Psicologia da Unesa – Nova Iguaçu. Editora da “Revista Psicologia e conexões”.

da com diferentes finalidades, sendo algumas delas: intervenção, orientação vocacional, diagnóstico, orientação psicopedagógica, pesquisas e seleção de pessoas.

A avaliação psicológica tem sua utilização regulamentada em concursos públicos e processos seletivos por meio do Conselho Federal de Psicologia (CFP), em sua resolução n. 1 de 19 de abril de 2002. A avaliação possibilita um maior reconhecimento das características do candidato, tornando exequível a identificação do desempenho nas supostas tarefas do cargo que se deseja ocupar.

Avaliação psicológica é um termo amplo. Assim, em primeiro lugar deve-se distingui-lo dos instrumentos de avaliação. A avaliação psicológica é uma atividade mais complexa e constitui-se na busca sistemática de conhecimento a respeito do funcionamento psicológico das pessoas, de tal forma a poder orientar ações e decisões futuras. Este conhecimento é sempre gerado em situações que envolvem questões e problemas específicos de indivíduos ou grupos. Já os instrumentos de avaliação constituem-se em procedimentos sistemáticos de coleta de informações úteis e confiáveis que possam servir de base ao processo mais amplo e complexo da avaliação psicológica. Portanto, os instrumentos estão contidos no processo mais amplo da avaliação psicológica (Primi, Nascimento & Souza, 2004).

Nos últimos anos, observa-se uma crescente organização do campo da avaliação psicológica como campo de estudo e de atuação profissionais, expressa pelo surgimento de associações, pelo aumento do número de grupos de trabalhos registrados na Associação Nacional de Pesquisa e Pós-graduação – Anpepp, pela frequente realização de congressos nacionais, pelo número de linhas de pesquisa em programas de pósgraduação e de grupos de pesquisa registrados na base do CNPq. Em relação à atuação profissional, o Sistema Conselhos empreendeu esforços para qualificação da prática das psicólogas. Um dos marcos desse processo foi a criação do Satepsi, que completa, em 2020, 17 anos de existência. A avaliação psicológica é, ao mesmo tempo, um campo teórico e prático, que exige conhecimentos e competências técnicas específicas e que passou por muitas mudanças nos últimos anos, e que tem por sua vez aberto portas no mercado de trabalho. Por isso a importância destes estágios no processo de formação.

Segundo a Resolução CFP n. 09/2018, as "fontes fundamentais" de informação na AP se ampliam para muito além dos testes psicológicos aprovados no

Satepsi, podendo ser consideradas, também, as entrevistas, anamneses e/ ou protocolos ou registros de observação de comportamentos. Dessa forma, o trabalho do psicólogo passa a ter um caráter mais amplo ao aumentar o foco para além dos testes psicológicos. Sobre as "fontes complementares" de informação no processo de AP, são mencionados as técnicas e os instrumentos não psicológicos que possuam respaldo da literatura científica da área, que respeitem o Código de Ética e as garantias da legislação da profissão, assim como os documentos técnicos, como protocolos ou relatórios de equipes multiprofissionais. Andrade e Valentini (2018) também abordam os avanços da Resolução CFP n. 09/2018, enfatizando as questões relativas à justiça social e aos direitos humanos e, principalmente, explicitando os principais aspectos psicométricos considerados indispensáveis para a construção de testes psicológicos, como: as evidências de precisão/fidedignidade, evidências de validade e, por fim, o sistema de apuração e interpretação dos escores.

O conceito de *avaliação psicológica compulsória* é trazido por Faiad e Alves (2018) para designar as avaliações que têm um caráter de obrigatoriedade, por força de uma exigência legal para atender as exigências normativas em vigor. São mencionadas como compulsórias as avaliações psicológicas para contexto do trânsito, manuseio de armas de fogo, concursos públicos, Normas Regulamentadoras do Ministério do Trabalho NR 33 (atividades em espaços confinados) e NR 35 (atividades em alturas) e avaliação para cirurgia bariátrica, dentre outras. Esse artigo enfatizou o papel do Satepsi desenvolvido nos últimos 15 anos na qualificação dos instrumentos de AP no Brasil, garantindo mais segurança aos profissionais e às pessoas avaliadas. Evidenciou, também, a busca por uma proteção da sociedade, que se beneficia com o trabalho de pessoas competentes e preparadas para essas avaliações.

PROPOSTA DE ESTÁGIO

A prática de Orientação Profissional no espaço do serviço-escola de Psicologia teve o objetivo de auxiliar os orientandos na escolha profissional de forma assertiva, visando o processo de amadurecimento para a escolha profissional. Buscava-se ainda possibilitar aos orientandos maior clareza e compreensão sobre si e sobre suas escolhas profissionais. A realização de todo processo aconteceu com acompanhamento da supervisora de estágio área psicológica.

Orientação profissional na perspectiva psicológica significa ajuda prestada a uma pessoa com vistas à solução de problemas relativos a escolha de uma profissão ou ao progresso profissional, tomando em consideração as características do interessado e a relação entre essas características e as possibilidades do mercado de trabalho. Ela é uma das atribuições do psicólogo, uma vez que é prevista na legislação que regulamenta o exercício da profissão. A utilização de instrumentos auxilia no processo de decisão e amplia a possibilidade de amadurecimento na escolha profissional.

A chegada do adolescente ao processo de OP percorre os seguintes passos: a realização de uma triagem, o contato com a família, em função do adolescente ser menor de idade e uma entrevista com o responsável pelo adolescente. Essa entrevista é utilizada como ferramenta para fornecer esclarecimentos aos responsáveis e aos adolescentes sobre o processo de OP, estabelecer um contrato verbal, obter um conhecimento inicial do indivíduo e das suas expectativas. Após esta entrevista inicial, é estabelecido o contrato e a OP é iniciada.

O processo da OP obedeceu ao seguinte funcionamento: num primeiro momento foram promovidas atividades de exploração relacionadas a interesses, aptidões, habilidades e traços de personalidade. Num segundo momento, discutiu-se com os adolescentes várias informações sobre a realidade do mercado de trabalho e maneiras de alcançar seus objetivos através de entrevistas, dinâmicas de grupo, aplicação de testes psicológicos e orientações sobre carreira e mercado de trabalho.

As etapas são divididas entre dez a quatorze encontros, onde se trabalham temáticas agrupadas em cinco módulos: (a) o autoconhecimento, (b) as influências, abrangendo, dentre outros temas, as expectativas; (c) as informações, incluindo o conhecimento sobre mercado de trabalho, profissões etc.; (d) aplicação de instrumentos psicológicos (testes psicológicos); e (e) a tomada de decisão.

Utiliza-se técnicas e estratégias que visam identificar de forma clara as habilidades, interesses, gostos e expectativas dos participantes, aliando-as à busca ativa de informações sobre as profissões. Inicialmente, realiza-se um levantamento de dados a partir da aplicação de uma entrevista semidirigida. Logo após, aplica-se a Escala de Maturidade para a Escolha Profissional (EMEP), utilizada também ao final do processo para avaliar seus resultados.

Nas sessões, serão realizadas diversas atividades para melhor entendimento dos interesses, aptidões e habilidades sob a percepção dos orientandos. Logo após, uma bateria de testes psicológicos, instrumentos que aferem autoeficácia para escolha profissional, interesses, habilidades, atenção, cognição, personalidade, habilidade social, realiza-se a devolutiva dos resultados obtidos fazendo uma junção com o mercado de trabalho e interesses do orientando podendo ser no formato de encontros individuais ou grupais. Ao final dos encontros, são realizadas entrevistas devolutivas com os orientandos e responsáveis quando o mesmo é menor de idade, bem como a aplicação da EMEP.

Os pontos-chave do processo realizado foram: abordar as possibilidades de uso das informações obtidas na avaliação psicológica na intervenção em orientação profissional, e maximizar a compreensão da pessoa sobre si e sobre as ocupações. Isso promoveria mais satisfação pessoal, melhor desempenho e produtividade, além de auxiliar indivíduos indecisos a avaliarem seu repertório comportamental e traduzi-lo em escolhas profissionais, ajudar no entendimento do autoconceito de carreira e na formulação de uma carreira subjetiva, que pode ser acrescentada e reformulada no futuro.

Ao fim do processo, como resultados da prática descrita, foi possível observar em todos os orientandos que passaram pelo processo e o finalizaram evidentes ganhos em termos de amadurecimento no processo de orientação na escolha profissional. Podemos afirmar que praticamente todos os orientandos chegam a uma conclusão de qual carreira almejam. Quando isso não ocorre, pelo menos diminui-se o leque de opções consideradas. Considera-se ainda que, se mesmo ao término do trabalho os participantes não tenham uma definição ou limitação quanto à profissão, mas se sintam mais seguros e preparados para a escolha profissional, houve o êxito no processo.

Foi possível verificar a diminuição da indecisão no período pós-orientação, além do aumento nos níveis de maturidade e exploração profissional.

Desta forma, os resultados alcançados foram considerados satisfatórios, demonstrando que o auxílio dos instrumentos psicológicos é fundamental e diferencial neste processo.

Nossos estagiários têm a oportunidade de realizar estes atendimentos em grupo e individualmente, podendo utilizar todo instrumental da psicologia, realizar a correlação com as teorias psicológicas e principalmente redigi os documentos psicológicos de acordo com a resolução 06/2019 do CFP.

De acordo com o Conselho Federal de Psicologia (CFP), considerando a complexidade do exercício profissional da(o) psicóloga(o), a Resolução CFP n. 06/2019 foi construída de modo a ampliar o leque de documentos psicológicos para aqueles decorrentes do exercício profissional nos mais variados campos de atuação, fornecendo os subsídios éticos e técnicos necessários para a elaboração qualificada da comunicação escrita. Nesse sentido, a presente Resolução avança ao separar os documentos que são provenientes de avaliação psicológica de outros relativos às diversas formas de atuação da(o) psicóloga(o), ao estabelecer o Relatório Multiprofissional e, também, ao regulamentar aspectos referentes ao destino e envio de documentos e fatores relacionados à entrevista devolutiva. Este documento foi produzido com o objetivo de orientar as(os) psicólogas(os) sobre a Resolução CFP n. 06/2019, de grande importância para a categoria profissional, destacando a responsabilidade da(o) psicóloga(o) ao produzir documentos psicológicos.

Outra prática desenvolvida com a utilização dos instrumentos psicológicos dentro do RH é o diagnóstico organizacional.

A psicologia organizacional e do trabalho é uma área da Psicologia voltada para o entendimento do sujeito em seu contexto de trabalho com o objetivo de promover saúde e bem-estar a estes sujeitos. Segundo Pasetto (2012), o trabalhador é um sujeito desejante que mantém relações interpessoais e grupais que contribuem para o desenvolvimento da organização.

Segundo Zanelli, Andrade e Bastos (2011), foi no final do século XIX e início do século XX que surgiu a Psicologia Industrial, diretamente associada à industrialização que ocorreu nos países dominantes ocidentais. Desde esse momento, passou por três distintas nomenclaturas e hoje é chamada de Psicologia Organizacional do Trabalho.Uma busca de critérios de avaliação e seleção de militares para o exército e empregados das indústrias, que estavam crescendo, foi o despertar das teorias e métodos na área organizacional. A eficiência da organização, assim como o desempenho no trabalho, são desde então focos das atividades dos psicólogos na organização.

Frederick Winslow Taylor, com formação em engenharia, teve grande influencia no campo da Psicologia Organizacional e do Trabalho e também em áreas da Administração. Com a finalidade de aumentar a produtividade e orientar as práticas organizacionais, ele cria a Administração Científica em 1891 (Spector, 2002).

O contexto de atuação do psicólogo foi ampliado para outras atividades, como o treinamento dos empregados, os testes de admissão, os estudos de tempo e movimento, os turnos de trabalho, a segurança e disciplina, bem como a análise dos fatores que afetam o trabalho, tais como fadiga, monotonia, luminosidade e ventilação. Para garantir os direitos dos trabalhadores, com influência e pressão dos sindicatos os dirigentes tiveram que reformular os procedimentos administrativos de retribuição ao trabalho, levando em consideração não só as necessidades individuais básicas (fome, segurança e saúde), mas se preocuparam com questões ligadas às necessidades de autoestima e autorrealização (Zanelli et al., 2011).

No processo de Avaliação Psicológica, a experiência do estágio para diagnóstico organizacional favorece o aprofundamento teórico e prático. Neste estágio é possível entender o que é e como funciona a organização, qual a sua estrutura, níveis organizacionais, denominação de cargos, presença de grupos formais e informais, liderança, objetivos organizacionais, políticas organizacionais, procedimentos operacionais, visão que o sujeito tem em relação as competências organizacionais e individuais e também sentimentos em relação ao grupo e aos dirigentes.

O processo se inicia com entrevistas iniciais com os gestores da organização e posteriormente com seus colaboradores, onde o objetivo é traçar um perfil das funções, conhecer o clima organizacional e então uma avaliação psicológica completa, visto que ela não foi utilizada no processo de contratação de seus colaboradores. São realizados vários encontros, individuais e em grupos, onde todos que fazem parte do processo foram submetidos a entrevistas, observações, testes psicológicos, dinâmicas, análise de dados e também propostas de intervenções. Iniciamos com entrevistas individuais, passamos à bateria de testes psicológicos composta por Palográfico, BFP, BPR5, BETA III, TEACO, TEADI, TEALT e MVR, onde são avaliados os constructos de personalidade, atenção, cognição e memória. Observamos o grupo dentro de suas dinâmicas de trabalho e intervalos para o café, e correlacionamos as funções com o Codigo Brasileiro de Ocupações (CBO).

Neste momento, nossos estagiários já fizeram processos de observação do comportamento, entrevistas individuais e coletivas, dinâmicas de grupo, análise de cargos, levantamento de dados institucionais e aplicação e correção de testes psicológicos que foram definidos a partir da demanda.

Após a análise de todos os dados, é realizada uma entrevista devolutiva individualmente a cada um dos colaboradores, e depois deste momento são realizadas as propostas de intervenções com os gestores. É importante ressaltar que durante todo o processo nos comprometemos com o sigilo e a ética profissional, sempre embasados no código de etica do profissional de psicologia.

CONCLUSÃO

O estágio profissional supervisionado em Psicologia tem como principal objetivo promover o desenvolvimento de habilidades e competências no estudante, embora lhe traga diversas outras experiências e aprendizados, tanto pessoais quanto profissionais. A Psicologia caracteriza-se mundialmente por uma diversidade teórica, traduzida em inúmeras modalidades de atuação, por vezes antagônicas, possibilitando muitas lacunas nas informações sobre suas práticas, especialmente com relação aos modelos de ensino (Barletta, Fonseca & Delabrida, 2012).

Foi possível identificar, inclusive, o processo de construção de identidade, de amadurecimento profissional e o desenvolvimento de competências interpessoais importantes para a vida pessoal, citado por Rudnicki e Carlotto (2007), no momento em que as participantes relataram suas mudanças pessoais, abordando questões como a aceitação de seus limites e dos limites dos outros, desconstrução de preconceitos em relação à deficiência e às próprias mudanças de comportamento em relação às crianças. Outro aspecto percebido, como visto também na pesquisa de Santos e Nóbrega (2017), foi que as estagiárias tiveram a oportunidade de articular a teoria com a prática ao se inserirem no campo, pois buscaram contextualizar a teoria e as discussões em sala de aula com a realidade encontrada na instituição.

É possível concluir, pelos resultados, o mesmo que Silva (2011), a saber: o conjunto de aprendizados e crescimentos decorrentes de um estágio profissional é constituído por determinações múltiplas, que vão além do âmbito acadêmico, abrangendo também as habilidades interpessoais.

Concluiu-se que o conjunto de aprendizados e crescimentos decorrentes de um estágio profissional é constituído por determinações múltiplas, que vão além do âmbito acadêmico apenas, abrangendo também as habilidades interpessoais.

REFERÊNCIAS

Andrade, J. M., & Valentini, F. (2018). Diretrizes para a Construção de Testes Psicológicos: a Resolução CFP n. 009/2018 em Destaque. *Psicologia: Ciência e Profissão, 38*(spe), 28-39. https://doi.org/10.1590/1982-3703000209112

Barletta, J. B.; Fonseca, A. L. B., & Delabrida, Z. N. C. (2012) A importância da supervisão de estágio clínico para o desenvolvimento de competências em terapia cognitivo-comportamental. *Psicologia: teoria e prática, 14*(3), 153-167.

Faiad, C. & Alves, I. C. B. (2018). Contribuições do Satepsi para avaliações psicológicas compulsórias (trânsito, porte de arma e concursos públicos). *Psicologia: Ciência e Profissão, 38*(spe), 50-59. https:// doi.org/10.1590/1982-3703000209112

Pasetto, N. V., & Mesadri, F. E. (2012). Comportamento organizacional: integrando conceitos da administração e da psicologia. Curitiba, SC: Editora Intersaberes.

Primi, R., Nascimento, R. S. G. F., & Souza, A. S. (2004). Critérios para avaliação de testes psicológicos. In Conselho Federal de Psicologia - CFP (Org.), *Avaliação dos testes psicológicos: relatório* (pp. 31-55). Brasília: CFP.

Rudnicki, T. E., & Carlotto, M. S. (2007) Formação de estudante da área da saúde: reflexões sobre a prática de estágio. *Revista da Sociedade Brasileira de Psicologia Hospitalar,10*(1), 97-110.

Silva, P. V. (2011) *O processo de subjetivação profissional durante os estágios supervisionados em psicologia.* Dissertação de Mestrado em Ciências Humanas - Universidade Federal de Uberlândia, Uberlândia. Recuperado de http://repositorio.ufu.br/bitstream/123456789/17147/1/d.pdf

Spector, Paul E. *Psicologia nas organizações.* São Paulo: Saraiva, 2002.

Zanelli, J. C., Borges-Andrade, J. E., & Bastos, A. V. B. (2011*). Psicologia, organizações e trabalho.*

8. ESTÁGIO DE AVALIAÇÃO PSICOLÓGICA PARA CONCESSÃO DE PORTE DE ARMA DE FOGO

Marcelo Augusto Resende[37]

No contexto atual em que a violência e a insegurança se alastram na sociedade, muitas pessoas buscam se prevenir comprando uma arma de fogo para proteger a si mesmo, sua família e seu patrimônio. O governo atual do Presidente Jair Bolsonaro, em função de promessa de campanha, lançou um decreto alterando algumas exigências prescritas na legislação, facilitando o acesso ao armamento. O aumento da procura por armas já se tornou uma realidade comprovada nas lojas deste departamento, conforme anunciado pela mídia.

Até dezembro de 2018, a legislação vigente, baseada na lei federal 10.826, conhecida como no Estatuto do Desarmamento (Brasil, 2003) e na Instrução Normativa n. 78 da Polícia Federal (2014), buscou manter um maior controle sobre as armas de fogo no Brasil. Tornou proibido o seu uso pela população, exceto por agentes de segurança e casos funcionais, como agentes de inteligência, auditores fiscais e cidadãos maiores de 25 anos, que comprovem idoneidade e motivação justificável para ter uma arma. A liberação para a população civil tornou-se uma raridade, apesar do Plebiscito de 2005, quando a população respondeu que o comércio de armas de fogo e munição não deveria ser proibido no Brasil e que as pessoas necessitavam das armas para se defender, frente à ineficiência do Estado para garantir uma segurança suficiente (Werlang & Nascimento, 2010).

37. Mestre e Doutor pela UFMG, Professor Adjunto da PUC MINAS São Gabriel, Tenente Coronel PM QOS psicólogo da reserva, Coordenador e professor da pós-graduação em Avaliação Psicológica do IEC/MG, Membro da Comissão de Avaliação Psicológica do CRP 04 e Membro da Diretoria da Sociedade de Avaliação Psicológica de MG (SAPSI/MG) gestão 2018-2020.

O decreto presidencial n. 9685 (Brasil, 2019), lançado em 15 de janeiro de 2019, flexibiliza a posse de arma de fogo no país. Ele altera o Decreto n. 5.123, de 1º de julho de 2004, que regulamenta a Lei n. 10.826, que dispõe sobre registro, posse e comercialização de armas de fogo e munição, sobre o Sistema Nacional de Armas – SINARM e define crimes. Para a aquisição de armas de fogo de uso permitido, considerase presente a efetiva necessidade nas seguintes hipóteses:

I. Agentes públicos, inclusive os inativos:
a) da área de segurança pública;
b) integrantes das carreiras da Agência Brasileira de Inteligência;
c) da administração penitenciária;
d) do sistema socioeducativo, desde que lotados nas unidades de internação a que se refere o inciso VI do caput do art. 112 da Lei n. 8.069, de 13 de julho de 1990;
e) e envolvidos no exercício de atividades de poder de polícia administrativa ou de correição em caráter permanente;

II. militares ativos e inativos;
III. residentes em área rural;
IV. residentes em áreas urbanas com elevados índices de violência, assim consideradas aquelas localizadas em unidades federativas com índices anuais de mais de dez homicídios por cem mil habitantes, no ano de 2016, conforme os dados do Atlas da Violência 2018, produzido pelo Instituto de Pesquisa Econômica Aplicada e pelo Fórum Brasileiro de Segurança Pública;
V. titulares ou responsáveis legais de estabelecimentos comerciais ou industriais;
VI. e colecionadores, atiradores e caçadores, devidamente registrados no Comando do Exército.

O referido decreto também altera o número de armas de fogo, podendo ser adquiridas até quatro armas de fogo de uso permitido, o que não exclui a caracterização da efetiva necessidade se presentes outros fatos e circunstâncias que a justifiquem, inclusive para a aquisição de armas de fogo de uso permitido em quantidade superior a esse limite. A renovação do certificado também é ampliada para dez anos, o que causa perplexidade pelo tempo distendido que a pessoa irá ter a posse do armamento sem nenhuma avaliação para constatar se a mesma continua sendo apta. Temos que pensar que muitas intempéries podem acontecer neste intervalo de dez anos, como transtornos mentais e instabilidades emocionais que alteram os controles do comportamento.

A avaliação psicológica ao candidato que pretende adquirir, portar e/ou manusear uma arma de fogo se mantém como requisito obrigatório, apesar de todas as mudanças atuais nas legislações. Esta avaliação psicológica, segundo o Conselho Federal de Psicologia (CFP, 2008), tem por finalidade verificar se a pessoa possui características compatíveis para o trabalho armado ou posse e manuseio pelos civis. Cabe ao psicólogo prestar esta função avaliativa levando em consideração a própria capacitação profissional e os preceitos da ética.

A instrução normativa n. 78 (Polícia Federal, 2014) ainda é a referência para a avaliação psicológica para concessão de porte de arma de fogo, regulando este processo e definindo os indicadores psicológicos necessários e restritivos de quem pretende se armar, assim como a bateria mínima de técnicas psicológicas a ser aplicada.

No anexo V da Instrução Normativa n. 78 (Polícia Federal, 2014), consta a relação dos indicadores psicológicos do portador de arma de fogo. São eles: atenção necessária (concentrada e difusa), memória (auditiva e visual) e indicadores psicológicos necessários (adaptação, autocrítica, autoestima, autoimagem, controle, decisão, empatia, equilíbrio, estabilidade, flexibilidade, maturidade, prudência, segurança e senso crítico). São considerados indicadores psicológicos restritivos: conflito, depressão, dissimulação, distúrbio, exibicionismo, explosividade, frustração, hostilidade, imaturidade, imprevisibilidade, indecisão, influenciabilidade, insegurança, instabilidade, irritabilidade, negativismo, obsessividade, oposição, perturbação, pessimismo, transtorno e vulnerabilidade.

A aptidão psicológica deverá ser atestada em laudo conclusivo por psicólogo da própria Polícia Federal ou por esta credenciada. A referida instrução normativa estabeleceu ainda uma bateria mínima de testes na aferição das características de personalidade e habilidades específicas dos usuários de arma de fogo: um teste projetivo, um expressivo, um de memória, um de atenção difusa e concentrada, além da entrevista semiestruturada. (Polícia Federal, 2014). Nota-se que a referida instrução não determina qual teste deve ser utilizado, mas estipula algumas áreas essenciais para serem avaliadas como: personalidade, memória, atenção e contexto sócio-histórico. Isso possibilita que o psicólogo escolha as técnicas que tem maior capacitação e experiência, possibilitando identificar pontos fortes e fraquezas que irão embasar o seu parecer de aptidão.

Na prestação desta avaliação, o Código de Ética da Psicologia (CFP, 2005) estabelece princípios e normas sobre a prática do psicólogo, que deve se pautar pelo respeito ao ser humano e a seus direitos fundamentais. Cabe ao psicólogo atuar com responsabilidade, por meio do contínuo aprimoramento profissional, e assumir responsabilidade somente por atividades para as quais esteja capacitado pessoal, teórica e tecnicamente; podendo lançar mão de ferramentas, como testes psicológicos de uso privativo dos profissionais da psicologia.

Um parecer de aptidão para portar arma de fogo exige capacitação e muita responsabilidade do profissional psicólogo, pois se corre o risco de deixar um policial ou um cidadão indefeso frente às ameaças, ou viabilizar armamento para pessoas incapazes de manterem a segurança ou lidarem adequadamente com a arma, podendo causar danos irreparáveis ao indivíduo e a terceiros. Assim, um exame detalhado dos resultados da entrevista e dos testes utilizados, aliado aos dados do histórico, embasa um parecer mais adequado para que se possa portar uma arma de fogo.

Na Polícia Militar de Minas Gerais (PMMG), a seleção dos candidatos ao cargo de policial tem a avaliação psicológica como uma das etapas do seu processo de inclusão. A partir de 1989, foi elaborada pelos oficiais psicólogos a primeira descrição do perfil profissiográfico do policial operacional, e a partir desta época novas atualizações desses e de outros perfis foram sendo efetivadas. Após 1990, houve um aumento das ações judiciais de candidatos contraindicados no exame psicológico, com a alegação de que este fere um dos direitos individuais garantidos pela Constituição Federal, pois definir um perfil é estabelecer como deve ser a pessoa que irá ingressar na instituição e isso é discriminatório, afinal todos são iguais perante a lei. Assim, medidas foram tomadas visando a uma melhor adequação do processo seletivo às demandas judiciais, em especial a definição de fatores incapacitantes para o ingresso na PMMG ao invés do perfil profissiográfico (Nogueira, 2007).

A resolução n. 4085/10 da Polícia Militar de Minas Gerais (2010), dispõe sobre a aquisição, o registro, o cadastro e o porte de arma de fogo de propriedade do militar; e o porte de arma de fogo pertencente à instituição. O art. 2º informa que a aquisição de arma de fogo para uso próprio é um direito do militar da ativa, da reserva remunerada e do reformado; mas deve respaldar-se nas condições estabelecidas pela legislação em vigor. O art. 10º descreve as situações impeditivas para se ter autorização interna para a referida aquisição e entre elas estão as seguintes disposições: estar classificado no conceito C (mais de cinquenta pontos negativos registrados em seus assentamentos funcionais, em função de transgressões disciplinares); ter sido punido nos últimos 2 anos por utilização indevida de arma de fogo; estar sob dispensa de saúde com restrição de uso de arma de fogo; ter sido dispensado definitivamente do uso e manuseio de armamento ou reformado por doença mental.

O militar da reserva ou o reformado será avaliado por um oficial médico e psicólogo da PMMG para obter autorização para aquisição de arma de fogo. A instrução conjunta n. 08/11 (PMMG/BM, 2011) estabelece que a avaliação de saúde tenha caráter abrangente, avaliando-se clinicamente os aspectos orgânicos, cognitivos, psíquicos e de adaptação social, por meio de entrevista psicológica estruturada, conforme modelo definido pela Diretoria de Saúde, e o uso de instrumentos psicológicos como Palográfico, Zulliger, Pfister e inventários de personalidade – caso seja necessária uma avaliação psicológica complementar. O oficial psicólogo deverá solicitar uma avaliação neuropsicológica, em casos de suspeita de *deficit* cognitivo, e parecer de profissionais assistentes de saúde mental (um psiquiatra e um psicólogo), caso o militar esteja em tratamento.

Na Polícia Civil de Minas Gerais, da mesma forma que na PMMG, os candidatos são submetidos a uma avaliação psicológica na fase do concurso para aferir se têm aptidão para trabalharem armados. Ao se aposentarem, os policiais que possuem armas de fogo são avaliados pelas psicólogas da Diretoria de Recursos Humanos para renovar o Certificado de Arma de Fogo (CRAF). Estas profissionais utilizam a mesma bateria sugerida pela Polícia Federal e buscam sempre se atualizar nesta área.

A Guarda Municipal de Belo Horizonte passou a utilizar arma de fogo recentemente, exigindo dos futuros guardas a aptidão nos exames psicológicos. Algumas clínicas foram credenciadas para realizar este tipo de avaliação. Em algumas cidades da região metropolitana de Belo Horizonte, a avaliação psicológica ficou na responsabilidade de psicóloga contratada pela própria prefeitura para esta finalidade, que utiliza o prescrito pela Polícia Federal.

PROPOSTA DE ESTÁGIO

Aumentando a demanda para avaliação psicológica para concessão de porte de arma de fogo, maior é a necessidade de profissionais capacitados para atuarem com os trabalhadores da área de segurança pública e privada, além da população civil que vê na posse e porte de uma arma de fogo a saída para se protegerem. Para que o mercado possa receber psicólogos com formação robusta e experiência na área de avaliação psicológica, é preciso que as faculdades invistam em disciplinas e estágios que possam dar uma base sólida para quem pretende atuar neste contexto.

O aluno precisa ter em seu currículo disciplinas que abarquem conteúdos relacionados com as técnicas e instrumentos psicológicos, como entrevista, inventários, testes psicométricos, expressivos e projetivos. Deve saber fazer avaliação da inteligência, personalidade, memória e atenção, entre outros. Também precisa conhecer os principais transtornos psicopatológicos e do desenvolvimento humano.

Desde 2014, a PUC Minas São Gabriel vem oferecendo o estágio obrigatório de avaliação psicológica na área de segurança. Vários campos de estágios foram abertos para esta finalidade, na PMMG, na Polícia Civil e em clínicas credenciadas pela Polícia Federal para avaliação psicológica para concessão de porte de arma de fogo.

Na Polícia Militar de Minas Gerais, mais especificamente na Clínica de Psicologia do Hospital Militar, os estagiários avaliavam policiais que estavam dispensados do armamento por transtornos psicológicos ou psiquiátricos e pretendiam retornar ao serviço operacional. Havia também a demanda para renovação do certificado para os que já possuíam arma de fogo. Os policiais eram encaminhados pelos oficiais psiquiatras e psicólogos para uma avaliação mais embasada. Após avaliação individualizada pelo estagiário e supervisão do professor responsável, os resultados eram compilados em um laudo e encaminhados para o oficial demandante endossar ou não o parecer de aptidão ou inaptidão. Tal prática foi possível porque o professor era também um oficial psicólogo da instituição e responsável por esta área de avaliação psicológica.

Na Polícia Civil, a avaliação psicológica era especificamente para os policiais que desejavam renovar o certificado do armamento pessoal, sendo a grande maioria de aposentados. O estagiário acompanhava o psicólogo responsável, tanto na aplicação coletiva da bateria de testes, quanto na entrevista individualizada. Além disso, auxiliava na correção dos testes. A tomada de decisão, quanto a estar apto ou inapto ao porte de arma, é da responsabilidade dos psicólogos da instituição.

Nas clínicas credenciadas pela Polícia Federal, a demanda é mais diversificada, pois a avaliação psicológica está voltada para vigilantes, esportistas de tiro e pessoas que pretendiam ter o porte de arma de fogo particular ou renovação do CRAF. O estagiário também acompanhava as aplicações coletivas e entrevistas individuais realizadas pela psicóloga responsável técnica da clínica, além de auxiliar na correção de alguns testes da bateria. O parecer conclusivo é da responsabilidade da psicóloga da clínica.

A proposta do estágio é oferecer aos alunos a possibilidade de imersão em locais que realizam este tipo de avaliação psicológica para que possam vivenciar como se faz este processo. O estágio acontece com alunos a partir do 7º período, quando já possuem um aprendizado significativo sobre avaliação psicológica e prática de outros estágios da área, como o do Rorschach/Zulliger (descrito em outro capítulo deste livro).

Antes de ir ao campo, os alunos passam por um nivelamento técnico para atualizarem os conhecimentos. Iniciamos o estágio com a discussão das principais legislações voltadas para o porte de arma, enfatizando as diferenças quando se trata de policiais militares, que tem uma legislação própria, dos demais agentes de segurança e população em geral. Retomamos a sugestão de bateria feita pela Polícia Federal, por meio da Instrução Normativa n. 48/2014, e fazemos reflexões sobre quais testes seriam mais indicados – os riscos de se armar uma pessoa, as diferenças no prazo de validade da posse e porte de arma em função de quem usa como civil, vigilante ou policial – e quais seriam os fatores de contra-indicação presentes nos testes e entrevista.

São apresentados os possíveis testes a serem utilizados no estágio e os modelos de roteiro de entrevista e laudo conclusivo. Cada aluno fica responsável por apresentar na supervisão dois testes que podem compor a bateria. No dia da apresentação, o aluno leva todo o material necessário como teste, manual, crivos de correção, protocolos ou folhas padronizadas, cronômetro etc. É repassado aos colegas como se faz a aplicação e correção do instrumento. Todos devem treinar no Laboratório de Avaliação Psicológica (LABAP) a aplicação e correção dos testes apresentados. Aqueles que porventura não conheçam alguns dos testes que serão apresentados, devem ser submetidos a estes para vivenciarem o que os candidatos irão passar e também verificarem a pertinência dos mesmos neste tipo de avaliação.

Os testes devem estar considerados favoráveis pelo Sistema de Avaliação dos Testes Psicológicos (SATEPSI) e devem ser usados para o contexto e propósito que foram criados, segundo o CFP (2013, 2018). Aqui cabe uma ressalva quanto à IN 78, pois ela descreve a utilização de seis técnicas, mas não limita o psicólogo a usar outras, se necessário for. Caso o candidato ao armamento apresente indícios de *deficit* intelectual, deve ser aplicado um teste de inteligência para eliminar as possíveis suspeitas.

Os estagiários fazem uma visita inicial no campo de atuação para conhecerem o local e a dinâmica da instituição. O psicólogo responsável recebe os alunos, faz as devidas apresentações e orienta como serão realizadas as avaliações. Define dias e horários a serem cumpridos e as exigências em função da instituição. Na PMMG, por exemplo, as alunas tinham que prender o cabelo, usar sapato fechado e um jaleco branco com crachá de identificação para circular no ambulatório da Psicologia dentro do Hospital Militar.

Com o andamento do estágio, os alunos levam para a supervisão as dúvidas levantadas durante a prática, que são discutidas e sanadas pelo professor supervisor. Algumas vezes a instituição disponibiliza cópia de alguns testes que fogem ao comumente visto, para estudo mais aprofundado pelo grupo de estágio.

Durante o estágio, o professor propõe o estudo de um caso para ser feito individualmente pelos alunos e corrigido em supervisão. A entrevista é analisada e os testes corrigidos e interpretados para a tomada de decisão quanto a dar ou não o porte de arma de fogo. A proposta inclui o levantamento de indicadores de contra-indicação nos testes e entrevista. Tal exercício é fundamental para que o aluno possa colher os dados necessários dos instrumentos aplicados, fazer uma integração dos resultados e chegar a um parecer. Sabemos que todas as pessoas têm potencialidades e fraquezas em relação a sua personalidade para assumir determinada função ou atividade. Não é diferente quando se trata de concessão de porte de arma. Deve-se levar em consideração não só o que foi apresentado nos testes e entrevista, mas todo o contexto envolvido. Isso é importante principalmente no caso dos agentes de segurança como policiais, que sempre estiveram armados e durante o trabalho se opuseram aos contraventores, sendo marcados por estes. Ao se aposentarem ou reformarem, ficam expostos e tornam-se alvo de bandidos. Em algumas regiões do Brasil, só o fato de ter sido um policial é o suficiente para ser perseguido.

Dar um parecer de aptidão exige do profissional muita responsabilidade e atenção, pois estamos falando de risco de matar alguém. O candidato ao porte geralmente quer passar a imagem de pessoa equilibrada e sensata em plenas condições de ter e manusear uma arma de fogo. Soube de um caso que exemplifica muito esta situação. Um vigilante precisava renovar o seu porte de arma para continuar no trabalho e tentou ao máximo evitar demonstrar sinais de que não estava bem, pois precisava muito do emprego. Como já havia feito o exame psicológico em outras ocasiões, para ele não foi surpresa o que teria que fazer. Acabou sendo aprovado pela psicóloga. Um mês depois suicidou na agência bancária onde trabalhava.

Suicidar-se com a própria arma que usa no trabalho ou que é de sua propriedade é muito frequente. É preciso estar atento aos possíveis indicadores de tendência suicida presentes tanto na entrevista quanto nos testes psicológicos. O suicídio entre agentes de segurança é muito mais frequente do que na população geral, justamente pela facilidade e o imediatismo de levar a arma da cintura para atirar em sua cabeça, sem dar tempo para uma reflexão sobre o seu ato. A taxa de suicídio entre os policiais militares do Brasil é sete vezes maior do que entre os não policiais (Resende & Cavazza, 2002).

Um alerta feito constantemente aos alunos é que, a princípio. não sabemos quem é o candidato que irá fazer a avaliação. Temos que estar atentos a todos os indícios que serão demonstrados no comportamento, na maneira de falar, de se vestir, de responder aos testes, entre outros. Essa pessoa pode ser um psicótico, um irresponsável, um desleixado, um inseguro, um homicida ou um suicida. Que uso fará da arma? Deixará em qualquer lugar, podendo ficar acessível ao uso pelos filhos ou amigos? Eliminará o demônio que acredita estar encarnado no outro? Ficará na dúvida se deve ou não atirar ao ser ameaçado de morte? Usará para benefícios escusos ou ter poder sobre os outros? Será vítima da própria arma?

Machado e Souza (2000) citam uma frase bem apropriada ao que estamos salientando: "avaliar nunca é simples, nem rápido, nem fácil". As autoras trazem uma reflexão sobre a realidade dos futuros profissionais, mostrando que, além de conhecimento das técnicas utilizadas, devem buscar cursos de aperfeiçoamento, porque apenas o que foi ensinado nas faculdades não é suficiente: precisam entender a importância de integrar os dados e que apenas uma única técnica não é suficiente para esclarecer o caso. Além disso, fazem menção à dimensão ética, profissional e social da avaliação psicológica para que a intervenção feita possa causar o menor dano possível, estando o psicólogo ciente das implicações e consequências da profissão e da responsabilidade na realização deste processo.

A devolutiva é uma fase do processo de vital importância, pois visa à tomada de consciência dos indicadores restritivos por parte dos candidatos. Sendo bem conduzida pelo psicólogo, propicia inclusive que se possa buscar acompanhamentos necessários visando sua saúde e qualidade de vida. Após tratamento e melhora das condições internas é possível que seja considerado apto em avaliação posterior.

CONCLUSÃO

Uma das melhores formas de se aprender como fazer é estar ao lado de quem sabe e fazer como ele. A experiência de estágio tem este objetivo em qualquer área de atuação. No contexto do porte de arma de fogo, o aluno é capaz de vivenciar a aplicação, correção e interpretação dos instrumentos que fazem parte da bateria, além de acompanhar a entrevista psicológica e integrar os resultados para a elaboração do laudo conclusivo de aptidão ou inaptidão ao porte.

Ao realizar uma avaliação psicológica consistente, bem embasada, é possível distinguir os que podem e os que não podem estar armados. É de extrema relevância social armar apenas os que apresentarem requisitos para tal. A presença dos estagiários nas instituições propicia uma imersão posterior no contexto do mercado de trabalho da segurança pública e privada, com muito mais experiência.

O supervisor deve instigar os alunos a refletirem sobre essa prática a partir de um bom embasamento sobre as legislações pertinentes e o conhecimento das técnicas psicológicas que serão utilizadas na bateria. A formação em avaliação psicológica tornase, portanto, essencial para quem deseja trabalhar nesse contexto.

REFERÊNCIAS

Brasil (2003). Presidência da República. Casa Civil. Subchefia para assuntos Jurídicos. *Lei n. 10826/ 2003*. Recuperado de http://www.planalto.gov.br/ccivil_03/Leis/L10826.htm.

Brasil (2019). Presidência da República. Casa Civil. Subchefia para assuntos Jurídicos. *Decreto n. 9685/2019*. Recuperado de http://agenciabrasil.ebc.com.br/politica/noticia/2019-01/veja-integra-do-decreto-que-flexibiliza-a-posse-de-armas-de-fogo

CFP – Conselho Federal de Psicologia (2005). *Código de ética profissional do psicólogo*. Brasília: Autor.

CFP – Conselho Federal de Psicologia (2008). *Resolução n. 018/2008. Avaliação psicológica para concessão de registro e/ou porte de arma de fogo.* Recuperado de https://site.cfp.org.br/legislacao/resolucoes-do-cfp/

CFP – Conselho Federal de Psicologia (2013). *Cartilha Avaliação Psicológica*. Brasília: Autor.

CFP – Conselho Federal de Psicologia (2018). *Sistema de Avaliação de Testes Psicológicos (SATEPSI)*. Recuperado de http://www2.pol.org.br/satepsi/sistema/admin.cfm?lista1=sim

Machado, A. P. & Souza, C. M. (2000). Manual de Avaliação Psicológica. *Conselho Regional de Psicologia da 8ª Região, 21*(104).

Nogueira, G. E. G. (2007). A validade das avaliações psicológicas admissionais. Revista de Psicologia: saúde mental e segurança pública, 4, p. 7-12.

Polícia Federal (2014). *Instrução normativa n. 78/2014-DG/DPF*, 10 de fevereiro de 2014. Recuperado de http://www.dpf.gov.br

Polícia Militar de Minas Gerais (2010). Resolução nº 4085. CG/PMMG, (11 de maio de 2010). Recuperado a partir de http://www.universopolicial.com/2008/08/legislao-institucional.html

Polícia Militar de Minas Gerais / Bombeiro Militar de Minas Gerais (2011). Instrução conjunta nº 08/11 IPSM / DRH / DS / CBMG. (01 de junho de 2011). Recuperado a partir de http://pt.scribd.com/doc/61089818/Instrucao-conjunta-08-2011-aquisicao-armas-de-fogo-Reserva-Reformados

Resende, M. A., & Cavazza, B. I. S. (2002). O policial militar e a violência: de agente à vítima. *Revista de Psicologia – saúde mental e segurança pública, 2*(2), 51-56.

Werlang, B. S. G. & Nascimento, R. S. G. (2010). Avaliação psicológica para concessão de registro e/ou porte de arma de fogo. In Avaliação Psicológica: diretrizes na regulamentação da profissão. Brasília: CFP.

9. ESTRATÉGIAS METODOLÓGICAS DA PRÁTICA EM AVALIAÇÃO PSICOLÓGICA EM CLÍNICAS-ESCOLA

Cassia Aparecida Rodrigues[38]

O presente capítulo tem como objetivo compartilhar estratégias metodológicas para a prática do estágio no decorrer do último ano da formação em Psicologia. A área em foco é a Avaliação Psicológica, e o local da prática, em clínicas-escola. Trata-se de um levantamento teórico, articulado ao referencial científico e a partir da experiência prática e docente em Avaliação Psicológica Clínica. Desta forma, almeja-se que o conteúdo possa auxiliar supervisores e supervisionandos no fazer avaliativo, mas reconhecendo as especificidades institucionais e as particularidades de cada caso avaliativo.

AVALIAÇÃO PSICOLÓGICA EM CLÍNICAS-ESCOLA

As clínicas-escola de Psicologia cumprem um papel social significativo para as comunidades onde estão inseridas e para os envolvidos e responsáveis, isto é, supervisores, estudantes, responsáveis técnicos e coordenadores. Ressalta-se que estes espaços, em instituições públicas ou privadas, possibilitam o exercício das práticas profissionais, com foco no desenvolvimento e aplicabilidade de habilidades e competências propiciadas no decorrer do curso de Psicologia (Cobalchini, Oliveira, Menghin, Sousa, & Roncaglio, 2015).

38. Graduação em Psicologia (PUC/PR), Especialista em Avaliação Psicológica, Mestre em Psicologia (UTP). Doutora em Psicologia com Ênfase em Avaliação Psicológica (USF) e Professora do Curso de Psicologia do Centro Universitário UniDomBosco.

Porém, a integração com outros espaços responsáveis pela saúde da comunidade ainda carece de melhoria. Apesar do recebimento de encaminhamentos da Atenção Básica, avanços na articulação e integração com a rede de saúde e assistência social dos municípios ainda são necessários, além da diversidade das propostas de prestação de serviços oferecidas para o público, pois as atuações prevalentes ainda são da Psicologia Clínica, focada em processos psicoterapêuticos. Contudo, práticas diferenciadas especificamente da área da Avaliação Psicológica (AP) mostram-se presentes e com resultados promissores, indicando que os estudantes alcançam na prática vivências de processos avaliativos que focam na instrumentação de qualidade (Borsa, Oliveira, Yates, & Bandeira, 2013; Sei, Zuanazzi, Oliveira, Lúcio, & Cordeiro, 2019).

Salienta-se que, no decorrer da formação em Psicologia, a articulação teórico-prática possibilita aos discentes a aprendizagem para o exercício profissional visando uma formação ética e científica. Especificamente em Avaliação Psicológica, o estágio supervisionado oportuniza aos graduandos o contato com casos reais de avaliação. Faz-se pertinente considerar que a prática da avaliação em clínicas-escola não é recente, esteve presente mesmo antes da regulamentação da profissão no Brasil, mas direcionada para algumas necessidades e demandas da época e contexto, como, por exemplo, realização de orientação vocacional, seleção psicotécnica de funcionários e técnicos administrativos de universidades e outras instituições conveniadas (Silvares, Löhr, & Melo, 2016).

Na literatura nacional, lacunas nas publicações específicas sobre a prática dos estágios em Avaliação Psicológica são percebidas. Há estudos sobre os serviços em clínicas-escola direcionados à representação social do psicólogo e papel do supervisor de estágio, caracterização da clientela, serviços diferenciados e abordagens, atendimentos infantis e menos frequentes das práticas e processos avaliativos efetivados. Especificamente sobre Avaliação Psicológica, são localizadas publicações sobre o levantamento dos testes psicológicos utilizados para a prática do Psicodiagnóstico, prevalência dos encaminhamentos e queixas nos atendimentos de adolescentes, relato de experiência das ações desenvolvidas em uma clínica-escola especializada em Avaliação Psicológica, assim como a caracterização da clientela infanto-juvenil atendida por este espaço, e mais recentemente um estudo de caso da prática integradora entre Avaliação Psicológica e Psicoterapia (Reppold e Hutz, 2008, Villemor-Amaral, Luca, Rodrigues, Leite, Lopes, & Silva, 2012; Borsa, Oliveira, Yates, & Bandeira, 2013; Borsa, Segabinazi, Stenert, Yates, & Bandeira, 2013; Sei, Zuanazzi, Oliveira, Silva Lúcio, & Cordeiro, 2019).

Ressalta-se que, além dos desafios referentes às lacunas científicas, à diversidade das práticas nas clínicas-escola e à integração com os demais serviços de saúde, há o processo de formação dos discentes. Desde 2002 volta-se a atenção para a importância do aprimoramento na formação do psicólogo, especificamente em Avaliação Psicológica, contemplando a relevância da prática. Dentre os tópicos indicados no decorrer do processo formativo estão: práticas integrativas de planejamento, execução e elaboração de documentos resultantes dos processos avaliativos em diferentes contextos e abarcando conhecimentos diversos da área da Psicologia (Noronha et al., 2002). Tais tópicos fortalecem a relevância dos estágios em Avaliação Psicológica.

Em consonância, nas diretrizes para o ensino de Avaliação Psicológica, construídas pelo Instituto Brasileiro de Avaliação Psicológica (IBAP), o estágio supervisionado se faz presente como o fechamento de um eixo de propostas de cinco disciplinas prévias e mais a prática do estágio. O conteúdo programático aborda: prática do processo avaliativo; planejamento; técnicas como entrevista psicológica, observação de comportamento e testes psicológicos; análise e integração de dados coletados por meio de diferentes fontes de informação; elaboração de documentos psicológicos com ênfase em laudos psicológicos; e processos de devolutivas (Nunes, Muniz, Reppold, Faiad, Bueno, & Noronha, 2012).

Contudo, mesmo diante dos avanços no campo científico e técnico da Avaliação Psicológica e o reconhecimento como especialidade pelo Conselho Federal de Psicologia em 2019 (CFP, 2019), evidências da formação são insuficientes, caracterizadas muitas vezes como superficiais, com baixa consistência e a presença prevalente dos testes, mas o ensino direcionado apenas para a aplicação e correção, sem abordar a relevância e com propriedade os parâmetros psicométricos, ainda são realidades encontradas (Noronha, Carvalho, Miguel, Souza, & Santos, 2010; Borsa, 2016; Gouveia, 2018).

O estudo de Ambiel, Zuanazzi, Sete, Costa e Cunha (2019), o mais recente dentro de um conjunto de investigações sobre Avaliação Psicológica no decorrer da formação, por meio da análise de ementas dos cursos de Psicologia no território nacional, e em regiões específicas, verificou 478 ementas oriundas de 133 instituições de cursos de Psicologia no Brasil. As ementas foram separadas com base no nome e conteúdo, e as disciplinas práticas que englobaram estágios foram 113, e as demais, 301, eram disciplinas exclusivamente teóricas. Sessenta e quatro centravam-se nos conteúdos sobre ética. Verifica-se a existência dos estágios nas ementas, contudo sem especificações, em muitos casos apenas o nome da disciplina aparece como "estágio", mas se desconhece a prática, resultados atingidos para a formação profissional e para sociedade, tal como, estudos de *follow up* após a conclusão dos processos avaliativos.

As autoras Reppold, Zanini e Noronha (2019) definem *Avaliação Psicológica* como um campo de conhecimento com pressupostos teóricos e metodológicos específicos em conjunto com a prática profissional e a conexão com diversas áreas da Psicologia. Desta forma, a construção deste capítulo sobre a prática da Avaliação Psicológica na modalidade de estágio em clínicas-escola apresentará propostas de estratégias metodológicas com seus respectivos procedimentos, por meio da articulação com a literatura científica da área, da prática e da docência. Como conteúdo integrador, será utilizado um relato de experiência a partir da vivência da estruturação e supervisão da prática de estágio em AP no último ano do curso de Psicologia em uma instituição de ensino particular da região Sul.

ESTRATÉGIAS METODOLÓGICAS

Referente às estratégias metodológicas propostas, há eixos centrais e procedimentos, ambos amparados pela supervisão, com corresponsabilidade construída com os discentes que irão realizar a prática em Avaliação Psicológica. Os eixos centrais são: alinhamento teórico, prática e monitoramento. Já os procedimentos: estudos preparatórios, planejamento, técnicas e testes psicológicos, relatórios semanais, documentos e devolutivas. Salienta-se que estes tópicos são dinâmicos e acompanham todo o processo da prática de AP.

Quadro 1 – Estratégias metodológicas estágio prático em Avaliação Psicológica

Estratégias Metodológicas – Prática em AP		
	Eixos Centrais	**Procedimentos**
Supervisão	Alinhamento Teórico Prática Monitoramento	Estudos Preparatórios Planejamento Técnicas e Testes Psicológicos Relatórios Semanais Documentos Devolutivas

De acordo como Silvares, Gauy e Peixoto (2016), a supervisão em Psicologia é considerada como uma assinatura pedagógica, uma ação instrucional e fundamental na formação dos futuros profissionais. A prática da supervisão em Avaliação Psicológica demanda que o supervisor acompanhe grande parte do trabalho dos supervisionandos, sinalizando ações positivas e sugerindo mudanças e aperfeiçoamento. Envolve ensino, correção e interpretação de instrumentos, anotações ou gravações, caso sejam realizadas, assim como auxílio na análise e integração das informações coletadas. Diante da preparação para o exercício profissional, o estímulo à postura crítica e autônoma se faz pertinente (Yates, 2016).

Quanto aos formatos de supervisão, encontra-se a supervisão individual ou grupal/coletiva. A abordagem aqui apresentada será direcionada para o formato coletivo pois compreende-se como a realidade predominante nos cursos de Psicologia em diferentes instituições de ensino superior. Nesta prática, os discentes podem ampliar a forma de aprendizado pela escuta e experiências dos processos avaliativos dos colegas, a diversidade de casos se faz presente neste percurso. Por outro lado, este formato exige uma maior estruturação e controle para distribuição de tempo para cada supervisionando, práticas preparatórias de técnicas e discussão dos casos (Yates, 2016).

Desta forma, a prática de supervisão dos estágios em Avaliação Psicológica converge com a realidade dos processos realizados profissionalmente, pois grande parte do fazer avaliativo em Psicologia "é oculto", pois engloba contatos e entrevistas iniciais para compreensão da demanda e estabelecimento do contrato de trabalho, planejamento, pesquisa do referencial teórico científico no decorrer de toda ação, preparação da aplicação, correção e interpretação dos resultados quando se utiliza testes psicológicos, ou outras técnicas, por exemplo, a entrevista lúdica diagnóstica.

Há casos em que o contato com solicitante ou responsáveis pelo encaminhamento se faz pertinente e reconhecido como uma boa prática, isto é, caso o encaminhamento seja realizado por uma instituição escolar, recomenda-se que o supervisionando seja orientado para realização do contato com os responsáveis locais, o agendamento de uma visita técnica, e se colocar disponível para a devolutiva após a conclusão do processo. Contudo, estas ações só devem ser efetivadas quando devidamente acordadas e autorizadas pelos responsáveis pelo avaliado, no caso de crianças e adolescentes, e com o próprio sujeito do processo avaliativo.

Em paralelo, ocorre a coleta de dados a partir dos procedimentos realizados, as sessões avaliativas propriamente ditas e a análise e integração das informações coletadas como norteador da demanda e das hipóteses delineadas a partir do planejamento do processo. Na fase final, na concretização do documento, o laudo psicológico majoritariamente contempla a tomada de decisão sobre o sujeito avaliado e necessita de um trabalho ainda mais extenso, árduo, mas significativo quando ocorre no momento da formação em Psicologia. Compreende-se que a prática e o cuidado com os documentos emitidos podem contribuir com ações efetivas desde a formação para a diminuição dos problemas de origem ética, isto é, o histórico na categoria profissional do número elevado das problemáticas relacionadas à elaboração de laudos psicológicos e documentos escritos, a baixa qualidade apresentada nestes documentos e muitas vezes equívocos de ordem técnica (Zaia, Oliveira, & Nakano, 2018).

Salienta-se que o laudo psicológico é o resultado de um processo de Avaliação Psicológica com finalidade de subsidiar decisões relacionadas ao contexto em que a demanda foi manifestada. Trata-se de uma modalidade de documento que apresenta informações técnicas e científicas dos processos psicológicos, considerando os condicionantes históricos e sociais dos envolvidos no processo (CFP, 2019). Deste modo, o laudo psicológico é intrínseco a um processo de Avaliação Psicológica.

Diante da complexidade da prática, o tempo das sessões avaliativas propriamente dito é construído por diferentes ações e procedimentos prévios e posteriores a cada sessão, do recebimento da demanda à devolutiva final. Tal realidade e complexidade o supervisionando deve ter esclarecimento já no início da prática. Caso contrário, interferências prejudiciais podem ocorrer, por falta de clareza dos objetivos e características da prática de AP.

Referente ao alinhamento teórico, como as disciplinas de Avaliação Psicológica ocorrem previamente ao estágio do último ano, os discentes que irão realizar o estágio neste momento final da formação, pelo distanciamento de conhecimentos específicos e das disciplinas que integram a prática avaliativa, nota-se como pertinente um momento para o alinhamento teórico. Acredita-se que esta ação servirá como uma revisão dos conteúdos principais como: desenvolvimento humano, entrevista, observação, testes psicológicos, psicopatologia, ética, elaboração de documentos, resoluções e normativas específicas. Os conteúdos devem ser discutidos e alinhados com o tema central, Avaliação Psicológica, além de construtos principais como inteligência e personalidade, particularidades nos processos no decorrer do ciclo vital, tal como nas avaliações de crianças e uso das técnicas lúdicas, processos que envolvem populações específicas e atualização do referencial acadêmico-científico de técnicas e modelos teóricos.

Por meio desta estratégia de alinhamento teórico no formato da supervisão coletiva, o supervisor poderá mapear as competências específicas e integradas para a prática, tanto individualmente como do grupo de supervisão. Para operacionalização do mapeamento pode-se no primeiro encontro realizar o levantamento, junto aos supervisionandos, dos conhecimentos e experiências já existentes por meio da prática em estágios não obrigatórios, atividades de extensão ou outros, como o conhecimento de cada supervisionando de processos de AP em diferentes contextos, testes psicológicos e expectativas para a prática.

A apresentação do plano de estágio construído com base no conteúdo programático das diretrizes do IBAP mostra-se relevante em conjunto com um programa das leituras bases recomendadas pelo supervisor. O exercício da apresentação dos supervisionandos das sínteses destas leituras poderá ocorrer com os recursos de resenhas críticas e/ou mapas mentais, materiais que posteriormente podem ser compartilhados entre os integrantes do grupo e o estímulo à construção de uma biblioteca temática compartilhada.

Como uma subetapa do alinhamento teórico, podem ser realizados planejamentos em casos fictícios criados pelos estagiários a partir da discussão de estudo de casos disponíveis na literatura[39]. Desta forma, compreende-se uma preparação teórica prévia dos alunos para o processo avaliativo, da demanda à devolutiva. A partir da discussão destes estudos de casos contemplando crianças, adolescentes, adultos e populações específicas inicia-se a prática propriamente dita.

O monitoramento é contínuo, seja por meio da discussão dos casos no momento da supervisão, revisão da prática da aplicação e correção dos instrumentos, revisão das sínteses dos resultados, interpretação das técnicas ou domínio do supervisionando com o caso e postura ética. No entanto, acredita-se que este monitoramento deve ocorrer com uma abordagem positiva, fortalecendo o vínculo de corresponsabilidade entre a díade, supervisor e supervisionando. De acordo com as diretrizes para a supervisão clínica em serviços de saúde, deve-se considerar valores, atitudes, crenças e vieses pessoais, promovendo uma prática reflexiva e de autoavaliação para as partes envolvidas (APA, 2014).

PROCEDIMENTOS

A partir dos eixos centrais, procedimentos macro estão presentes e integrados no decorrer de todo processo. São eles: estudos preparatórios, planejamento, técnicas e testes psicológicos, relatórios semanais, documentos e devolutivas. Assim, após as primeiras supervisões com base nos estudos preparatório realizados a partir do alinhamento teórico, os supervisionandos irão iniciar a prática do estágio em AP.

Diante a necessidade da prática de escrita técnica inerente à execução dos processos de AP, pode-se solicitar aos supervisionandos desde o primeiro atendimento a realização de prontuários e o registro documental dos atendimentos conforme a Resolução do CFP n. 01/2009 (CFP, 2009). Desse modo, a escrita conforme aspectos éticos e linguagem técnica estará presente na rotina do estágio. Uma proposta em decorrência da necessidade de sistematização do trabalho para o supervisor e supervisionando são relatórios

39. O livro intitulado "Avaliação Psicológica e desenvolvimento humanos: casos clínicos" (Yates, Silva, & Bandeira, 2019), mostra como um referencial que pode auxiliar na prática de supervisores e estudantes nesta etapa preparatória.

semanais que devem ser entregues antes da supervisão, preferencialmente via *e-mail*, ou por meio de compartilhamento de arquivos em nuvem.

Quanto à estrutura e conteúdo deste relatório semanal, poderá apresentar um campo de identificação para o supervisionando, a data do relatório, informações de identificação do caso (nome, responsáveis, data de nascimento e telefones de contato) e o número da sessão avaliativa do caso. Posteriormente aos dados de identificação, oito campos apresentam-se como relevantes, são eles: (1) Demanda, (2) Hipóteses, (3) Procedimentos realizados, (4) Relato do atendimento, (5) Análise e Síntese, (6) Cronograma, (7) Observações para discussão e (8) Leituras realizadas. Ressalta-se que o conteúdo apresentado nos relatórios não é estático, e será atualizado e aprimorado a cada atendimento e supervisão, bem como, mostra-se como uma estratégia para auxiliar o supervisionando na preparação para a construção do laudo psicológico.

Figura 1 – Construção da demanda em um processo de AP[40]

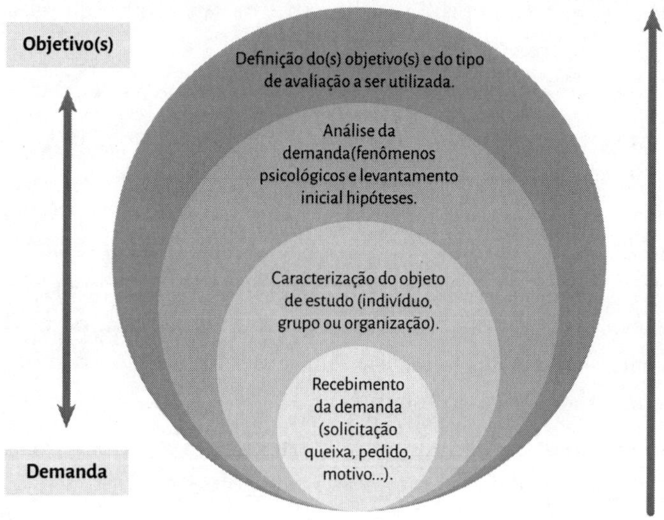

Os primeiros campos, Demanda e Hipóteses, fortalecem a ênfase na clareza e aprimoramento desta construção no decorrer do caso. Compreende-se que estes passos apresentam um *crescendum*, se retroalimentam e estão interligados, conforme apresentação deste fluxo na Figura 1. São etapas cru-

40. Fluxo construído com base na proposta do processo de Avaliação Psicológica realizado por Siqueira e Oliveira (2011).

ciais para a conclusão de qualquer processo de AP, pois serão os norteadores para o planejamento e a conclusão.

O Procedimento solicitado para descrição no relatório semanal contempla desde contatos telefônicos, sessão avaliativa com a realização de entrevistas iniciais ou de anamnese, observação comportamental, sessão lúdica, testes psicológicos e análise de relatórios acadêmicos do avaliado, dentre outros. O referencial para a construção dos procedimentos são as fontes fundamentais e complementares, conforme a Resolução do CFP n. 009/2018 (CFP, 2018). Como fontes fundamentais estão definidos: testes psicológicos aprovados pelo Conselho Federal de Psicologia para uso profissional, entrevistas psicológicas, anamnese e/ou protocolos ou registros de observação de comportamentos e/ou técnicas de grupo. Já as fontes complementares integram as técnicas e instrumentos não psicológicos que possuam referencial na literatura científica, além do respeito aos aspectos éticos e legais da profissão, documentos técnicos como protocolos ou relatórios de equipes multiprofissionais (CFP, 2018).

A quantidade de sessões para os processos da prática de estágio em AP tende a 12 para os primeiros casos. Após, por meio da experiência, alguns casos necessitam de 8 a 10 sessões. Desta forma, desde as primeiras entrevistas um cronograma do processo avaliativo é elaborado a partir da análise da demanda, com foco no planejamento[41] prévio, uso de procedimentos e técnicas específicas no decorrer do caso. Por ser uma clínica-escola, o calendário acadêmico estará contemplado neste planejamento, e poderá ocorrer flexibilizações perante situações de excepcionalidade, mas respeitando o compromisso e contrato estabelecido com o avaliado.

O Relato do atendimento segue as diretrizes do registro documental, com a descrição do atendimento realizado, considerando os procedimentos técnicos científicos adotados, verbalizações e comportamentos não verbais observados. A partir deste campo, os supervisionandos conseguem avançar para o próximo e realizam a Análise do atendimento, contemplando pontos pertinentes para a demanda, novos achados e, se foi utilizada alguma técnica ou teste, a Síntese dos resultados com a respectiva interpretação deve ser inserida. Ao final deste campo, ocorre a compilação das informações principais.

41. Indica-se o uso do artigo das autoras Schneider, Marasca, Dobrovolski, Müller e Bandeira (2020) como um recurso didático para o alinhamento teórico e para o planejamento dos casos na prática dos processos de AP em clínicas-escola.

O campo Cronograma é elaborado com base no planejamento previamente construído e atualizado conforme a execução do caso, com foco na próxima sessão avaliativa e/ou procedimentos que se pretende e necessitam ser realizados. Desta maneira, tanto o supervisor quanto o supervisionando verificam as preparações específicas para determinados testes psicológicos. Logo, há uma visualização das técnicas que o estagiário pretende realizar, especificamente testes psicológicos, que necessitam de uma preparação maior, como no caso das escalas Wechsler. Estudos individuais e em pequenos grupos são orientados, assim como apresentações e *roleplay* do manejo do instrumento em supervisão.

O campo Observações para discussão foi inserido como um filtro dos pontos principais que o supervisionando gostaria de abordar no momento da supervisão e que considera pontos críticos que necessita do auxílio do supervisor. Além das considerações sinalizadas pelo supervisionando, o supervisor pode inserir neste campo conteúdos que considere pertinente a partir da leitura prévia do relatório semanal.

O último campo é destinado à síntese das Leituras realizadas na semana, com foco na demanda do caso. Desta maneira, o referencial teórico será construído no decorrer da prática do caso, o que possibilita sustentar a argumentação diante a compreensão do caso e as tomadas de decisão para a conclusão do processo.

Por conseguinte, compreende-se que o relatório semanal auxilia o supervisando na condução do caso de forma autônoma e fundamentada. Assim, para a construção do laudo psicológico, grande parte do conteúdo estará pronto no decorrer da prática, e após a finalização da coleta de dados, quando as sessões avaliativas forem suspensas, o discente irá se dedicar especificamente à prática da escrita do documento. Para a revisão do laudo psicológico, orienta-se o uso do *checklist* criado por Borsa (2016), mas atualizado a partir resolução do CFP n. 06/2019 (CFP, 2019). Outras ferramentas são os lembretes para a confecção de laudos psicológicos e para entrevista de devolução de resultados de AP, ambos disponíveis no livro de Barroso, Scorsolini-Comin e Nascimento (2019).

Salienta-se que os discentes são responsáveis pelos encaminhamentos, e quando são externos à clínica-escola, o mapeamento da rede e as possibilidades a partir do contexto social de cada caso necessitam ser priorizados. Tais encaminhamentos devem ocorrer de uma forma clara, isto é, se a criança avaliada ao final como parte do encaminhamento necessita passar por uma avaliação por um médico neurologista, onde os responsáveis poderão buscar efetivar este encaminhamento? Nome dos locais e formas de contato são importantes.

A partir da conclusão do laudo psicológico, a discussão do planejamento da escolha dos procedimentos adequados para a devolução se faz necessária, considerando a prática do psicodiagnóstico tradicional, pois há outras formas de condução do processo avaliativo no contexto clínico, e uma delas é o psicodiagnóstico interventivo[42]. Nesta modalidade, a avaliação e intervenção ocorrem conjuntamente e as devolutivas estão presentes no decorrer de todo processo, contribuindo para o momento final de devolutiva.

Ressalta-se que a entrevista de devolução está presente no código de ética profissional dos psicólogos, no art. 1º, alínea g: "Informar, a quem de direito, na prestação de serviços psicológicos, transmitindo somente o que for necessário para a tomada de decisões que afetem o usuário ou beneficiários", e na alínea h, "Orientar a quem de direito sobre os encaminhamentos apropriados, a partir da prestação de serviços psicológicos, e fornecer, sempre que solicitado, os documentos pertinentes ao bom termo do trabalho" (CFP, 2005), além do art. 18 da resolução do CFP n. 06/2019: "Para entrega do relatório ou laudo psicológico, é dever do psicólogo realizar ao menos uma entrevista devolutiva, à pessoa, grupo, instituição atendida ou responsáveis legais" (CFP, 2019).

Desta forma, não apenas pela garantia de direito, a entrevista de devolução, por ser a última etapa do processo, apresenta-se como relevante para a transmissão por parte do avaliador da compreensão do caso, das repostas às perguntas iniciais, com o uso de uma linguagem clara e acessível. No entanto, por ser um processo de formação profissional, cabe ao supervisor, além da assinatura pedagógica das técnicas a serem utilizadas na entrevista devolutiva (isto é, quantas sessões serão necessárias, materiais a serem utilizados, participantes deste momento), indicar a preparação e o fortalecimento da autoconfiança do supervisionando para a transmissão do resultado do processo avaliativo, alertando-o para a análise da compreensão dos que recebem as informações, bem como estar aberto ao acolhimento e ao reforço dos encaminhamentos quando forem necessários.

42. Mais informações sobre o Psicodiagnóstico Interventivo recomenda-se o artigo de Barbieri (2010), e sobre outras modalidades de Avaliação Psicológica com finalidade terapêutica e interventiva, ver o artigo de VillemorAmaral (2016).

NOVOS DESAFIOS

As estratégias metodológicas apresentadas neste capítulo foram construídas com base em processos da prática de estágio em AP na modalidade presencial. Contudo, desde março de 2020, em decorrência da pandemia do COVID-19, processos de aprendizagem passaram por mudanças e adaptações. A prática clínica em avaliação psicológica pode ser considerada uma das áreas que teve um impacto significativo, pois como pensar nas suas possibilidades de maneira integral para o remoto e as particularidades que envolvem processos avaliativos híbridos na graduação? O CFP publicou notas orientativas sobre o ensino da Avaliação Psicológica em modalidade remota no contexto da pandemia do Covid-19 e sobre o uso de testes psicológicos informatizados/computadorizados e/ou de aplicação remota/online. Especificamente sobre os estágios, no decorrer da formação o momento é de discussão para novas orientações diante o novo cenário.

Contudo, pesquisas são necessárias sobre haver diferença entre coletas de dados realizadas virtualmente e procedimentos possíveis, e no caso das avaliações com crianças, testes psicológicos específicos para a modalidade online, dentre outras questões ainda em aberto. Algumas considerações foram abordadas na publicação de Marasca, Yates, Schneider, Feijó e Bandeira (2020). Todavia, caminhos incertos ainda estão presentes e urgências por evidências acadêmicas-científicas.

CONSIDERAÇÕES FINAIS

Almeja-se que este capítulo possa contribuir para um estímulo ao compartilhamento dos processos de AP realizados em clínicas-escola. A ampliação do olhar acadêmico-científico para a prática no decorrer da formação deve ser realizada; do mesmo modo, oportunidades da construção coletiva de boas práticas para o processo de ensino aprendizagem.

No entanto, além dos novos desafios, os historicamente presentes na prática de AP nas clínicas-escola permanecem, como carga horária insuficiente para a prática do estágio, para supervisões e disciplinas específicas que o antecedem, recursos materiais e técnicos limitados, estereótipos da avaliação psicológica como processos que visam rotular e com o uso predominante de testes psicológicos. Contudo, cabe aos docentes da área da AP e discentes a busca de melhorias e de um fazer diferenciado, e que a vivência prática de estágio em AP possa ser realizada fortemente embasada pela ética, técnica e cientificamente.

Um aspecto observado nestes últimos anos, além das competências técnicas tão prioritárias na prática do estágio em AP, é que o desenvolvimento de competências socioemocionais fortalece a construção de uma trajetória positiva na prática de AP. De acordo como Valente e Almeida (2020), capacidades e atitudes demonstrativas do "saber estar" e do "saber gerir" emoções no sentido de alcançar objetivos, demonstrar empatia, manter relações sociais positivas e tomar decisões de maneira responsável, entre outras, são fundamentais na formação dos estudantes do ensino superior, visando uma educação integral na lógica da construção de cidadãos ativos e preparados socioemocionalmente para lidar com a imprevisibilidade da sociedade. Talvez aqui esteja um convite para um fazer diferente nos processos de aprendizagem teóricos e práticos.

Compreende-se que, para os supervisionandos, a prática do estágio em AP no último ano auxilia no processo de construção da identidade profissional e fortalece a formação continuada, bem como a participação das entidades científicas e a prática da atualização científica. Enquanto para os supervisores, segue-se a formação continuada, atualizações e novas propostas de contribuição para a formação em AP no decorrer da graduação.

REFERÊNCIAS

Ambiel, R. A., Zuanazzi, A. C., Sette, C. P., Costa, A. R. L., & Cunha, F. A. (2019). Análise de ementas de disciplinas de avaliação psicológica: novos tempos, velhas questões. *Avaliação Psicológica, 18*(1), 21-30. http://dx.doi.org/10.15689/ap.2019.1801.15229.03

APA – American Psychological Association. (2014). *Guidelines for Clinical Supervision in Health Service Psychology.* Recuperado de http://apa.org/about/policy/guidelines-supervision.pdf

Barbieri, V. (2010). Psicodiagnóstico tradicional e interventivo: Confronto de paradigmas? *Psicologia: Teoria e Pesquisa, 26*(3), 505-513. https://doi.org/10.1590/S0102-37722010000300013

Barroso, S. M., Scorsolini-Comin, F., & Nascimento, E. (2019). *Avaliação Psicológica: contextos de atuação, teoria e modos de fazer.* Novo Hamburgo: Sinopsys.

Borsa, J. C., Oliveira, S. E. S. D., Yates, D. B., & Bandeira, D. R. (2013). Centro de Avaliação Psicológica-CAP: uma clínica-escola especializada em avaliação e diagnóstico psicológico. *Psicologia Clínica, 25*(1), 101-114. http://dx.doi.org/10.1590/S0103-56652013000100007

Borsa, J. C., Segabinazi, J. D., Stenert, F., Yates, D. B., & Bandeira, D. R. (2013). Caracterização da clientela infanto-juvenil de uma clínica-escola de avaliação psicológica de uma universidade brasileira. *Psico, 44*(1), 8. Recuperado de https://dialnet.unirioja.es/servlet/articulo?codigo=5631438

Borsa, J. C. (2016). Considerações sobre a formação e a prática em avaliação psicológica no Brasil. *Temas em Psicologia, 24*(1), 131-143. doi: 10.9788/TP2016.1-09

Cobalchini, C. C., Oliveira, M. A., Menghim, M. C., Sousa, S. M., & Roncaglio, S. M. (2015). *Caderno de orientações aos Serviços-Escola de Psicologia do Estado do Paraná.* Curitiba: Conselho Regional de Psicologia do Paraná.

CFP –Conselho Federal de Psicologia. (2018). *Resolução CFP 009/2018.* Brasília, DF: Brasil

CFP – Conselho Federal de Psicologia. (2019). *Resolução CFP 06/2019.* Brasília, DF: Brasil.

Gouveia, V. V. (2018). Formação em avaliação psicológica: situação, desafios e diretrizes. *Psicologia: Ciência e Profissão, 38*(SPE), 74-86. https://doi.org/10.1590/1982-3703000208641

Marasca, A. R., Yates, D. B., Schneider, A. M. D. A., Feijó, L. P., & Bandeira, D. R. (2020). Avaliação psicológica online: considerações a partir da pandemia do novo coronavírus (COVID-19) para a prática e o ensino no contexto a distância. *Estudos de Psicologia (Campinas), 37.* https://doi.org/10.1590/1982-0275202037e200085

Noronha, A. P. P., Ziviani, C., Hutz, C. S., Bandeira, D. R., Custódio, E. M., Alves, I. B., Domingues, S. (2002). Em defesa da avaliação psicológica. *Avaliação Psicológica, 1*(2), 173-174. Recuperado de http://pepsic.bvsalud.org/scielo.php?script=sci_arttext&pid =S1677-04712002000200010

Noronha, A. P. P., Carvalho, L. F., Miguel, F. K., Souza, M., & Santos, M. A. (2010). Sobre o ensino de avaliação psicológica. *Avaliação Psicológica, 9*(1), 139-146. Recuperado de https://www.redalyc.org/pdf/3350/335027281015.pdf

Nunes, M. F. O., Muniz, M., Reppold, C. T., Faiad, C., Bueno, J. M. H., & Noronha, A. P. P. (2012). Diretrizes para o ensino da avaliação psicológica. *Avaliação Psicológica, 11*(2), 309-316. Recuperado de http://pepsic.bvsalud.org/pdf/avp/v11n2/v11n2a16.pdf

Reppold, C. T., & Hutz, C. S. (2008). Investigação psicodiagnóstica de adolescentes: encaminhamentos, queixas e instrumentos utilizados em clínicas-escolas. *Avaliação Psicológica, 7*(1), 85-91. Recuperado de http://www.redalyc.org/articulo.oa?id=335027183011

Reppold, C. T., Zanini, D. S., & Noronha, A. P. P. (2019). O que é avaliação psicológica? Em M. N. Baptista, M. Muniz, C. R. Reppold, C. H. S. S. Nunes, L. F. Carvalho, R. Primi, L. Pasquali, *Compêndio de Avaliação Psicológica* (pp. 15-28). Petrópolis: Vozes.

Schneider, A., Marasca, A., Dobrovolski, T., Müller, C., & Bandeira, D. (2020). *Planejamento da avaliação psicológica: implicações para a prática e para a formação.* Recuperado de https://preprints.scielo.org/index.php/scielo/preprint/view/521/658

Sei, M. B., Zuanazzi, A. C., Oliveira, K. L., Lúcio, P. S., & Cordeiro, S. N. (2019). Da avaliação à psicoterapia em um serviço-escola de psicologia: uma interlocução entre práticas. *Gerais: Revista Interinstitucional de Psicologia, 12*(1), 96-106. http://dx.doi.org/10.36298/gerais2019120108

Silvares, E. F. M., Gauy, F. V., & Peixoto, A. C. A. (2016). Supervisão: questões conceituais, metodológicas e práticas. Em E. F. M. Silvares, M. H. S. Melo, & S. S. Löhr, *Supervisão e formação em Psicologia* (pp. 13-32). Curitiba: Juruá.

Silvares, E. F. M., Löhr, S. S., & Melo, M. H. S. (2016). A formação profisisonal de psicologia no Brasil: histórico, pesquisas e perspectivas dos serviços-escola. In E. F. M. Silvares, M. H. Melo, & S. S. Löhr , *Supervisão e formação em Psicologia* (pp. 123-134). Curitiba: Juruá.

Siqueira, I. L. M. & Oliveira, M. A. C. (2011). O processo de avaliação psicológica. In Conselho Federal de Psicologia. *Ano da Avaliação Psicológica: textos geradores* (pp. 43-48). Brasília: Conselho Federal de Psicologia.

Valente, S., & Almeida, L. S. (2020). Educação emocional no Ensino Superior: Alguns elementos de reflexão sobre a sua pertinência na capacitação de futuros professores. *Revista E-Psi, 9*(1), 152-164. Recuperado de https://revistaepsi.com/wp-content/uploads/artigos/2020/Ano9-Volume1-Artigo10.pdf

Villemor-Amaral, A. E. V., Luca, L., Rodrigues, T. D. C., Leite, C. D. A., Lopes, F. L., & Silva, M. A. D. (2012). Serviços de psicologia em clínicas-escola: revisão de literatura. *Boletim de Psicologia, 62*(136), 37-52. Recuperado de http://pepsic.bvsalud.org/pdf/bolpsi/v62n136/v62n136a05.pdf

Villemor-Amaral, A. E. (2016). Perspectivas para a avaliação terapêutica no Brasil. *Avaliação Psicológica, 15*(2), 249-255. Recuperado de http://www.redalyc.org/articulo.oa?id=335047428014

Yates, D. B. (2016). Técnicas e modalidades de supervisão em psicodiagnóstico. Em C. S. Hutz, D. R. Bandeira, C. M. Trentini, & J. S. Krug, *Psicodiagnóstico* (pp. 194-210). Porto Alegre: Artmed.

Yates, D. B., Silva, M. A., & Bandeira, D. R. (2019). *Avaliação Psicológica e desenvolvimento humano: casos clínicos.* São Paulo: Hogrefe.

Zaia, P., Oliveira, K. S., & Nakano, T. C. (2018). Análise dos processos éticos publicados no jornal do Conselho Federal de Psicologia. *Psicologia: Ciência e Profissão, 38*(1), 8-21. https://doi.org/10.1590/1982-3703003532016

10. PSICODIAGNÓSTICO DE ADULTOS – DESAFIOS E RELATOS DE EXPERIÊNCIAS

Fernanda Gonçalves da Silva[43]

Elza Maria Gonçalves Lobosque[44]

INTRODUÇÃO

A graduação em Psicologia, embora apresente especificidades em razões das ênfases escolhidas por cada instituição, tem a árdua tarefa de apresentar a ciência psicológica, que é tão diversa. Talvez com intuito de apresentar a maior quantidade possível de informação, os alunos são inundados por todo tipo de conceitos, teorias, conjecturas, proposições, presunções e doutrinas" (Silva & Costa, 2018).

Percebe-se que os cursos têm ofertado cada vez mais uma carga horária teórica e desprestigiado as vivências e experiências práticas, como por exemplo o estágio supervisionado, que é nosso objeto de discussão – especificamente o de psicodiagnóstico de adultos e idosos.

43. Psicóloga e Mestre em Avaliação Psicológica/Psicometria. Doutoranda no Programa de Pós-graduação em Psiquiatria e Saúde Mental do Instituto de Psiquiatria da UFRJ. Docente e Coordenadora do curso de psicologia da Unesa – Nova Iguaçu. Editora da "Revista Psicologia e Conexões".

44. Psicóloga, Mestre em Avaliação Psicológica pelo Programa de Pós-graduação em Psicologia/Universo. Coordenadora da Comissão em Avaliação Psicológica do CRP-4/Subsede Sudeste. Membro da Comissão de Avaliação Psicológica do CRP/MG, Subsede Sudeste. Docente e Supervisora de Estágio em Avaliação Psicológica, Orientação Profissional e Recursos Humanos do Centro Universitário Estácio/JF e Coordenadora da Pós-graduação em Avaliação Psicológica IESPE. Consultora de RH.

Em geral, os estágios se iniciam no 7º ou 8º período. A esta altura do curso de graduação, aulas no formato de supervisão são também uma experiência acadêmica nova e requerem, portanto, um período de adaptação. O grupo de supervisão é um grupo de trabalho, no qual comparece a técnica, a teoria e a subjetividade de cada um. Por isso "o trabalho é sempre complexo, doloroso e cheio de sutilezas" (Silva & Costa, 2018). Apresentaremos aqui as descobertas e complexidades do estágio supervisionado na Universidade Estácio de Sá, Campus Nova Iguaçu, atualmente o único acesso da população da Baixada Fluminense (RJ) a psicodiagnóstico de forma gratuita.

As equipes são compostas por 10 estagiários, os atendimentos são individuais e semanalmente nos reunimos para discutir os casos e pensar estratégias eficazes para o andamento do processo.

Na clínica-escola em nosso campus, a demanda de atendimento é oriunda de pacientes que se inscrevem na clínica com encaminhamento para avaliação psicológica externa (psiquiatras, neurologistas, clínicos gerais e demandas espontâneas) ou encaminhados por outras equipes da própria clínica-escola. Apesar da grande procura, em alguns momentos inclusive com fila de espera, os estagiários se dedicam a um paciente por vez para que possam se dedicar ao aperfeiçoamento das técnicas, testes, discussões de casos e revisões de literatura.

O PRIMEIRO ENCONTRO: DESCONSTRUINDO CRENÇAS

Logo no primeiro encontro faço uma provocação, para quebrar o gelo do início do estágio, com a pergunta: Porque você escolheu o estágio em psicodiagnóstico? Algumas respostas são frequentes: "Me encontrei quando achei um campo mais prático, porque temos o teste!" Percebo que há uma equivocada ideia de tratar-se de um processo mecanicista de aplicação e levantamento dos testes. Essa concepção foi retratada no Estudos de Mendes et al. (2013), cujos dados apontam que profissionais e estudantes de Psicologia caracterizam a avaliação psicológica como um processo limitado à utilização de um instrumento específico e a definem de forma estereotipada, de acordo com o senso comum, o que nos revela uma visão bastante restrita e limitada da avaliação psicológica.

Creio que esta seja uma das minhas maiores responsabilidades enquanto supervisora: desenvolver a compreensão do psicodiagnóstico enquanto um processo integral de utilização de técnicas e teste, no qual o psicólogo será sempre o protagonista na seleção e integração dos dados.

Logo, esse é um outro ponto crítico discutido por Mendes et al. (2019), que analisa no artigo a percepção dos alunos sobre o psicodiagnóstico. Os dados indicam uma falsa ideia de que é o conhecimento de aplicação e levantamento dos testes o principal responsável pelo sucesso no psicodiagnóstico. A discussão da importância e aprofundamento em conhecimentos como psicologia do desenvolvimento humano, teorias da personalidade, psicopatologias e psicometria, mostrando a integração desses saberes com o processo de avaliação psicológica, tem se revelado como um exercício de extrema relevância para a compreensão do processo e para o sucesso na integração dos dados e nos desfechos dos casos.

Além disso, o apontamento da observação do comportamento humano, das entrevistas e das demais técnicas como ferramentas fundamentais do processo de psicodiagnóstico, o que nos pareceria conceitualmente óbvio, frequentemente é recebido com espanto pelos estagiários. Pelos motivos acima destacados, considero importante nos encontros iniciais discutindo o que aqui nomeio como crenças disfuncionais sobre o psicodiagnóstico.

A DEMANDA DE ATENDIMENTO

Nosso campus fica situado no município de Nova Iguaçu, na Baixada Fluminense (RJ), composta também pelas cidades de Belford Roxo, Duque de Caxias, Guapimirim, Japeri, Queimados, Magé, Mesquita, Nilópolis e São João de Meriti. O município, apesar de não contar com políticas públicas que deem suporte para a instituição, ainda é o que melhor oferta possui.

O curso de psicologia da Universidade Estácio de Sá é o primeiro a ser inaugurado na região e atualmente o único a ter alunos já em período de estágio, ofertando atendimento à comunidade. Desta forma, conforme citado acima, o estágio em psicodiagnóstico é o único acesso sem custo à população da região. Nosso estágio atende a população geral, mas neste capítulo focaremos nos atendimentos a adultos e idosos.

As queixas são as mais variadas. Considerando a ampla divulgação no campus, temos muitos alunos da Universidade que buscam o serviço da clínica-escola com objetivo de melhorar o desempenho acadêmico. Nesses casos, as principais queixas são desatenção e memória. Há também uma alta incidência de casos de ansiedade e depressão em razão dos fracassos acadêmicos e da dificuldade em administrar a dinâmica família, trabalho e universidade.

No público externo, as queixas de ansiedade depressão também são frequentes, mas temos recebido muitos encaminhamentos de hipóteses de luto, transtornos de estresse pós-traumático e transtornos de personalidade.

A CONSTRUÇÃO DO PROCESSO DE AVALIAÇÃO PSICOLÓGICA CLÍNICA

Como em todas as linhas de estágio, os alunos nos períodos anteriores se capacitam nas disciplinas de pré-requisito para neste momento articular a teoria com a prática. Creio que esse seja um desafio no estágio em psicodiagnóstico: as ementas e carga horária das disciplinas de pré-requisito nem sempre são o suficiente para ensinar técnicas e testes para elaboração de um plano de avaliação no contexto clínico.

Diante deste dilema, cabe-nos conscientizar os estagiários da importância da dedicação à leitura e estudos teóricos complementares fora do *setting* da supervisão, uma vez que temos a responsabilidade de juntos discutirmos os casos e aprendermos, relembrarmos e treinarmos as técnicas e testes.

A ENTREVISTA INICIAL

Segundo Jurema Alcidez (2007), há psicodiagnóstico sem testes, mas nunca sem entrevista. Como supervisora, creio que este seja um dos momentos mais oportunos para discutir com o aluno a importância do papel do psicólogo na condução do psicodiagnóstico, pois percebo que, inicialmente, em razão da inexperiência ou crenças, imaginam que nos testes encontrarão todas as respostas.

Não há dúvidas da cientificidade dos instrumentos, que cada vez mais apresentam bons valores preditivos dos constructos que estão mensurando, mas se não soubermos os constructos a serem investigados, pouco poderão nos auxiliar. Não é uma proposta de tentativa e erro, ou seja, aplicarmos testes de forma arbitrária até que em algum momento encontremos uma resposta.

É na entrevista que, com uma escuta atenta e técnica, conseguiremos compreender as principais queixas e, a partir delas, delimitar os constructos – ou seja, nossa hipótese inicial – e elaborarmos nosso plano de ação.

A condução da entrevista frequentemente revela dúvidas como: serei capaz de captar todas as informações necessárias? E se não souber o que perguntar (já que não será uma simulação)? Como supervisora, temos nessas perguntas um desafio: capacitá-los para a condução da técnica, mas também acolher essa ansiedade que é peculiar nestes momentos.

No treinamento, o exercício de simular entrevistas entre as equipes e também a exibição de entrevistas disponíveis nas redes para que possam exercitar sua escuta e breve anotações têm apresentado bons resultados. Além disso, os oriento a deixar sempre pelo menos 30 minutos após o atendimento para que possam transcrever na íntegra o conteúdo da entrevista, incluindo conteúdo verbal e não verbal para discutirmos na supervisão.

ELABORAÇÃO DO PLANO DE AVALIAÇÃO

Esse é um momento muito esperado pelo aluno. Após as discussões iniciais do estágio, a pergunta "qual testes irei aplicar?" é substituída por: "quais instrumentos irei aplicar?", pois a ideia de um plano de avaliação composto de técnicas e testes aos poucos está se construindo. Neste tópico apresentaremos os instrumentos utilizados em nossos processos de avaliação e disponíveis em nosso laboratório mas há outros instrumentos que podem substituir os aqui citados.

Na Tabela 1 apresentamos os instrumentos de avaliação cognitiva e os constructos analisados.

Tabela 1 – Testes para avaliação cognitiva

TESTE	OBJETIVO	APLICAÇÃO
BPR-5	Verificar o raciocínio em 5 áreas específicas: raciocínio abstrato, verbal, visual-espacial, numérico e mecânico.	Individual ou coletiva
BPA	Realizar uma avaliação da capacidade geral de atenção, assim como uma avaliação individualizada de tipos de atenção específicos, quais sejam, Atenção Concentrada (AC), Atenção Dividida (AD) e Atenção Alternada (AA).	Individual ou coletiva
MVR	Avaliar a capacidade do indivíduo em memorizar rostos e informações associadas a eles (nomes, sobrenomes, profissão, localização etc.).	Individual ou coletiva
FDT	Medir a velocidade de processamento, a atenção e subcomponentes das funções executivas (controle inibitório e flexibilidade cognitiva).	Individual
G-36	Avaliar o fator g de inteligência.	Individual ou coletiva

No que se refere à avaliação da personalidade, encontramos aqui uma característica que o diferencia do estágio infantil. Se neste uma das dificuldades é criar um espaço confortável e lúdico para manter a adesão da criança à tarefa, no psicodiagnóstico de adultos e idosos normalmente temos um paciente que realiza as tarefas, mas a desabilidade social ou os ganhos secundários podem resultar em respostas pouco claras ou verdadeiras. Diante disto, o investimento em testes projetivos e expressivos assume um protagonismo no que se refere à utilização de testes. Na Tabela 2 apresentamos os testes utilizados:

Tabela 2 – Testes de personalidade

TESTE	OBJETIVO	APLICAÇÃO
BFP	Avaliação da personalidade a partir do modelo dos Cinco Grandes Fatores (CGF).	Individual ou coletiva.
HTP	Fornecer informações sobre como uma pessoa experiência sua individualidade em relação aos outros e ao ambiente do lar.	Individual
As Pirâmides Coloridas de Pfister	Visa à análise da emocionalidade de adultos, adolescentes e crianças dentro do quadro de diagnóstico da personalidade de pessoas normais e neuróticas.	Individual

Para investigação de psicopatologias, utilizamos algumas escalas e entrevistas estruturadas que auxiliam os alunos na compreensão da intensidade do sintoma ou na organização do pensamento para classificação nosológica. Destacarei aqui a EBADEP, que avalia a intensidade da depressão em adultos, e a entrevista estruturada SCID-V, uma entrevista desenvolvida para auxiliar na classificação de 12 transtornos, facilitando a identificação dos sintomas ao utilizar um modelo de pontuação das respostas.

Cabe ressaltar que o número de instrumento aqui citados é restrito, se considerarmos a oferta de materiais disponíveis de alta qualidade, porém, considerando ser um estágio de seis meses, não há tempo hábil da capacitação em um número maior de instrumentos.

COMUNICAÇÃO DE RESULTADOS

Em nossa clínica-escola, laudos e atestados não são emitidos, o que não isenta o aluno deste exercício, pois será uma prática frequente e obrigatória em seu cotidiano. Finalizamos o processo com a entrevista devolutiva.

Na formação em Psicologia, nosso objetivo será sempre, compartilhando com o sujeito, construir estratégias que diminuam o sofrimento psíquico e desenvolvam estratégias de saúde. É na entrevista devolutiva que essa objetivo se consolida.

Conscientizar o estagiário de que a entrevista devolutiva não é um simples falar o resultado, mas uma apresentação do resultado em conjunto com possíveis estratégias de remissão ou controle dos comportamentos disfuncionais, é importante para desconstruir mais uma crença sobre o psicodiagnóstico como uma prática que cria estereótipos e é fatalista.

O receio de comunicar resultados, principalmente quando patológico, é natural e compreensível, mas ao mesmo tempo contraditório, pois parece que neste momento o que perturba é estar diante do sofrimento humano. Considerando que a Psicologia deve se fazer presente em qualquer espaço em que haja sofrimento psíquico, não parece possível escapar de situações dessa natureza no decorrer da carreira.

Como supervisora, valorizo a discussão sobre a contribuição deste resultado para promoção de saúde, mas destaco também a importância de criar um ambiente favorável para a apresentação dos resultados e a abertura para o esclarecimento de todas as dúvidas e angústias apresentadas pelo paciente acolhendo e orientado para que o objetivo concluase de forma integral: a promoção de saúde.

CONSIDERAÇÕES FINAIS

Na clínica-escola, frequentemente recebemos estagiárias com a percepção do processo de avaliação psicológica como uma prática tecnicista, cujos testes psicológicos são os protagonistas do processo de avaliação psicológica. Neste contexto, o supervisor se depara com a responsabilidade desenvolver um pensamento crítico a respeito do psicodiagnóstico, como um processo composto por técnica e testes, que necessita de um conhecimento integral para compreensão do sujeito avaliado e a fim de contribuir para promoção de saúde.

REFERÊNCIAS

Cunha, J. A. *Psicodiagnóstico*. v. 5. ed. rev. e ampl. Porto Alegre: Artmed, 2007.

Mendes, L. S. et al. (2013). Conceitos de avaliação psicológica: conhecimento de estudantes e profissionais. *Psicol. Cienc. Prof.*, Brasília, *33*(2), 428445. doi: https://doi.org/10.1590/S1414-98932013000200013

Silva, F.; & Costa, R. (2018). A percepção dos alunos sobre a função da supervisão na formação dos psicólogos. In Costa, R.; Breder, B.; & Curi, P. L. (Orgs.). *Psicologia em extensão: corpos à margem, desafios à formação*. Rio de Janeiro: Gramar.

11. RORSCHACH E ZULLIGER: PROPOSTA DE ESTÁGIO

Marcelo Augusto Resende[45]

O aprendizado de técnicas projetivas com manchas de tinta exige do aluno não só o estudo profundo dos conceitos teóricos e abordagens de correção, mas também a vivência prática de como aplicar corretamente os testes de Rorschach e Zulliger. De forma geral, nas faculdades de Psicologia ou mesmo em cursos de capacitação, pouco tempo é disponibilizado para o ensino específico de como se faz a aplicação destes testes, justamente por serem técnicas que exigem mais cuidado por parte do psicólogo, em função das diversas intervenções que devem ser feitas no momento da aplicação. O aluno que faz uma aplicação correta terá 50% do trabalho realizado. Mas se ele não fizer as intervenções adequadas, o resultado será precário e ele provavelmente terá que aplicar novamente. Certa vez uma psicóloga, em supervisão no meu consultório, levou um protocolo de Rorschach com 200 respostas e várias intervenções equivocadas, fruto de dois dias de aplicação. Segundo ela, achou que tinha realizado a testagem corretamente conforme havia aprendido na sua formação. Conclusão, não foi possível aproveitar os dados obtidos e foi orientada a fazer uma nova aplicação seguindo as instruções conforme prescritas no manual. Assim, torna-se imprescindível dedicar-se ao aprendizado prático dos instrumentos psicológicos antes de realizar uma avaliação.

Ao interpretar o borrão de tinta dos testes de Rorschach e Zulliger, o sujeito utiliza de suas emoções, sentimentos, conflitos e vivências internas. A mancha serve então como um estímulo onde será projetada a vida inter-

45. Mestre e Doutor pela UFMG, Professor Adjunto da PUC MINAS São Gabriel, Tenente Coronel PM QOS psicólogo da reserva, Coordenador e professor da pós-graduação em Avaliação Psicológica do IEC/MG, Membro da Comissão de Avaliação Psicológica do CRP 04 e Membro da Diretoria da Sociedade de Avaliação Psicológica de MG (SAPSI/MG), gestão 2018-2020.

na. Quando se projeta alguma coisa na realidade externa, o que acontece é o reconhecimento de um estado no qual algo está presente nos sentidos e na consciência, junto a outro estado, em que a mesma coisa está latente, podendo reaparecer. É a coexistência de processos mentais conscientes e inconscientes (Freud, 1894).

Por meio da projeção, o sujeito atribui a um elemento externo necessidades e qualidades pessoais, sem ter a consciência disso. Chabert (2004) enfatiza que o ponto comum a todas as provas projetivas está no material ambíguo, na solicitação de associações verbais e na criação de um campo relacional original entre o sujeito e o psicólogo, mediado pelo teste.

Neste capítulo, faremos uma revisão das principais características dos testes de Rorschach e Zulliger, retomando as instruções e as principais intervenções que devem ser feitas no momento da aplicação. Tomaremos como foco deste estudo, apenas a aplicação individual no caso do teste de Zulliger, tendo em vista que a mesma possibilita informações mais precisas e maior elucidação das respostas dadas pelo examinando. Seguiremos como referência a Escola de Paris, uma das abordagens mais utilizadas para aplicação, correção e interpretação no Brasil (Traubenberg, 1970; Pasian, 2000; Resende, 2016). Além disso, serão descritas algumas orientações importantes para o aprendizado de quem pretende trabalhar com estes instrumentos psicológicos.

O TESTE DE RORSCHACH

O teste de Rorschach foi criado pelo psiquiatra e psicanalista Hermann Rorschach (1884-1922). Ele nasceu na Suíça, onde na sua juventude hesitou entre a carreira artística e a médica, decidindo-se pela última e especializando-se em psiquiatria. A partir de 1909, trabalha em diversas clínicas e hospitais psiquiátricos na Alemanha, Suíça e Rússia. Em 1910, com 26 anos, termina seus estudos superiores. Em 1912 defende sua tese de doutorado em medicina sobre alucinações reflexas e fenômenos associados. Com 27 anos (1911) começa sua primeira experiência com os borrões de tinta em alunos, visando o potencial de imaginação. A preparação das figuras era acidental, deixando-se cair gotas de tinta e dobrando-se a folha ao meio. Mas nem todas as figuras seriam utilizáveis, pois tinham que reunir determinadas condições: simplicidade, composição e ritmo espacial.

Em 1917 inicia o seu trabalho com o Psicodiagnóstico. O material do teste é elaborado e testado em 288 doentes e 117 normais, em 1918 no hospital de Herisau. Iniciou com vários cartões até reduzir a 15 em cores acromáticas (preta, cinza e branca) e cores cromáticas (vermelha, rosa, azul, amarela, laranja, verde e marrom). Teve que reduzir para 10 por força do impressor.

Em 1919 elabora a sua teoria e em 1921 publica o seu livro. Durante sua formação profissional é bastante influenciado pelas idéias psicanalíticas florescentes na época, chegando inclusive a ser vice-presidente da Sociedade Suíça de Psicanálise. Chega a apresentar um caso clínico diagnosticado através do Rorschach, no intuito de demonstrar a validade de seu Psicodiagnóstico (Rorschach, 1974).

Seu teste foi criado para aplicação individual e embora houvesse alguns estudos posteriormente utilizando-o com aplicação coletiva, manteve-se a aplicação conforme pensada originalmente por Hermann (Anzieu, 1989). A sequência de aplicação dos 10 cartões foi estabelecida visando apresentar um cartão fácil seguido de um difícil, nesta ordem, para que o sujeito não desistisse durante a execução da tarefa. A seguir faremos uma descrição sucinta das principais características dos dez cartões de manchas de tinta.

O primeiro cartão tem conformação mais compacta em coloração acromática (preta, cinza e branco), com quatro espaços brancos internos na mancha. A composição é simples e fácil de ser interpretada. Verifica-se como o sujeito reage diante de situações novas e inesperadas, além da capacidade adaptativa e a maneira de comprometer-se a elas.

O segundo cartão, de conformação também mais compacta e com cores acromáticas, inclui a cor vermelha que pode causar um impacto e dificultar a interpretação. Existe um detalhe branco central arredondado na mancha preta. Verifica-se como o sujeito lida com a agressividade e sexualidade, em função da cor e forma de alguns detalhes das manchas.

O terceiro cartão, que mantém as mesmas cores do cartão II (acromático com vermelho), tem uma conformação bem ventilada, ou seja, as manchas de tinta são separadas e isoladas pelos espaços brancos entre elas, facilitando a interpretação. Além disso, algumas formas facilitam a percepção de respostas comumente vistas pela população. Verifica-se como o sujeito lida com as relações interpessoais e a agressividade.

O quarto cartão, considerado o segundo mais difícil do teste, tem conformação compacta, poucos espaços brancos e cores acromáticas. Inicia-se com ele a considerada série da angústia (cartões IV, V, VI, VII) por serem todos acromáticos. Sua conformação e cores podem dificultar a interpretação, levando ao fracasso (não conseguir dar uma resposta no cartão). Verifica-se como o sujeito lida com a representação da figura paterna, autoridade e leis.

O quinto cartão, apesar de compacto, acromático e sem detalhes internos no branco, é considerado bem fácil de interpretar em função de sua conformação, facilmente associada pela população. Verifica-se como o sujeito se adapta à realidade e se é capaz de demonstrar integração e coesão interna.

O sexto cartão, também compacto, acromático e sem detalhes brancos internos, é mais difícil de ser interpretado. Em função da conformação de suas manchas, verifica-se como o sujeito lida com a sexualidade.

O sétimo cartão, último da série da angústia, é facilmente interpretado. Apesar de sua cor acromática, prevalece o cinza claro com um grande detalhe branco entre as manchas. As formas são mais suaves e femininas favorecendo as respostas da população. Verifica-se como o sujeito lida com a representação materna e as mulheres em geral.

O oitavo cartão inaugura a série da afetividade (VIII, IX e X) por serem feitos com cores cromáticas (verde, azul, amarelo, laranja, rosa e marrom). Em função de ser o primeiro cartão com cores puramente cromáticas, Rorschach propôs começar por um de fácil interpretação. Sua conformação ventilada, com detalhes separados por espaços em branco e cores bem definidas, facilita respostas frequentemente dadas pela população. Verifica-se como o sujeito lida com a afetividade, se mantém controle sobre as emoções e a capacidade de adaptação à realidade.

O nono cartão, de conformação compacta, pouco ventilado e cores cromáticas, é considerado o mais difícil do teste e com mais chances de fracasso na interpretação. Como os detalhes são menos precisos e as cores se misturam dificultam a interpretação. Verifica-se, além de como o sujeito lida com a afetividade, a capacidade intelectual.

O décimo e último cartão é o mais ventilado, com mais detalhes e cores cromáticas variadas, favorecendo um maior número de respostas. Verifica-se como o sujeito lida com as situações de fragmentação e perda, além da afetividade.

O TESTE DE ZULLIGER

O teste de Zulliger, também conhecido como Z-teste ou teste Z, foi criado pelo psicólogo, filósofo e psicanalista suíço Hans Zulliger (1893-1965). Nasceu na Suíça, onde foi professor de magistério e graduou-se em Psicologia. Interessou-se pela psicanálise, tornando-se amigo e colaborador de Herman Rorschach nos estudos e nas pesquisas envolvendo borrões de tinta como teste projetivo de personalidade. No ano de 1942, Zulliger tornou-se psicólogo do exército e criou o seu teste baseado nos mesmos princípios do teste de Rorschach, porém utilizando apenas três slides ou diapositivos, e visando a uma aplicação coletiva. A necessidade de uma aplicação rápida, mas que possibilitasse colher informações da personalidade, deu-se em função da guerra e da urgência em selecionar oficiais para o combate. Em 1948 foi publicada a forma coletiva e, somente em 1954, essa forma foi transformada em cartões para aplicação individual. Assim, passou a ser utilizado tanto em sua forma coletiva quanto individual, de acordo com a finalidade vigente (Zulliger & Salomon, 1970).

Hans Zulliger fez várias experiências com os seus cartões até chegar à versão final. Inicialmente, utilizou seis cartões em uma amostra de 600 pessoas. Posteriormente, reduziu para quatro cartões em 400 pessoas e por fim para três cartões em uma amostra de 800 pessoas. Realizou uma pesquisa de validade do seu teste, ao aplicá-lo juntamente com o teste de Rorschach, constatando que havia uma correlação significativa entre eles (Zulliger & Salomon, 1970).

O primeiro cartão oferece uma imagem mais compacta, em tons acromáticos (preto, cinza e branco), e poucos espaços brancos intermaculares, o que propicia respostas no todo do cartão. A intenção é perceber como o sujeito responde às situações novas e inesperadas, e se o mesmo apresenta indícios de angústia em função das cores do estímulo.

O segundo cartão apresenta muitas manchas coloridas separadas por espaços brancos, o que estimula respostas em detalhes. As cores cromáticas (vermelho, rosa, verde e marrom), diferentemente do primeiro cartão, possibilitam saber como o indivíduo lida com a afetividade, as emoções e a agressividade.

O terceiro cartão também é bem ventilado, ou seja, apresenta detalhes bem delimitados pelos espaços em branco, facilitando as respostas em detalhes. Os borrões de tinta foram feitos nas cores vermelha, preta e cinza.

Em função da cor vermelha e das formas das manchas, observa-se como o indivíduo lida com as relações interpessoais e com a agressividade.

CONDIÇÕES DE APLICAÇÃO E INSTRUÇÕES

As condições de aplicação e instruções de aplicação individual, segundo a abordagem Escola de Paris, são muito semelhantes para o teste de Rorschach e Zulliger. A sala deve ser bem iluminada, limpa, organizada, tranquila, silenciosa e livre de interferências. A luz deve incidir obliquamente pela esquerda ou por trás, evitando o sombreamento na visão das manchas. Deve-se dar preferência na aplicação durante o dia. Evite a presença de terceiros ou interrupções (celular, telefone, entrada de pessoas, saídas ao banheiro ou para fumar, etc.) durante a aplicação. O aplicador deve estar atento ao vestuário, perfume, higiene pessoal, assim como a organização do material e da sala de aplicação (evitar o excesso de estimulação como enfeites, quadros chamativos, janelas, etc.). O tamanho ideal da mesa é aquele que comporta todos os cartões do teste ao mesmo tempo à frente da pessoa, como acontece na fase de escolha dos cartões preferidos e preteridos. As cadeiras devem ser confortáveis.

O examinador deve estar posicionado de forma a observar as reações do sujeito, bem como a posição do cartão que ele tem nas mãos. A posição varia conforme os autores (de frente, 90° ou de lado), sendo a posição mais comum quando o examinador senta-se em ângulo reto (90°). Se o examinado for destro, o aplicador deve sentar à direita e se for canhoto, deve sentar à sua esquerda para ter controle sobre a mão dominante, impedindo que o mesmo no momento de marcar com o lápis na folha de localização não o faça no próprio cartão do teste. O mais importante é o examinador estar bem preparado (conhecimento técnico e prático) e passar um clima de confiança e segurança.

Estabelecer um bom contato pessoal, acolher o cliente com um bom rapport, informar a respeito das atividades a serem desenvolvidas e coletar os dados básicos de identificação (nome, data de nascimento, idade, profissão, escolaridade, estado civil, endereço, filiação, telefone para contato) são procedimentos fundamentais a uma boa aplicação. O cliente tem que concordar em realizar o teste e deve estar em condições de ser submetido ao teste (descansado, alimentado, limpo, consciente etc.).

A disponibilidade de tempo da pessoa que será submetida ao teste e do aplicador é essencial e deve ser agendada com antecedência. Em geral reservamos um período do dia (manhã, tarde ou noite) para a aplicação (Anzieu, 1989), sabendo que podemos gastar de 30 minutos até 4 horas aproximadamente só na aplicação. Segundo pesquisa realizada por Resende (1997), a média de tempo para a aplicação do teste de Rorschach é de duas horas. No caso do teste de Zulliger estima-se em torno de trinta minutos.

O material necessário para aplicação individual é o conjunto de cartões, cronômetro (de preferência silencioso), folhas de aplicação conforme modelo (tabelas 1, 2 e 3) apresentado a seguir, em números suficientes (conforme o teste a ser aplicado), folha de localização padronizada, caneta e caixa de lápis de cor (8 cores diferentes). Deve-se evitar o uso de canetas hidrográficas, pois correm o risco de borrar as marcações e sujar os cartões do teste.

Tabela 1 – Modelo de identificação do protocolo

PROTOCOLO DE APLICAÇÃO

APLICADOR(A):.. DATA: ....

I) IDENTIFICAÇÃO:

NOME:____ SEXO:____

DATA DE NASCIMENTO:____/____/______ IDADE ATUAL:_______

ESCOLARIDADE:__________________________ PROFISSÃO:________________

TEL:______________________________

II) INFORMAÇÕES COMPLEMENTARES:

Você é: (.......) destro, (.......) canhoto ou (........) ambidestro

Foi tranquilo para você estar aqui hoje? (.......) SIM (.......) NÃO

Dormiu bem esta noite? (.......) SIM (.......) NÃO

Está alimentado? (.......) SIM (.......) NÃO

Encontra-se bem de saúde? (.......) SIM (.......) NÃO

Tem problemas de visão? Precisa de óculos para leitura? (.......) SIM (.......) NÃO

Distingue cores? (Fazer o teste) (.......) SIM (.......) NÃO

Quer beber água ou ir ao banheiro antes de começarmos? (.......) SIM (.......) NÃO

Seu celular está desligado? Se não estiver, por favor, desligue durante a nossa atividade.

III) PROTOCOLO:

Tabela 2 – Modelo de folha para tomada de protocolo

CARTÃO: ..... TL: .... TT:	
(RESPOSTAS)	(INQUÉRITO)

Tabela 3 – Modelo para seleção das preferências e fechamento

IV) PREFERÊNCIAS DE CARTÕES:
(no Zulliger apenas 1 cartão preferido e 1 preterido)

- Você tem aqui todos os cartões que você viu
- Escolha o cartão que mais gostou => ....
- Por que você gostou mais desse cartão? ....
- Escolha o 2º cartão que mais gostou => ....
- Por que você gostou mais desse cartão? ....
- Escolha o cartão que menos gostou => ....
- Por que você gostou menos desse cartão? ....
- Escolha o 2º cartão que menos gostou => ....
- Por que você gostou menos desse cartão? ....

V) PREFERÊNCIAS DE CORES:
(no Zulliger apenas 1 cor preferida e 1 preterida)

- Qual a cor que mais gostou? ....De qual cartão? ....
- Qual a 2ª cor que mais gostou? ....De qual cartão? ....
- Qual a cor que menos gostou? ....De qual cartão? ....
- Qual a 2ª cor que menos gostou? ....De qual cartão? ....

V) FECHAMENTO
Como foi para você fazer esta atividade?

....

....

Você já fez este teste antes? ....

Em que situação? Como se sentiu? ....

....

As instruções devem ser repassadas para fichas, que serão lidas pelo aplicador, conforme consta nos manuais dos referidos testes. Nesse momento, utilizaremos como exemplo as instruções contidas no manual de Resende e Nascimento (2019). Recomenda-se aos aplicadores que não decorem as instruções, pois isso pode criar um alto nível de ansiedade desnecessária e fazer com que as instruções possam sofrer alterações, alterando a padronização da aplicação e comprometendo o resultado final.

Após o acolhimento inicial e feita a coleta dos dados de identificação e verificação sobre o estado geral do sujeito para a realização da tarefa, o aplicador deve começar com a instrução, em que diz:

- Nós vamos fazer uma atividade que tem por objetivo conhecê-lo um pouco melhor.
- Preste atenção nas instruções que eu vou ler para que fique bem claro o que você vai fazer.
- Se tiver alguma dúvida me pergunte.

O psicólogo deve ler as instruções conforme descrito a seguir, evitando assim esquecimentos ou alterações que podem comprometer a compreensão do que deverá ser feito.

- Eu vou lhe apresentar 3 (três) cartões, um de cada vez.
- Você vai me dizer tudo o que lhe parece ser ou lembra em cada cartão e eu anotarei as suas respostas.
- Não existe resposta certa ou errada, cada pessoa lembra de uma coisa diferente.
- Quando você terminar de falar tudo o que pode parecer ou lembrar, você me devolve o cartão, fale que é só isso, ou que já terminou; para que possamos passar para outro cartão. E assim sucessivamente até terminarmos os 3cartões.
- Você tem o tempo que precisar, mas eu vou anotá-lo para um controle meu.
- Alguma dúvida? Então vamos começar... Este é o primeiro cartao.

Neste momento o aplicador pega o primeiro cartão e o oferece na posição normal para que o examinado possa pegá-lo. Deve fazer como se tivesse entregando uma correspondência, mantendo a distância de um braço esticado, para que o sujeito possa facilmente esticar o seu braço e pegar o cartão. Deve-se manter nesta posição por 5 segundos e caso o sujeito não pegue o cartão, deve colocá-lo de frente para ele na posição normal.

Durante a aplicação, o examinador anotará o tempo de latência (TL) e o tempo total (TT), assim como todos os comentários, atitudes e reações do sujeito. As respostas devem ser anotadas conforme são relatadas, numeradas conforme a sequência e identificadas quanto à posição (^ normal, v invertida, < virada para a esquerda ou > virada para a direita), na coluna da esquerda, conforme Tabela 2. O aplicador deverá interferir o mínimo possível nesse momento da aplicação, denominado tomada de protocolo, para que a pessoa possa ficar o mais livre possível para fazer as suas associações com as manchas de tinta.

Uma vez que as respostas foram dadas para cada cartão apresentado, inicia-se o inquérito. Nessa fase, o aplicador deverá esclarecer todas as dúvidas relativas ao determinante e conteúdo das respostas dadas na tomada do protocolo. Por exemplo: Se viu uma maçã pela forma e pela cor, o que foi mais importante para ver a maçã, a forma ou a cor? Se percebeu um animal, que tipo de animal? Respostas ambíguas ou pouco claras devem ser esclarecidas nesta fase da aplicação. Os esclarecimentos do inquérito devem ser anotados na coluna da direita da tomada de protocolo, conforme Tabela 2.

Após o inquérito de cada resposta, o aplicador deverá solicitar ao examinando, mediante instrução, que localize na folha de localização onde viu a sua primeira resposta. A partir desta localização, o aplicador irá fazer o inquérito da 2ª resposta do mesmo cartão, para depois localizá-la, e assim por diante, até terminar todos os cartões. Após o inquérito/localização de todas as respostas, pede-se ao cliente que preencha o rodapé da folha de localização com seus dados de identificação.

A próxima fase da aplicação é a seleção dos cartões e cores preferidos e preteridos. Os cartões são colocados na frente da pessoa de forma que ela consiga ver todos eles. No caso dos cartões pede-se para justificar suas escolhas e no caso das cores, basta identificar de qual cartão, conforme descrito na Tabela 3.

A fase do fechamento sinaliza o término da aplicação. É um momento de reflexão sobre a avaliação realizada, de saber como foi para ele fazer o teste. O aplicador pode fazer anotações sobre as dúvidas e os comentários feitos pelo examinado. É a oportunidade de perguntar se já foi submetido ao teste, quando e em qual circunstância. Também são feitas orientações sobre o processo de avaliação psicológica (marcação de novas datas, atividades a serem realizadas posteriormente, ou entrevista de devolução).

PROPOSTA DE ESTÁGIO

Com a diminuição crescente da carga horária dedicada ao ensino das técnicas da avaliação psicológica nas faculdades, uma saída possível é a criação de estágio da prática de técnicas projetivas como o teste de Rorschach e Zulliger. Esta proposta visa capacitar o aluno que almeja ter um conhecimento mais aprofundado sobre os instrumentos psicológicos.

Este estágio tem sido oferecido na PUC Minas, Unidade São Gabriel, concomitante com a disciplina de Técnicas de Exame da Personalidade (TEP) no 7º período do curso de Psicologia. Ao mesmo tempo em que os alunos aprendem os conceitos básicos das técnicas projetivas com manchas de tinta, por meio dos testes de Rorschach e de Zulliger, em que é ensinado sobre o referencial teórico, histórico e contexto de criação dos testes, significado dos cartões, aplicação, correção, interpretação e elaboração de síntese; os estagiários vivenciam na prática como fazer a aplicação de forma segura e consistente.

Inicialmente são dadas as devidas orientações de como será realizado o estágio, esclarecendo o seu objetivo e etapas a serem vivenciadas. O aluno irá confeccionar suas fichas de instruções, seguindo o prescrito da apostila da disciplina teórica (baseado no manual do teste), de maneira que cada um terá o seu próprio material de aplicação. Também são repassados os modelos de folhas de aplicação dos testes, criados pelo professor, para facilitar a aplicação e coleta de dados nas suas distintas fases já discriminadas anteriormente.

Em sua primeira etapa do estágio, o professor simula uma aplicação com um dos alunos como examinando, demonstrando como se faz o uso das fichas de instrução e de como é manuseado os cartões e o cronômetro, e preenchido as folhas de aplicação e localização. Recomenda-se que as fichas sejam de tamanho uniforme e plastificadas. É ressaltada a importância de se criar um clima propício para a avaliação, por meio da realização de um bom rapport. São retomadas as informações básicas relacionadas às condições de aplicação da sala e posição escolhida para a aplicação (de frente ou 90º) e se o examinado é canhoto ou destro. São feitos exercícios para que todos entendam e saibam escrever os sinais correspondentes à posição do cartão no momento que a pessoa dá uma resposta. Uma atitude que muitas vezes passa despercebida no ensino da técnica é a maneira como se entrega o cartão para a pessoa. Deve-se oferecer o cartão como se fosse dar um aperto de mão. É criado um impasse de cinco segundos para a pessoa decidir se pega ou não. Se nesse tempo ela não esboça reação de pegar, coloca-se "gentilmente" o cartão na mesa, de frente para ela, na posição normal.

Na segunda etapa, os alunos começam a treinar a aplicação em duplas, seguindo a sequência da aplicação: rapport, tomada de protocolo, inquérito, localização das respostas, seleção dos cartões e cores, e fechamento. Esse treinamento é feito tanto no horário de supervisão, quanto no Laboratório de Avaliação Psicológica (LABAP).

Na terceira etapa, quando o supervisor percebe que os estagiários já estão dominando a técnica, a posição se inverte e os alunos começam a aplicar o teste no professor. Este começa a simular alguns casos clínicos para que os alunos possam vivenciar determinados comportamentos que diferem do cotidiano e exigem intervenções assertivas por parte dos aplicadores. Isso possibilita que os estagiários se tornem mais atentos à grande diversidade de comportamentos e não fiquem estagnados ao padrão apresentado pelos próprios universitários com quem convivem normalmente. Afinal, quando estamos lidando com avaliação psicológica em diversos contextos, como clínica, trânsito, perícia, porte de arma e seleção, entre outros, não sabemos antecipadamente o que encontraremos pela frente. Temos que estar preparados para qualquer tipo de personalidade e seus diversos transtornos.

Na próxima etapa do estágio, os alunos fazem uma aplicação completa na clínica de Psicologia da PUC em um colega do estágio e este não pode dar nenhuma ajuda ao aplicador. O aluno que será submetido ao teste deve simular uma pessoa, como qualquer outra que procura este atendimento na clínica. A orientação é que ele deve propiciar situações ou respostas que exijam uma intervenção adequada do aplicador. O protocolo será corrigido pelo supervisor, juntamente com o grupo de estágio, sendo ressaltados os pontos fortes e fracos da aplicação. Isso favorece para que os alunos fiquem mais atentos em suas futuras aplicações. Caso o professor supervisor perceba que o estagiário está seguro e confiante na aplicação, este passa para a próxima etapa. Caso contrário, irá repetir esta aplicação no colega até demonstrar um resultado satisfatório.

A última etapa do estágio consiste na aplicação do teste em um aluno do 6º período, que antecede a disciplina de TEP. Este futuro aluno das técnicas projetivas, ao iniciar a disciplina, já terá o seu protocolo que irá corrigir e interpretar durante o transcorrer da matéria, com auxílio do professor. O aluno do estágio termina o seu ciclo com a experiência de saber aplicar corretamente o teste de mancha de tinta. Isso propiciará aplicações muito mais acertadas quando vivenciar outros estágios oferecidos pela PUC Minas, como psicodiagnóstico ou avaliação psicológica para concessão de porte de arma de fogo, tema de outro capítulo deste livro.

REFERÊNCIAS

Anzieu, D. (1989). *Os métodos projetivos*. Rio de Janeiro: Campus.

Chabert, C. (2004). *Psicanálise e métodos projetivos*. São Paulo: Vetor.

Freud, S. (1894). *Totem e Tabu*. Edição standart brasileira das obras psicológicas completas de Sigmund Freud.. v.XIII. (p. 20-123). Rio de Janeiro: Imago.

Pasian, S. (2000). *O psicodiagnóstico de Rorschach em adultos* – Atlas, normas e reflexões. São Paulo: Casa do Psicólogo.

Resende, M. A. (1997). *O Psicodiagnóstico de Rorschach em instituições, uma questão ética*. I º Congresso da SBRo, Ribeirão Preto. Publicado nos Resumos do Congresso (p. 80) e na íntegra, na Revista Insight, 1998, ano VIII, nº 83, p. 10.

Resende, M. A. (2016). *O Teste de Zulliger – estudo psicométrico para concessão de porte de arma de fogo e normatização com adultos de Belo Horizonte (MG)*. (Tese de Doutorado). Faculdade de Filosofia e Ciências Humanas, Universidade Federal de Minas Gerais, Belo Horizonte.

Resende, M. A., & Nascimento, E. (2019). *Teste de Zulliger no sistema Escola de Paris: forma individual - Normas para região metropolitana de Belo Horizonte – MG*. São Paulo: Hogrefe Cetepp.

Rorschach, H. (1974). *Psicodiagnóstico*. São Paulo: Mestre Jou.

Traubenberg, N. R. (1970). *A prática do Rorschach*. São Paulo: Editora Cultrix.

Zulliger, H. & Salomón, F. (1970). *El test de Zulliger: um test individual y colectivo*. Buenos Aires: Kapelusz.

12. A PRÁTICA DA TERAPIA COGNITIVO-COMPORTAMENTAL COM CRIANÇAS E ADOLESCENTES: UMA EXPERIÊNCIA NA CLÍNICA-ESCOLA

Ana Luísa Marlière Casela[46]

Este capítulo apresentará os aspectos teóricos e práticos da Terapia CognitivoComportamental (TCC) com crianças e adolescentes, tendo como base a experiência de estágio em psicologia, na clínica-escola. Inicialmente será realizada uma introdução sobre os princípios e a estrutura teórica da Terapia Cognitivo-Comportamental, bem como suas particularidades no atendimento de crianças e adolescentes. Em um segundo momento, o capítulo permite ao leitor adentrar nas características específicas do atendimento na clínicaescola, o formato de suas práticas e os desafios do trabalho terapêutico nesta realidade. Nesse sentido, o presente capítulo busca enfocar algumas nuances associadas ao processo de atendimento clínico a crianças e adolescentes e, para tanto, a literatura e seus aspectos teóricos, serão integrados à experiência na clínica-escola de psicologia, a fim de oferecer sugestões e reflexões práticas a respeito da condução do trabalho com crianças e adolescentes.

46. Graduada e Mestre em Psicologia pela Universidade Federal de Juiz de Fora (UFJF). Atualmente atua como Psicóloga Clínica sob a perspectiva da Terapia Cognitivo-Comportamental em consultório particular.

A TERAPIA COGNITIVO-COMPORTAMENTAL COM CRIANÇAS E ADOLESCENTES

A terapia cognitiva foi inicialmente desenvolvida por Aaron Beck, como uma vigorosa estratégia teórica e clínica, aplicada a diversos problemas no que se refere a intervenção com adultos (Friedberg & McClure, 2019), sobretudo pelo fato de algumas de suas técnicas, a princípio, exigirem um certo grau de maturação cognitiva para serem executadas (Pureza, Ribeiro, Pureza & Lisboa, 2014; Bunge, Gomar & Mandil, 2012; Oliveira & Soares, 2012). Apesar de sua forte eficácia com adultos, poucos eram os estudos e textos iniciais desta abordagem aplicada a prática com crianças e adolescentes (Friedberg & McClure, 2019). Enfatizando, dessa forma, a necessidade de seu aprofundamento para este público específico, por meio de estudos científicos e publicações.

Nos últimos anos, no entanto, o processo de psicoterapia com crianças e adolescentes vem ganhando um espaço maior de discussão e aplicação clínica, principalmente no âmbito da promoção e prevenção da saúde (Del Prette, Del Prette & Souza, 2005; Pureza, Ribeiro, Pureza & Lisboa, 2014), tendo seu aumento expressivo a partir da década de 1980, com a apresentação de estudos com maior consistência científica (Caminha & Caminha, 2007). Além da visão terapêutica acerca do tratamento da criança e do adolescente, tem-se enfatizado a importância dessa intervenção como forma de prevenção e promoção da saúde mental, atuando desde o início do desenvolvimento do indivíduo (Petersen & Wainer, 2011) salientando a importância do papel dinâmico e proativo deste em suas vivências (Pureza, Ribeiro, Pureza & Lisboa, 2014).

Friedberg e McClure (2019) apontam a inter-relação de cinco elementos envolvidos na conceitualização das dificuldades psicológicas humanas, segundo a terapia cognitiva (Beck, 2013): fisiologia, funcionamento emocional, contexto interpessoal/ambiental, comportamento e cognição do indivíduo. Uma vez que a terapia cognitivo-comportamental compreende que as respostas e sintomas dos indivíduos não se dão de forma isoladas, e sim na sua relação com o meio e com os fatores fisiológicos, emocionais, cognitivos e comportamentais, é crucial o entendimento do indivíduo como um todo dentro do seu processo de tratamento, principalmente no que se refere ao atendimento de crianças e adolescentes.

A Terapia Cognitivo-Comportamental propõe em sua teoria que não são as situações em si que geram o sofrimento e os comportamentos disfuncionais dos indivíduos, mas sim a forma distorcida e muitas vezes rígida com que estes indivíduos interpretam estes acontecimentos e situações (Beck, 2013; Bunge, Gomar & Mandil, 2012). Neste sentido, esta teoria apresenta como finalidade, alcançar a flexibilidade cognitiva e a ressignificação dessas interpretações e dos modos patológicos de processamento das informações (Pureza, Ribeiro, Pureza & Lisboa, 2014). Quando se associa esta possibilidade de intervenção com crianças e adolescentes, muitas vezes confunde-se sua impossibilidade com o papel passivo da criança e do adolescente em relação aos estímulos ambientais. No entanto, as crianças e adolescentes, apesar de se encontrarem ainda em desenvolvimento cognitivo, não são figuras estáticas e passivas em relação ao meio, muito pelo contrário, elas são capazes de elaborar ativamente as informações, selecioná-las e criar explicações ao que acontece consigo, com os outros e com o mundo (Friedberg & McClure, 2019).

Portanto, esta abordagem também se aplica ao atendimento infantil, uma vez que a criança também apresenta esquemas cognitivos e distorções no processamento das informações. Estes esquemas, se não trabalhados desde o início de seu desenvolvimento, podem, com o passar do tempo, implicar em consequências e se consolidar na adolescência e no início da vida adulta (Friedberg & McClure, 2019). Para que seja possível acessar essas informações a Terapia Cognitivo-Comportamental vai trabalhar diretamente com alguns conceitos essenciais em sua prática: o empirismo colaborativo, a descoberta orientada, a estruturação da sessão, a conceitualização de caso e com a adaptação de técnicas cognitivas e comportamentais (Beck, 2013).

Os princípios básicos desta abordagem são os mesmos, tanto no que se refere ao atendimento a adultos e quanto ao atendimento a crianças e adolescentes. Para ambos, a Terapia Cognitivo-Comportamental se trata de uma prática focalizada no problema, ativa e orientada ao objetivo. No entanto, o atendimento infantil apresenta algumas nuances que precisam ser levadas em consideração para que o tratamento seja realizado de forma eficaz (Friedberg & McClure, 2019). A primeira delas é o fato de que, principalmente as crianças, mas também alguns adolescentes, não chegam à terapia por sua própria vontade, muito pelo contrário, na maioria das vezes eles são encaminhados por algum membro da família, por outros profissionais da saúde e também pela escola. Muitas vezes por suas dificuldades psicológicas criarem algum desconforto em algum dos sistemas no qual estão inseridos (Friedberg & McClure, 2019).

Além de não optarem inicialmente pelo início do tratamento, as crianças também, na maioria das vezes, não podem escolher quando finalizá-lo, não apresentando, portanto, o controle do processo. Uma vez que não controlam seu início e seu fim, é crucial que a criança seja envolvida e motivada no desenvolvimento de seu tratamento (Friedberg & McClure, 2019). Para tanto, é necessária a adaptação das estratégias de intervenção, buscando a criação de diferentes formas de linguagem, mesmo as não verbais, para que seja possível acessar o funcionamento cognitivo da criança (Pureza, Ribeiro, Pureza & Lisboa, 2014). Associar as estratégias de intervenção a situações mais práticas e concretas, permite que as crianças direcionem melhor a atenção nas atividades e aprendam enquanto as realizam, auxiliando, portanto, na fixação e estimulação do comportamento desejado, bem como na motivação da criança para o tratamento.

Outro fator importante do trabalho da Terapia Cognitivo-Comportamental com crianças e adolescente é a necessidade de realizar a intervenção com a criança e com o adolescente no interior do seu ambiente/contexto natural, envolvendo, portanto, família, escola e grupo de pares. Intervir junto a criança ou ao adolescente sem levar em consideração o contexto e os sistemas nos quais ela está inserida, faz com que o trabalho não seja efetivo ou seja feito de forma distorcida da realidade. A criança apresentará respostas e um funcionamento muitas vezes diferente dentro dos sistemas, muito pelo fato destes estarem associados ao reforçamento e a extinção de determinadas habilidades apresentadas por elas, sendo estes sistemas atrelados com o início, manutenção e generalização dos ganhos terapêuticos (Pureza, Ribeiro, Pureza & Lisboa, 2014; Friedberg & McClure, 2019). Orientar a criança junto com a família, a escola e os principais agentes envolvidos no seu desenvolvimento é um dos focos principais do tratamento.

Além da relevância de se trabalhar em consonância com os demais sistemas envolvidos no desenvolvimento da criança e do adolescente (família, escola e pares), o estágio do desenvolvimento no qual a criança se encontra também é um fator importante dentro do processo de tratamento, uma vez que cada estágio do desenvolvimento vai se beneficiar de estratégias que corroboram com a capacidade cognitiva e comportamental desenvolvida até aquele momento da vida. Crianças menores tendem a se beneficiar de estratégias mais comportamentais e intervenções cognitivas simples, que possuam instruções claras. Adolescentes, por outro lado, conseguem se beneficiar de intervenções mais sofisticadas que englobam análises mais racionais.

Estratégias terapêuticas que levam em consideração o desenvolvimento da criança e do adolescente, variáveis sociocognitivas, capacidade de raciocínio, tomada de decisão e regulação verbal, tendem a trazer maior envolvimento e motivação por parte do indivíduo no processo. Além das intervenções verbais diretas, o tratamento envolve também atividades com menos fluência verbal como brinquedos, desenhos, jogos, fantoches e trabalhos manuais, podendo incluir também a leitura e contagem de histórias, filmes e vídeos (Friedberg & McClure, 2019). Buscando sempre a adequação da estratégia a realidade da criança e do adolescente atendido.

A PRÁTICA DO ATENDIMENTO NA CLÍNICA-ESCOLA

O atendimento da criança e do adolescente que busca por tratamento na clínica-escola se inicia com a preparação do estagiário acerca do atendimento com a abordagem da Terapia Cognitivo-Comportamental, passando por diversas etapas que permitem com que o tratamento seja oferecido de forma ampla e efetiva. O atendimento com as crianças e adolescente possui as suas nuances que precisam ser levadas em consideração no decorrer do processo de tratamento. Para que fique mais claro a forma como esse atendimento é realizado, serão desenvolvidas, nos parágrafos seguintes, cada uma das etapas deste processo: estudos acerca dos aspectos éticos do atendimento em psicologia, bem como estudos relacionados ao desenvolvimento humano e a aplicação da terapia cognitivo-comportamental com crianças e adolescentes; aplicação do processo de triagem clínica e da avaliação do caso clínico; elaboração da conceitualização cognitiva; estruturação da sessão de atendimento e, por fim, intervenções com a criança/adolescente, os pais e a escola.

ESTUDOS DE APROFUNDAMENTO E ATUALIZAÇÃO

A primeira etapa do atendimento com crianças e adolescentes consiste em preparar os estudantes para que consigam realizar intervenções eficazes de acordo com a demanda recebida pela clínica-escola. Neste sentido, além de todo o conhecimento adquirido até o presente momento da graduação, os agora estagiários clínicos passam pelo estudo denso acerca dos aspectos éticos da profissão, por meio da compreensão do código de ética profissional do psicólogo (CFP, 2005), seus deveres e responsabilidades na prática profissional.

Além dos estudos relacionados aos aspectos éticos, compreender as etapas do desenvolvimento humano (Papalia & Feldman, 2013) faz-se crucial para a identificação das limitações sociocognitivas da criança e do adolescente, como a linguagem, a capacidade de raciocínio, regulação verbal e tomada de perspectiva (Friedberg & McClure, 2019). Contribuindo assim para uma melhor avaliação do caso clínico, bem como para a preparação das atividades e intervenções que serão realizadas diretamente com a criança ou com o adolescente. Por fim, os estudos acerca da aplicação da Terapia Cognitivo-Comportamental com crianças e adolescente, suas particularidades, bem como a importância da compreensão dos sistemas que envolvem o atendimento infantil (família, escola, pares), permite que o estagiário se sinta mais preparado e consiga contribuir de forma consistente no tratamento da demanda apresentada pelo paciente.

TRIAGEM CLÍNICA E AVALIAÇÃO DO CASO CLÍNICO

Nestas duas etapas do processo de atendimento da criança e do adolescente é que são levantadas as principais demandas de tratamento, bem como as informações importantes para as intervenções. Todos os pacientes que buscam a clínica-escola passam primeiramente por um processo de triagem, que vai direcioná-los ao atendimento adequado de acordo com a demanda apresentada. No caso de crianças e de alguns adolescentes, os pais e/ou responsáveis são os principais porta-vozes das queixas e sintomas, portanto, neste primeiro momento, a triagem e avaliação inicial é realizada com estes atores e, posteriormente, é realizado uma avaliação com a criança.

No processo de triagem da clínica-escola são levantados principalmente dois pontos: o motivo que levou o paciente e/ou pais e/ou responsáveis para o atendimento e também os dados relevantes da história e/ou justificativa do encaminhamento clínico. Nesta etapa é preenchido um protocolo de triagem que permite dar o direcionamento ou encaminhamento adequado ao caso. Após realizada essa triagem inicial, o paciente é direcionado ao atendimento, no qual de fato se inicia o processo mais abrangente de avaliação do caso clínico.

O processo de avaliação se caracteriza como importante para que o terapeuta conduza devidamente a avaliação diagnóstica e o caso clínico, bem como consiga obter uma compreensão global do funcionamento cognitivo, emocional e comportamental da criança e do adolescente, nos mais diversos contextos nos quais estão inseridos, além de permitir levantar e identificar os aspectos e sintomas desadaptativos e a influência das características cognitivas nestes (Petersen & Wainer, 2011).

A avaliação é realizada por meio da aplicação de uma entrevista de anamnese clínica que engloba a investigação dos seguintes fatores: identificação da(s) queixa(s) principal(s) da criança e do adolescente; dados acerca da história pregressa da criança ou do adolescente (gestação, parto, puerpério, intercorrências desse período), dados de seu desenvolvimento (linguagem, neuromotor, alimentação), histórico socioeconômico e de saúde familiar, aspectos relacionais da criança com os pares, pais, irmãos e demais familiares, adaptação escolar da criança, bem como seus comportamentos e emoções associadas ao ambiente escolar, como a criança lida com frustrações, regras, autoridade. Por fim, é crucial que essa avaliação seja capaz de compreender e identificar quais os primeiros sintomas apresentados pela criança e como esses sintomas ou aspectos cognitivos e/ou comportamentais se desenvolveram e evoluíram ao longo do tempo.

Essa avaliação inicial do caso clínico também pode ser realizada por meio da aplicação de escalas e questionários de acordo com a demanda, se necessário. Um instrumento sempre utilizado nesta etapa da avaliação na clínica-escola é a versão brasileira do *Child Behavior Checklist* (Bordin, Paula, & Duarte, 2001), para investigação dos diferentes sintomas apresentados pelas crianças e adolescentes, bem como suas competências relacionadas a área esportiva, extracurricular, de relacionamento com amigos e com família, desempenho acadêmico, e também diferentes emoções e comportamentos. Apesar de não ser um instrumento para diagnóstico, sua utilização permite ampliar a visão acerca do caso clínico. Caso seja necessária uma avaliação psicológica ainda mais ampla, a criança e/ou adolescente são encaminhados para os estagiários responsáveis pela avaliação psicológica. Na Terapia Cognitivo-Comportamental, quanto mais completa for a avaliação, melhor será o planejamento do atendimento e consequentemente mais eficaz a condução do caso clínico (Pureza, Ribeiro, Pureza & Lisboa, 2014).

CONCEITUALIZAÇÃO COGNITIVA

Com a avaliação completa do caso clínico, é possível se ter os dados necessários para realizar uma das etapas mais importantes do atendimento por meio da Terapia CognitivoComportamental: a conceitualização cognitiva ou conceitualização de caso. A conceitualização cognitiva é como um mapa construído pelo terapeuta, que orienta todo o trabalho a ser realizado com o paciente (Beck, 2013). É considerada uma estrutura conceitual geral do caso atendido, que permite o máximo de flexibilidade em sua adaptação, facilitando a escolha das técnicas adequadas, a sua aplicação e também a avaliação do progresso do caso clínico (Friedberg & McClure, 2019). Esta é uma etapa do atendimento considerada dinâmica e fluida, uma vez que pode sofrer alterações a todo o tempo no decorrer do processo terapêutico auxiliando assim, na testagem de hipótese do terapeuta.

Esta etapa acontece de forma colaborativa com a criança e/ou adolescente, família e escola, quando necessário. Visando sempre a adesão e motivação destes em relação ao processo terapêutico e, acima de tudo, facilitando o feedback que precisa ser fornecido e a compreensão acerca do processo por parte do paciente e também do terapeuta. Na clínica-escola, os estagiários conseguem geralmente conceituar o caso clínico da criança através dos dados obtidos na avaliação inicial. Uma conceitualização cognitiva precisa deixar claro os problemas apresentados pela criança ou adolescente, tanto a nível de seus sintomas fisiológicos, quanto de seus aspectos de humor, cognitivos, comportamentais e de suas relações interpessoais, bem como a ligação existente entre estes sintomas e fatores. Além disso, é importante, que sejam levantados e esteja claro quais os antecedentes e consequentes comportamentais apresentados pela criança ou adolescente atendidos, sua história e desenvolvimento, o contexto cultural e socioeconômico no qual está inserido, também suas predisposições e estrutura cognitiva (pensamentos, crenças intermediárias e nucleares, distorções) e, por fim, um plano de tratamento para intervir nas demandas do cliente no decorrer da terapia. A estrutura conceitual utilizada na clínica-escola pelos estagiários e no processo de supervisão advém da proposta dos autores Friedberg & McClure (2019) acerca da conceitualização cognitiva de crianças e adolescentes.

ESTRUTURA DA SESSÃO

Outra etapa crucial do processo de atendimento de crianças e adolescentes é o planejamento e a estrutura da sessão. É muito importante que todo o processo de atendimento tenha uma estrutura que permita ao terapeuta ter um direcionamento do caso clínico. Na Terapia Cognitivo-Comportamental com crianças e adolescentes a estrutura da sessão é considerada um modelo de tudo que será feito durante o atendimento. A estruturação, se realizada de forma flexível, permite uma melhor orientação acerca do atendimento, além de fazer com que a criança ou adolescente se sintam mais seguras no processo, dando a ideia de previsibilidade e aumentando o senso de controle e autonomia no tratamento.

A estrutura sempre inicia com uma avaliação do humor da criança ou adolescente. Para esta etapa é importante a utilização de alguma atividade mais lúdica (por exemplo: bonecos, jogos, desenhos, termômetro do humor) que facilite a criança a identificar como ela está se sentindo naquele momento e como se sentiu a maior parte do tempo durante a semana. O registro do humor logo no início do atendimento permite ao terapeuta compreender melhor como a criança está se sentindo e também permite com que a criança ou adolescente reflita acerca dos seus sentimentos e emoções. Muitas vezes é necessário realizar antes uma psicoeducação em relação as emoções, para facilitar a identificação por parte do paciente. Na clínica-escola percebe-se uma dificuldade maior por parte das crianças na identificação de suas emoções e no entendimento de cada uma delas. Os adolescentes tendem a apresentar uma maior familiaridade com as emoções, no entanto, algumas vezes, faz-se crucial psicoeducar.

Um segundo passo da estruturação da sessão é a revisão da tarefa de casa. Esta etapa parece ser simples inicialmente, mas principalmente no atendimento de crianças menores, tende a ser um grande desafio. Pela dificuldade maior das crianças em focar a atenção por muito tempo, é importante que este processo seja feito de forma divertida e envolvendo um reforço. O nome "tarefa de casa" para muitas crianças passa a ser associado a tarefas escolares, gerando em alguns casos uma desmotivação para realizá-la. Portanto, busca-se trazer um nome divertido para essa atividade, principalmente para as crianças e adolescentes que apresentam maior dificuldade escolar.

Após a revisão da tarefa de casa, é estabelecido junto à criança e ao adolescente a agenda da sessão, que é a identificação de itens e tópicos a serem trabalhados durante o atendimento. É importante que esta etapa seja realizada de forma colaborativa principalmente no que se refere ao adolescente, que pode trazer também acontecimentos da semana que, para ele, são importantes de serem trabalhados, seja por causar angústia ou alguma emoção desagradável. O conteúdo da sessão estabelecido pode ser trabalhado utilizando das mais diversas técnicas da Terapia Cognitivo-Comportamental: questionamento socrático, resolução de problemas, experiência comportamental, identificação e manejo de pensamentos e emoções.

A forma de trabalhar este conteúdo é adaptada de acordo com a idade e o estágio de desenvolvimento da criança e do adolescente. Como dito anteriormente, para crianças é importante que estes conteúdos sejam adaptados por meio da utilização de recursos interativos como jogos, vídeos, desenhos, histórias, encenações, bonecos/fantoches, atividades manuais, entre outros, de forma que o processo terapêutico se torne mais atraente e interessante para o paciente. Alguns adolescentes conseguem seguir uma linha de raciocínio terapêutico sem a utilização de muitos recursos, principalmente os que possuem idade mais avançada, mas muitos deles também precisam ser motivados por meio de estratégias mais interessantes e que estejam associadas à sua realidade.

Por fim, as duas últimas etapas associadas a estrutura da sessão se referem ao estabelecimento da tarefa de casa para semana e a evocação do feedback do paciente. Em relação ao feedback, algumas crianças apresentam dificuldades em dar uma devolutiva do atendimento, portanto, muitas vezes é importante que o terapeuta precise auxiliar o paciente o deixando confortável para colocar os pontos que precisam melhorar ou que não foram agradáveis. A estrutura da sessão só apresenta efetividade quando somada a flexibilização em sua aplicação, tornando o processo terapêutico mais próximo das particularidades e do que é atraente e motivador para o paciente.

INTERVENÇÕES COM A CRIANÇA/ ADOLESCENTE, OS PAIS E A ESCOLA

As intervenções envolvendo os atores presentes na vida do paciente formam um dos passos mais importantes e também mais desafiadores quando se trabalha com crianças e adolescentes. Estes estão inseridos em contextos e sistemas que também precisam ser trabalhados para que se obtenha um resultado efetivo, no entanto, esta abordagem sistêmica muitas vezes é o grande desafio de se trabalhar com esse público. O treinamento de pais/responsáveis e os treinamentos dos atores escolares só é possível se estes estiverem implicados no processo tanto de tratamento quanto de prevenção e promoção de saúde mental. Apesar do desafio, quando este trabalho é feito de forma conjunta, o resultado apresentado tende a ser muito positivo.

As intervenções realizadas com os pais/responsáveis, podem apresentar diversas formas e ocorrer durante várias etapas do processo terapêutico. Quando o paciente é uma criança muito pequena, a intervenção com os pais/responsáveis ocupa a maior parte do tratamento sendo indispensáveis para a efetividade do mesmo. Estes responsáveis podem atuar tanto quanto facilitadores do processo da criança quanto coterapeutas ou até mesmo como clientes quando precisa ser trabalhado o funcionamento cognitivo e comportamental desses pais/responsáveis (Petersen & Wainer, 2011). Uma estratégia muito utilizada na prática da clínica-escola é o chamado treino de pais, que é um protocolo de orientação e psicoeducação dos pais/responsáveis acerca das condições apresentadas pela criança ou pelo adolescente, enfatizando e trabalhando com os pais a importância de seu papel para a alteração do problema apresentado. Esta estratégia instrumentaliza os pais/responsáveis para que consigam dar continuidade ao processo terapêutico junto à criança ou adolescente. Utiliza-se no atendimento de crianças e adolescentes na clínica-escola, diversos protocolos que auxiliam nesse processo de treinamento dos pais acerca de aspectos emocionais, comportamentais, cognitivos e também acerca das habilidades sociais. As mudanças apresentadas pelos pacientes tendem a ser mais positivas e mais rápidas à medida que os pais/responsáveis também são envolvidos nesse processo.

Além do treino de pais, alguns atendimentos exigem que sejam trabalhados pontos relativos à realidade escolar da criança e do adolescente. A escola não participa apenas do processo de avaliação da criança. Além de auxiliar com informações que permitem ter uma visão mais ampla do caso, os agentes escolares também podem contribuir com o processo terapêutico à medida que são inseridos nele. Treinamentos aos escolares envolvidos (professores, equipe pedagógica e de gestão, pares) pode auxiliar e instrumentalizá-los para trabalhar de forma efetiva com a criança e com o adolescente. Essa inclusão da escola precisa ser realizada de forma colaborativa com o paciente, de forma que ele se sinta confortável com a intervenção e visualize a importância de sua realização.

Por fim, a intervenção com a criança ou adolescente, processo que vai permitir a reestruturação cognitiva, a diminuição do sofrimento emocional e a construção de estratégias comportamentais adaptativas. Para o trabalho com esses pacientes, a estrutura física e os recursos são cruciais. O atendimento se inicia antes mesmo do paciente chegar, com a elaboração e adaptação do material de trabalho e com a preparação da sala de atendimento, que precisa ter disponível os instrumentos necessários para a realização das atividades. A sala de atendimento infantil na clínica-escola é diferente das demais salas (adolescentes e adultos), por conter materiais de trabalho como livros, jogos, brinquedos, materiais para desenho, espaço mais amplo e aberto que permite a realização de atividades lúdicas, que auxiliam as crianças em seus processos de expressão. Um cuidado importante no atendimento infantil é verificar se existe, no local de atendimento, materiais que estão de acordo com realidade e com o estágio de desenvolvimento infantil, verificando, portanto, se são necessárias modificações para atender a um caso específico. Na clínica-escola, muitos dos materiais de trabalho são construídos pelos próprios estagiários e supervisor, para que seja adequado para a faixa etária e para realidade sociocultural do paciente. Crianças menores exigem materiais mais concretos para que compreendam o processo terapêutico.

Todas as técnicas de intervenção com as crianças e adolescentes utilizam destes materiais para tornar o processo mais lúdico e mais palpável para a criança. Uma intervenção realizada em todos os casos clínicos, tanto com crianças quanto com adolescentes, é a identificação de emoções, pensamentos e problemas. Para auxiliar nessa intervenção, pode-se utilizar de desenhos das expressões emocionais, pedindo que o paciente desenhe ou levando prontas algumas imagens que representam cada uma das emoções; pode-se utilizar do baralho das emoções (Caminha & Caminha, 2008) e do baralho dos pensamentos (Caminha & Caminha, 2012); elaboração de histórias em conjunto com o paciente; leitura de livros que falam sobre as emoções e os pensamentos para que sirvam de exemplos; utilização do relógio dos pensamentos e das emoções, que ajuda o paciente em seu reconhecimento. Esse relógio muitas vezes é construído durante a sessão com a criança. No caso dos adolescentes, a adaptação dessas estratégias pode auxiliar, bem como a psicoeducação sobre as emoções, uma vez que muitos deles respondem bem a perguntas abertas e ao diálogo mais diretivo.

Para o trabalho na identificação dos problemas e no processo de resolução, utiliza-se muito com os pacientes o Baralho dos Problemas (Lopes & Lopes, 2013) e a estratégia do herói, que permite ao paciente se transformar em um super-herói ou personagem que admira e buscar soluções mais efetivas para o problema enfrentado. As crianças tendem a se identificarem bastante com esta estratégia e se sentirem motivadas e empoderadas ao utilizá-las.

Na intervenção com crianças e adolescentes, assim como na intervenção com adultos, utiliza-se muito de técnicas cognitivas e comportamentais. Com crianças menores as técnicas comportamentais são bastante efetivas, uma vez que auxiliam na redução da intensidade e da frequência dos comportamentos desadaptativos e disfuncionais e auxiliam no aumento dos comportamentos desejáveis. Os treinamentos de relaxamento (respiração, relaxamento progressivo) e de habilidades sociais são muito utilizados como técnicas comportamentais, assim como a técnica de exposição gradual, de economia de fichas e o *role play*. As técnicas cognitivas mais utilizadas dentro do atendimento infantil e do adolescente são: balança de vantagens e desvantagens, técnicas de análise racional (descatastrofização, exame de evidências, reatribuição), estratégia de autoinstrução, que possibilita a alteração do conteúdo do pensamento.

Por meio das intervenções com os pacientes, pais/responsáveis e escola, e, com a utilização adaptada e modelada das estratégias e técnicas cognitivas e comportamentais, é possível ter um resultado positivo no atendimento da criança e do adolescente e permitir que esse processo terapêutico promova bem-estar biopsicossocial.

CONSIDERAÇÕES FINAIS

Este capítulo foi capaz de trazer de forma clara e objetiva a prática clínica da Terapia Cognitivo-Comportamental com crianças e adolescentes, sob uma perspectiva de trabalho em clínica-escola, permitindo ampliar a visão do leitor acerca do processo de atendimento, bem como das estratégias que precisam ser utilizadas para que este processo seja efetivo.

O trabalho na realidade da clínica-escola traz diversos desafios que precisam ser levados em consideração no decorrer do atendimento. Um dos fatores que se caracteriza como desafiador é o reforço da importância social que a instituição exerce no acolhimento da população atendida. Esta população, na maioria das vezes, procura o atendimento na clínica-escola por não ter os recursos econômicos necessários para o atendimento particular e também pela relevância que a instituição de ensino superior tem diante da população, portanto, oferecer um atendimento de qualidade, que afirme a importância desse papel social é crucial e na maioria das vezes um desafio. Não somente pelo aspecto técnico, mas também pela dificuldade de recurso da população em dar continuidade ao processo terapêutico, devido aos altos custos com passagens para ir até o local do atendimento e também pela disponibilidade de tempo no decorrer na semana de trabalho, principalmente pelo fato da criança não ter condições de ir sozinha e da importância do envolvimento familiar tratamento.

Além do papel social, o atendimento infantil exige muita dedicação e preparação por parte dos estagiários, seja na construção dos atendimentos, ou seja, na elaboração de materiais para serem trabalhados, o que também se torna um dificultador uma vez que estes precisam desprender de um tempo maior para cada um dos atendimentos clínicos, privando-os da disponibilidade de atender mais casos no processo de construção da habilidade profissional. A adaptação de materiais em alguns momentos acaba por ser um dificultador, no entanto, permite que os estagiários desenvolvam ainda mais sua capacidade crítica e criativa, habilidade importante no atendimento com crianças e adolescentes.

Apesar de alguns pontos de dificuldade, o atendimento da criança e do adolescente embasado na abordagem da Terapia Cognitivo-Comportamental na clínica-escola, permite de forma significativa o trabalho da prevenção e promoção da saúde mental, além de permitir realizar uma intervenção logo no início da disfuncionalidade, buscando a construção de adultos mais saudáveis e com menor comprometimento seja em aspectos comportamentais, cognitivos e relacionais.

REFERÊNCIAS

Beck, J. S. (2013). *Terapia cognitiva: teoria e prática*. Porto Alegre: Artmed.

Bordin, I. A. S., Paula, C. S., & Duarte, C. S. (2001). *Versão brasileira do "Child Behavior Checklist (CBCL)"*. Departamento de Psiquiatria, Universidade Federal de São Paulo - Escola Paulista de Medicina, Brasil.

Bunge E., Gomar, M., & Mandil, J. (2012). *Terapia cognitiva com crianças e adolescentes – aportes teóricos*. São Paulo: Casa do Psicólogo.

Caminha, R. M., & Caminha, M. G. (2007). *A prática cognitiva na infância*. São Paulo: Roca.

Caminha, R. M., & Caminha, M. G. (2008). *Baralho das emoções: acessando a criança no trabalho clínico*. Porto Alegre: Sinopsys Editora.

Caminha, R. M., & Caminha, M. G. (2012). *Baralho dos pensamentos: reciclando ideias, promovendo consciência*. Porto Alegre: Sinopsys Editora.

CFP – Conselho Federal de Psicologia. (2005). Código de Ética Profissional do Psicólogo. Recuperado de http://site.cfp.org.br/wp-content/uploads/2012/07/codigo-de-etica-psicologia.pdf

Del Prette, Z. A. P., Del Prette, A., & Souza, M. C. (2005). *Psicologia das habilidades sociais na infância: teoria e prática*. Petrópolis: Vozes.

Friedberg, R. D., & McClure, J. M. (2019). *A prática clínica de terapia cognitiva com crianças e adolescentes*. 2 ed. Porto Alegre: Artmed.

Lopes, R. F. F., & Lopes, E. J. (2013). *Baralho de problemas: lidando com transtornos da infância em busca do bem-estar*. Porto Alegre: Sinopsys Editora.

Oliveira, R. G., & Soares, S. C. (2012). Terapia cognitivo-comportamental para crianças. In M. S. Oliveira, & I. Andretta. (Orgs.). *Manual prático de terapia cognitivo-comportamental*. São Paulo: Casa do Psicólogo, p. 467-480.

Papalia, D., & Feldman, R. D. (2013). *Desenvolvimento humano*. Porto Alegre: AMGH Editora.

Petersen, C. S., & Wainer, R. (2011). *Terapias cognitivo-comportamentais para crianças e adolescentes*. Porto Alegre: Artmed.

Pureza, J. R., Ribeiro, A. O., Pureza, J. R., & Lisboa, C. S. M. (2014). Fundamentos e aplicações da Terapia Cognitivo-Comportamental com crianças e adolescentes. *Revista Brasileira de Psicoterapia, 16*(1), p.85-103.

13. TEORIA E PRÁTICA DA TERAPIA COGNITIVO-COMPORTAMENTAL NA FORMAÇÃO EM CLÍNICAS-ESCOLA DE PSICOLOGIA

Aldier Félix Honorato[47]

Ernani de Barros Gomes Neto Segundo[48]

O início dos serviços-escola de psicologia no Brasil coincide com a regulamentação da profissão do psicólogo no país (1962). Objetivando atender às demandas dos estudantes em formação, com aplicação de técnicas psicológicas aprendidas ao longo do curso, os serviços-escola também adquiriram um importante impacto social, possibilitando atendimento psicológico gratuito de qualidade e de baixo custo para a população mais vulnerável e de baixa renda nas suas mais variadas faixas etárias (Herzberg, 1996; Peres, Santos & Coelho, 2003; Amaral, Luca, Rodrigues, Leite, Lopes & Silva, 2012; Barbosa & Silvares, 1994; Cunha & Benetti, 2008).

Anteriormente restrito apenas aos atendimentos clínicos, o termo *clínica-escola* foi substituído pelo termo *serviço-escola* de psicologia em 2004, no

47. Professor de psicologia e supervisor de estágio clínico em TCC no Centro Universitário Estácio Juiz de Fora. Mestre em Psicologia, concentração em História e Filosofia da Psicologia, pela Universidade Federal de Juiz de Fora. Graduado em Psicologia pela mesma Universidade.

48. Professor de psicologia e supervisor de estágio clínico em TCC no Centro Universitário Estácio Juiz de Fora. Graduado em Psicologia pela Universidade Federal de Juiz de Fora/MG. Pós-graduado em Terapia CognitivoComportamental – NEISME-JF. Formação em Terapia Cognitiva Sexual – TCS Dra. Aline Sardinha.

12º Encontro de Clínicasescola do Estado de São Paulo (Melo-Silva, Santos & Simon, 2005). Segundo Herzberg & Chammas (2009), esta nova definição engloba um maior leque das opções de intervenções possíveis em psicologia, não restrito apenas à clínica psicológica, mas também abarcando as diferentes áreas em desenvolvimento da profissão do psicólogo. Dessa forma, se fez necessária a ampliação de pesquisas que visassem a ampliação do número de assistidos, sem a perda da qualidade do serviço prestado. Vale ressaltar, ainda, que também se fez necessário um aumento na investigação pedagógica sobre como treinar os estudantes nas mais variadas áreas de estágio em surgimento.

Amaral et. al. (2012) realizaram uma revisão sistemática na qual analisaram 45 trabalhos produzidos entre 2000 e 2010. Eles destacaram seis temáticas principais relacionadas aos serviços-escola de psicologia no Brasil, a saber: a representação social do psicólogo e papel do supervisor de estágio, descrição da clientela, atendimento ao aluno, triagem, serviços diferenciados e abordagens e atendimento infantil. Dentre tais visões vamos destacar dois aspectos: o papel do supervisor de estágio e as diferentes abordagens utilizadas nos estágios em psicologia clínica.

Oliveira et. al. (2014) discutiram a perspectiva dos supervisores e dos estagiários no papel do estágio supervisionado na formação de futuros psicólogos. Eles verificaram que tanto os alunos como os professores reconhecem a importância da prática para a construção da experiência acadêmica e profissional e avaliam a supervisão clínica de forma positiva. Neste mesmo sentido, focando na supervisão, Perfeito e Melo (2004) destacam a importância da prática clínica para a formação do aluno, pois, somente com a teoria, o aluno não aprende a ser um clínico, pois esta não ensina todas as nuances e "imprevistos" da realidade de um atendimento, coisa que só o contato com o paciente pode proporcionar. Vale ressaltar que não existe um modelo pré-formado para a formação desses espaços, mas que ele deve ser o mais semelhante possível a uma clínica profissional de atendimento, para que o aluno possa aprender para a sua futura prática profissional.

Segundo Knapp, citando Norcross (1990), psicoterapia é a

> Aplicação informada e intencional de métodos clínicos e postura interpessoal derivados de princípios psicológicos estabelecidos, com a finalidade de ajudar pessoas a modificar seus comportamentos, cognições, emoções e/ou outras características pessoais com uma condução que os participantes consideram desejável. (2015, p. 12)

No Brasil, a formação do psicólogo e a regulamentação dos estágios segue as Diretrizes Curriculares Nacionais (Resolução CNE/CES 05/2011), bem como as recomendações do Conselho Federal de Psicologia. Tais orientações definem que a formação do psicólogo deve estimular a construção e o desenvolvimento do conhecimento científico da Psicologia, reconhecer as multifacetas do fenômenos psicológico bem como as várias interfaces com outros saberes; uma compreensão crítica dos fenômenos sociais, econômicos e políticos; a atuação em diferentes contextos; respeito à ética e aprimoramento contínuo dos profissionais. Maravieski e Serralta (2011) e Amaral et. al. (2012) ressaltam que o planejamento do estágio deve estar de acordo com o currículo da instituição e em consonância com as demandas da população local e dos alunos.

No tocante à abordagem a ser utilizada no estágio em psicologia clínica, vamos focar, no presente capítulo, na terapia cognitivo-comportamental (TCC) de Aaron Beck. Desta forma, apresentamos um esboço breve sobre a TCC, a fim de contextualizar para o leitor leigo a respeito dos principais aspectos da teoria. Nesta mesma seção, também apresentaremos uma contextualização da psicologia baseada em evidências (PBE) e da prática baseada em evidências em psicologia (PBEp), com o objetivo de mostrar ao leitor a íntima relação entre elas e a TCC. Em seguida apresentaremos uma estrutura de um estágio clínico em terapia cognitivo-comportamental para adultos e idosos. Tal estrutura é a utilizada em um curso de psicologia de uma instituição de ensino superior da cidade de Juiz de Fora. Nossa meta é estimular a discussão entre supervisores de estágio em TCC para que possamos desenvolver, cada vez mais, uma melhor estrutura e treinamento para nossos alunos, futuros clínicos. Por fim, apresentamos algumas referências básicas que são utilizadas em todo o processo de formação dos supervisionandos.

A TERAPIA COGNITIVO-COMPORTAMENTAL

A Terapia Cognitiva (TC) foi desenvolvida por Aaron T. Beck, na década de 1960, como uma forma de psicoterapia. A nomenclatura utilizada hoje é, também, Terapia CognitivoComportamental (TCC), presente em reedição mais recente (Beck, 2013). Em todas as formas de terapia cognitivo-comportamental, que foram adaptadas a partir do modelo de Beck, o tratamento é baseado em uma formulação cognitiva, nas crenças e estratégias comportamentais que caracterizam um transtorno específico (Alford & Beck, 1997, como citado em Beck, 2013). O termo *Terapia CognitivoComportamental* "é utilizado para um grupo de técnicas nas quais há uma combinação de uma abordagem cognitiva e de um conjunto de procedimentos comportamentais" (Knapp & Beck, 2008, p. 55). Tem como característica prática atuar em conflitos do "presente", uma vez que atua em demandas do sujeito relacionadas ao cotidiano e que podem ser prejudiciais e/ou limitantes para suas funções laborais, relacionamentos afetivos, familiares e sociais.

A TCC é uma integração de duas abordagens psicoterápicas congregando uma família de intervenções que compartilham os mesmos elementos da TC, que preconiza a importância dos processos cognitivos na regulação emocional (Hofmann, Asmundson & Beck, 2013). Os termos "terapia cognitiva" e "terapia cognitivo-comportamental" são usados com frequência de forma intercambiável para descrever psicoterapias embasadas no modelo cognitivo mediacional, de que as avaliações cognitivas de eventos afeta a resposta a estes. Atualmente, TCC carrega um significado bem mais abrangente, que inclui tanto a TC padrão quanto diferentes combinações teóricas de estratégias cognitivas e comportamentais, congregando uma diversidade de abordagens que emergiram ao longo das décadas, atingindo variados graus de aplicação e sucesso (Dobson & Sherrer, 2004).

O tratamento, além da teoria, baseia-se nas crenças, conceitos, padrões e compreensão de cada paciente que, ao longo do processo, passa por mudanças emocionais e comportamentais visando uma reestruturação cognitiva, ou seja, a reformulação na sua maneira de observar, interpretar e agir no mundo. O modelo da terapia cognitiva, propõe que o pensamento disfuncional (uma elaboração sobre a realidade que atrapalha o desenvolvimento do sujeito), que influencia o humor, está presente em todos os transtornos psicológicos.

Quando as pessoas aprendem a avaliar seus pensamentos de forma mais realista e adaptativa, obtêm uma melhora emocional e comportamental, além de aprender a lidar com certas situações que antes julgava de sua total responsabilidade, como se "não fosse capaz" ou fosse um "fracasso", por exemplo. Uma vez que se busca uma melhora consistente e duradoura, os terapeutas cognitivos trabalham para reestruturar profundamente a cognição, as crenças dos pacientes sobre si mesmo, o mundo e o futuro. Tais transformações acontecem com o objetivo de tornar o paciente mais consciente do mundo ao seu redor e mais consciente de seus pensamentos sobre si mesmo, terceiros e o mundo externo, desenvolvendo maior percepção sobre a realidade.

O modelo cognitivo, segundo Falcone (2001), acomoda três níveis de pensamentos: automáticos (PA), crenças intermediárias (CI) e crenças centrais (CC). Os pensamentos automáticos são formulações sobre o mundo e nós mesmos que foram reforçados ao longo do tempo e fluem de forma espontânea em nossa cognição, sem que precisemos acessá-los ou controlá-los, pois surgem de situações corriqueiras. As CI são as atitudes, regras e pressupostos que estão em um nível intermediário entre o PA e a CC. As Crenças Centrais ou nucleares são "compreensões duradouras tão fundamentais e profundas que frequentemente não são articuladas nem para si mesmo. A pessoa considera que as ideias são verdades absolutas - é como as coisas são" (Beck, 2013, p. 52). Esses três níveis da cognição é que são trabalhados no processo da terapia cognitivo-comportamental, chamado de modelo cognitivo.

A TCC não é necessita de competências do terapeuta em uma ampla variedade de habilidades terapêuticas para garantir a eficácia dos procedimentos (Knapp & Beck, 2008). Desta forma, destaca-se a grande importância do treinamento aluno na clínica-escola, para que, através da prática, ele possa aprender a utilizar o arcabouço teórico, o conjunto de técnicas e a relação psicólogo-paciente.

PRÁTICA BASEADA EM EVIDÊNCIAS

Em 1993, a divisão 12 da Associação Americana de Psicologia (APA) criou uma forçatarefa para investigar as evidências científicas sobre as psicoterapias. Tal forçatarefa tinha o objetivo de definir e identificar tratamentos empiricamente sustentados, propor diretrizes de formação para futuros terapeutas, o treinamento contínuo para profissionais, disseminar os tratamentos empiricamente sustentados para os planos de saúde e informar à população sobre a eficácia da psicoterapia (Chambless, 1993). Além das publicações da divisão 12 da APA, a Cochrane Library e a Cochrane Brasil dedicam-se à publicação dos estudos e das melhores práticas baseadas em evidências no Brasil e no mundo.

Como destacam Monteleone e Witter (2017), a APA estabeleceu que só podemos considerar um tratamento como empiricamente validado se tivermos dois ou mais ensaios clínicos randomizados feitos por diferentes pesquisadores, com resultados estatisticamente superiores ao efeito placebo, e nove ou mais trabalhos experimentais de caso único que também demonstrassem superioridade em relação ao placebo. Dessa forma poderíamos considerar aquele tratamento como provavelmente eficaz e, portanto, seria indicado seu uso.

Tendo esse arsenal de tratamentos com evidências de sucesso, cabe ao profissional saber como escolher aquilo que melhor se adeque ao seu paciente. Sendo assim, a prática baseada em evidências deve ser conduzida com um levantamento de todas as questões clínicas relevantes ao caso, a saber, sintomas, histórico de vida do paciente, contexto que ele está inserido etc. Em seguida, o terapeuta deve buscar as melhores evidências disponíveis para a demanda que ele tem a sua frente. Coletada as evidências, o profissional deve realizar uma apreciação crítica sobre qual terapêutica disponível melhor se adequa à realidade do caso sob sua responsabilidade (é onde a perícia do terapeuta é fundamental). Agora é o momento de realizar a intervenção embasada. Por fim, deve-se avaliar as consequências ponderar se, de fato, tal escolha foi a acertada para a solução do problema (Leonardi & Meyer, 2015).

Em todos os bancos de dados que buscamos, a TCC aparece como a vertente terapêutica da Psicologia que apresenta o maior número de tratamentos possivelmente eficazes e o maior número de estudos indicando evidências de eficácia. Somada à indicação da APA para as práticas baseadas em evidência em psicologia e o amplo número de evidências relacionadas à TCC, o estágio clínico em terapia cognitivo-comportamental, orientado por nós, busca treinar os alunos na prática clínica considerando as particularidades de cada paciente e embasando as intervenções em práticas que possuam indicação científica de eficácia. Tendo este cenário em mente, vamos apresentar uma proposta para orientação dos estagiários em TCC nos últimos períodos do curso de Psicologia. Tal proposta é nossa prática enquanto professores supervisores. Ao fim, esperamos contribuir para uma discussão acerca de boas práticas em estágio supervisionado em TCC.

O ESTÁGIO SUPERVISIONADO EM CLÍNICA – TCC

Vamos agora apresentar o modelo de nosso estágio supervisionado em terapia cognitivo-comportamental. A fim de tornar a apresentação mais clara e objetiva, nós apresentaremos dois aspectos relevantes antes do proceder específico das supervisões. Primeiramente, a estrutura física necessária para que o estágio possa ocorrer; segundo, alguns pré-requisitos de matérias a serem cursadas, para que os alunos possam extrair o máximo aproveitamento das supervisões. Em seguida entraremos nas orientações específicas.

Nesta seção debateremos algumas referências básicas utilizadas por nós, bem como todo o proceder das reuniões e orientação aos atendimentos realizados na clínica-escola.

ESTRUTURA FÍSICA E PRÉ-REQUISITOS

Quando falamos em pré-requisitos para a execução do estágio supervisionado em TCC, nós estamos falando tanto das condições teóricas (matérias que devem ser cursadas pelos alunos antes de iniciar o estágio) quanto físicas. Nos pré-requisitos teóricos mínimos exigidos por nós, temos as disciplinas de estágio básico, psicopatologia, pesquisa em psicologia e terapia cognitivo-comportamental, por exemplo. É em estágio básico que o aluno tem seu primeiro contato com a realidade prática da profissão, com os aspectos éticos e questões burocráticas. É nele que as diferentes vertentes da clínica, a avaliação psicológica e a psicologia escolar, dentre outras, são apresentadas e discutidas com os alunos.

Psicopatologia se torna fundamental, pois é a disciplina onde o aluno terá contato com as alterações da percepção, com os critérios para diferenciar o normal do patológico, aprenderá a utilizar os manuais dos transtornos mentais, discutirá os aspectos diagnósticos fundamentais para uma boa hipótese clínica, estudará diversos transtornos, desenvolverá competências para diagnósticos diferenciais etc. Desta forma, é uma matéria essencial para quem ingressa em qualquer um dos estágios em clínica.

De igual relevância, pesquisa psicológica se insere no contexto de ensinar ao aluno os aspectos relevantes sobre o trabalho científico em psicologia. Desenvolvendo competências para reconhecer o que é um bom trabalho de pesquisa, o que é um artigo de qualidade, o que é uma evidência científica, além de habilidades para ele mesmo redigir um relato de caso, por exemplo, essa disciplina é fundamental para o estagiário em TCC reconhecer os tratamentos empiricamente eficazes e poder julgar os mais variados protocolos de intervenção disponíveis. Essas competências o aluno precisa trazer dessa disciplina, para na supervisão, o supervisor auxiliar no desenvolvimento da perícia profissional.

Por fim, a disciplina de terapia cognitivo-comportamental é fundamental, por motivos óbvios. É nessa matéria que o aluno tem contato direto com a teoria da TCC, os fundamentos da prática, desenvolvimento histórico, termos basilares como, por exemplo, pensamento automático, tríade cognitiva, crenças etc. Sem os fundamentos teóricos é impossível o aluno desenvolver plenamente todas as habilidades no estágio.

Podemos ainda destacar a importância da disciplina de psicodiagnóstico e metodologia de pesquisa. A primeira para o desenvolvimento das competências na criação de um bom diagnóstico e a segunda para o aluno aprender o que é um trabalho científico, podendo, ele mesmo, criar as habilidades para realizar tais trabalhos e tirar o máximo das leituras de artigos e livros e também para transmitir alguma prática de sucesso reproduzida ou criada em seu consultório. Vale lembrar que outras matérias podem entrar na construção desses pré-requisitos, pois cada curso possui uma grade específica e um viés específico, entretanto, destacamos estas, que são as utilizadas em nosso estágio.

Todos esses pré-requisitos só fazem sentido se o aluno tiver as condições físicas para colocar em prática seus conhecimentos. Sendo assim, destacamos alguns aspectos das estruturas físicas que a instituição precisa possuir para a realização do estágio. A clínica-escola precisa ser dotada de salas/consultórios individuais, com isolamento acústico e poltronas. Estas salas podem contar com ventiladores ou ar condicionado, o importante é possuir isolamento acústico, para que as pessoas no exterior não consigam ouvir os atendimentos. Acessórios secundários podem ser instalados dentro dos consultórios, como, por exemplo, um botão para emergências, lenços para caso o paciente chore, dentre outros.

Além das salas individuais, a clínica-escola precisa contar com um sistema organizado de lista de espera dos atendimentos, telefone para contato, sala de espera para os pacientes, sala para os estagiários que estiverem em plantão, água, banheiro

MÓDULO 1 – PARTE TEÓRICA E SIMULAÇÕES

Como mencionado acima, separamos a orientação de estágio em dois módulos. Sabemos que o início dos estágios em clínica variam de curso para curso e de instituição para instituição. Em alguns lugares os alunos têm a oportunidade de iniciar o estágio no sétimo período do curso, em outros no oitavos e, ainda em outros, no nono período. Ou seja, em média, é entre o penúltimo e o último ano da graduação de psicologia que o aluno vai ter contato com o estágio em psicologia clínica, podendo ser este o momento do primeiro contato dele também com a clínica-escola. Em nossa instituição, eles têm a oportunidade de iniciar no estágio no sétimo ou oitavo período do curso. Desta forma, seguimos o seguinte processo de treinamento.

O primeiro módulo das nossas supervisões é dedicado ao estudo teórico aprofundado e a simulações de triagem e/ou atendimento. Inicialmente, nós separamos o estudo teórico em três momentos fundamentais: primeiro, revisão e discussão do código de ética do profissional; segundo, revisão dos principais conteúdos da TCC e aprofundamento nos conteúdos voltados à prática; por fim, discutimos alguns temas atuais da clínica, ainda em desenvolvimento na psicologia.

Após o quebragelo, momento onde todos se conhecem (alunos e alunas e professor ou professora), damos início à apresentação do cronograma de textos a serem discutidos neste primeiro módulo, que pode possuir duração de um semestre inteiro ou menos, dependendo da grade do curso. É nesse momento inicial, até a terceira supervisão, que realizamos as discussões sobre o código de ética profissional do psicólogo. Com o formato de uma roda de discussão, estimulamos que os próprios alunos tragam as dúvidas sobre o código e eles próprios ponderem a solução. O supervisor vai orientando o debate e contribuindo nos aspectos ignorados pelos estagiários. Em seguida são levantados pelo alguns dilemas éticos enfrentados pelos psicólogos e pedido para que os alunos os solucionem. Quando o professor percebe que todos os pontos essenciais do código foram esmiuçados, partimos para a segunda etapa: revisão dos aspectos teóricos da TCC e aprofundamento prático.

Dado que todos já terão cursado a disciplina de terapia cognitivocomportamental, nós agora selecionamos alguns termos fundamentais que estarão presentes durante o processo terapêutico, como, por exemplo: pensamento automático, crenças intermediárias, crenças centrais, distorção cognitiva, conceituação cognitiva, dentre outros. Cada supervisão subsequente à discussão sobre o código de ética agora se dedica aos estudos destes termos. Os alunos sempre deverão ler o texto recomendado antes de cada aula, para discutirmos apenas as dúvidas e aprofundar na contextualização com a prática do atendimento. Na segunda metade ou último terço de cada supervisão, nós separamos para simulações de atendimento e/ou triagem, onde os alunos treinam tudo o que foi discutido até ali na aula e/ou supervisões anteriores. Abaixo falaremos somente das simulações.

Após a discussão dos temas da TCC e das simulações, que pode durar entre cinco e oito encontros, nós permitimos que os alunos que atendam critérios mínimos (estipulado por cada supervisor) nas etapas anteriores realizem uma triagem na clínica. Desta forma, todos devem marcar as triagens para as duas semanas subsequentes. Assim, temos dois encontros para discutir as triagens (a triagem é apresentada na supervisão na frente do supervisor e dos pares, guardando os critérios éticos para a não identificação do paciente) e realizar o devido encaminhamento dos pacientes. Neste momento estes alunos ainda não podem realizar atendimentos.

O último mês do módulo 1 nós deixamos para discussões de temas atuais da TCC e da psicologia, como, por exemplo, a terapia online, uso de aplicativos e realidade aumentada nos processos terapêuticos. Todos são temas ainda em desenvolvimento na psicologia atual, desta forma levamos para a supervisão temas ainda em aberto para que os alunos, futuros profissionais, possam, caso tenham interesse, se dedicar aos estudos neles.

As simulações, mencionadas acima, são realizadas em duplas. Várias formas podem ser utilizadas: na sala com o espelho ou na própria sala de supervisão. A diferença é que, na primeira, a dupla que está treinando fica sozinha, enquanto o restante observa por detrás do espelho; e, na segunda, os espectadores estão na mesma sala. Dois alunos são selecionados. Um vai simular o psicólogo enquanto o segundo vai atuar como o paciente de um caso passado previamente pelo supervisor. Cada simulação dura 10 minutos e é de responsabilidade do aluno controlar o tempo. A turma que está observando deve realizar anotações sobre os pontos fortes e fracos da simulação, sempre considerando todos os conteúdos estudados previamente. Entre a primeira e última simulação, o nível de dificuldade dos casos vai aumentando gradualmente, pois após cada supervisão, os estagiários têm mais conteúdo para aplicar.

Por fim, vale ressaltar uma outra temática que pode ser inserida entre o código de ética e o estudo da TCC: a entrevista motivacional. Tal entrevista, discutida por Rollnick, Miller e Butler (2009), visa à aquisição de informações do paciente ao mesmo tempo em que motiva o paciente a se engajar no tratamento, seja ele medicamentoso, de reeducação alimentar e/ou física, ou mesmo psicoterápico. É uma estratégia muito importante para quem atua em vários contextos de saúde e que pode ser inserido neste módulo um, a depender do planejamento do supervisor.

Finalmente, destacamos que todos esses tópicos relacionados neste módulo podem ser ajustados por cada supervisor dentro de suas competências, tempo e planejamento. A própria opção de permitir o aluno realizar uma triagem nesta fase é de decisão do próprio professor e pode variar de turma para turma. Encerrado esta etapa, partiremos para o módulo 2.

MÓDULO 2 – SUPERVISÕES DOS ATENDIMENTOS

No módulo 2 nós temos as supervisões dos atendimentos que os alunos estão realizando na clínica-escola. Tais supervisões acontecem semanalmente e em grupo. Normalmente tentamos estipular grupos com até oito alunos, para que possamos dar atenção às demandas trazidas por todos os estagiários, pois a duração de cada supervisão é de apenas duas horas por semana. Este tempo pode variar de acordo com a instituição e professores supervisores.

Como mencionado acima, a triagem é o primeiro contato do aluno com o paciente na prática clínica. Tal contato pode ocorrer no módulo anterior, porém, agora no módulo 2 ela é uma ferramenta de desenvolvimento do estagiário e fonte de pacientes para o mesmo. Por este motivo ela requer especial cuidado por parte dos alunos e dos supervisores, para que não se cometam erros que comprometam o início dos atendimentos.

Além das triagens, agora é realizada a supervisão dos atendimentos semanais. No caso de relato de uma triagem, o aluno tem aproximadamente 10 minutos para apresentá-la. É imprescindível, desde o primeiro momento, a ética e os cuidados com o sigilo do paciente. Também destaca-se, por parte da turma, o respeito com o relato e para com as dificuldades inerentes de cada triagista. O foco é o aprendizado e não julgamentos incongruentes com a prática ética da profissão.

Neste momento é discutida a demanda trazida pelo paciente, com todos os detalhes captados pelo aluno durante a anamnese e preenchimento dos documentos cabíveis. Após a apresentação, o aluno pode optar por ficar com o caso para a continuidade do atendimento, outro colega do grupo pode acolher o caso, ou ainda, este ser direcionado para estagiários de outros supervisores. Tais discussões são de suma importância, uma vez que cada aluno pode realizar até três triagens em uma única semana, elevando o número de casos apresentados e permitindo contato com uma maior variedade de demandas.

Em relação aos atendimentos, os casos são apresentados na reunião de supervisão, com tempo aproximado de 10 minutos por aluno. Após a apresentação, os colegas podem dar suas opiniões sobre o relato, levantar dúvidas e participar da construção do que será o próximo atendimento. O supervisor, por sua vez, pontua a atuação do aluno, destacando aspectos positivos e pontos a melhorar. Ele também deve indicar aos estagiários leituras focadas nos casos com os quais eles estão trabalhando, bem como técnicas que podem ser implementadas na próxima sessão. É importante ressaltar que o papel do supervisor é orientar o aluno, ajudando-o a desenvolver a autonomia necessária a um profissional de psicologia que atua na clínica.

O módulo 2 pode durar entre um e dois semestres, dependendo da grade curricular de cada instituição. Mister se faz destacar a relevância de uma orientação bem conduzida e embasada. Por esse motivo, todas as técnicas ensinadas, todos os protocolos ensinados e a teoria estudada são embasadas pelas melhores evidências científicas disponíveis em língua portuguesa.

Finalmente, esta é apenas uma proposta para que supervisores em terapia cognitivo-comportamental clínica poderem se embasar. Diversas são as maneiras pensadas de se orientar um estágio Brasil afora. Desta forma, esperamos contribuir para a discussão sobre as melhores práticas de ensino em estágio em psicologia. Destacamos que esta é uma proposta teórica que carece de teste empírico, ou seja, é apenas uma proposta, utilizada por nós, é verdade, mas ainda sem uma mensuração precisa da satisfação e aprendizado dos alunos (apenas temos dados subjetivos de feedbacks ao fim do semestre). Em suma, o debate está aberto e pesquisas futuras são muito bem-vindas para nos elucidar neste tema.

BIBLIOGRAFIA RECOMENDADA

Abaixo destacamos algumas das referências utilizadas por nós durante os dois módulos dos nossos estágios.

1. American Psychiatric Association. (2014). *Manual diagnóstico e estatístico de transtornos mentais*. Porto Alegre: Artmed.
2. Barlow, D. H. (2009). *Manual clínico dos transtornos psicológicos: tratamento passo a passo*. Porto Alegre: Artmed.
3. Barlow, D. H., & Durand, V. M. (2015). *Psicopatologia. Uma abordagem integrada*. (Trad. da 7ª edição). São Paulo: Cengage Learning.
4. Barnhill, J. W. (Org.). (2015). *Casos clínicos do DSM-5*. Porto Alegre: Artmed.

5. Beck, A. T.; Freeman, A.; & Davis, D. D. (2005). *Terapia cognitiva dos transtornos da personalidade.* (2ª Ed). Porto Alegre: Artmed.
6. Beck, A., Rush, J. A., Shaw, B. F. & Emeny, G. (1997). *Terapia cognitiva da depressão.* Porto Alegre: Artmed.
7. Beck, J. (2013). *Terapia cognitivo-comportamental: Teoria e prática.* (2ª Ed.) Porto Alegre: Artmed.
8. Código de ética Profissional do Psicólogo - Conselho Federal de Psicologia. CFP 2005
9. Hofmann, S. G. (2014). *Introdução à terapia cognitivo-comportamental contemporânea.* Porto Alegre: Artmed.
10. Leahy, R. L. (2019). *Técnicas de terapia cognitiva. Manual do terapeuta.* (2ª ed.) Porto Alegre: Artmed.
11. Morrison, J. (2010). *Entrevista inicial em saúde mental.* (3ª ed.) Porto Alegre: Artmed.
12. Rollnick, S.; Miller, W. R., & Butler, C. C. (2009). *Entrevista motivacional no cuidado da saúde: Ajudando pacientes a mudar o comportamento.* Porto Alegre, Artmed.
13. Wright, J. H., Brown, G. K., Thase, M. E., & Basco, M. R. (2019). *Aprendendo a terapia cognitivo-comportamental: Um guia ilustrado.* (2ª ed.) Porto Alegre: Artmed.

REFERÊNCIAS

Amaral, A. E. V., Luca, L., Rodrigues, T. C., Leite, C. A., Lopes, F. L., & Silva, M. A. (2012). Serviços de psicologia em clínicas-escola: Revisão de literatura. *Bol psicol. 62*(136), 3752.

Barbosa, J. I. C., & Silvares, E. F. M. (1994). Uma caracterização preliminar das clínicas-escola de Fortaleza. *Estud Psicol. 11*(3), 50-56.

Beck, J. S. (2013). *Terapia cognitivo-comportamental: Teoria e prática.* (2ª ed.). Porto Alegre: Artmed.

Cunha, T. R. S., & Benetti, S. P. C. (2008). Abandono de tratamento psicoterápico: Implicações para a prática clínica. *Arquivos brasileiros de psicologia. 60*(2), 48-59.

Chambless, D. L. (1993). *Task force on promotion and dissemination of psychological procedures: a report adopted by the Division 12 Board.* APA.

Dobson, K. S., & Scherrer, M. C. (2004). História e futuro das terapias cognitivo comportamentais. In P. Knapp et al. *Terapia cognitivo-comportamental na prática psiquiátrica.* Porto Alegre, Artmed. p. 42-57.

Falcone, E. O. (2001). O processamento cognitivo da ansiedade na fobia social. *Revista de Psiquiatria Clínica, 28*(6), 309-12.

Herzberg, E. (1996). Reflexões sobre o processo de triagem de clientes a serem atendidos em clínicas-psicológicas-escola. *Coletâneas da ANPEPP, 1*(9), 147-154.

Herzberg, E., & Chammas, D. (2009). Triagem estendida: Serviço oferecido por uma clínica-escola de Psicologia. *Paideia, 19*(42), 107-114.

Hofmann, S. G., Asmundson, G. J. G., & Beck, A. T. (2013). The science of cognitive therapy. *Behav Ther, 44*, 199-212.

Knapp, P., & Beck, A. T. (2008). Fundamentos, modelos conceituais, aplicações e pesquisa da terapia cognitiva. *Revista Brasileira de Psiquiatria, 30*(2), 55.

Knapp P. (2015). *Tendências históricas e atuais das terapias cognitivo-comportamentais*. Porto Alegre: 12.

Leonardi, J. L., & Meyer, S. B. (2015). Prática baseada em evidências em Psicologia e a história da busca pelas provas empíricas da eficácia das psicoterapias. *Psicologia: ciência e profissão. 35*(4), 1139-56.

Maravieski, S., & Serralta, S. B. (2011). Características clínicas e sociodemográficas da clientela atendida em uma clínica-escola de Psicologia. *Temas em Psicologia, 19*(2), 481-90.

Melo-Silva, L. L., Santos, M. A., & Simon, C. P. (2005) Serviço-escola em Psicologia: a construção do saber prático. In L. L. Melo-Silva, M. A. Santos, & C. P. Simon. *Formação em Psicologia – Serviços-escola em debate*. São Paulo: Vetor. p. 21-30.

Monteleone, T. V., & Witter, C. (2017). Prática baseada em evidências em psicologia e idosos: Conceitos, estudos e perspectivas. *Psicologia: Ciência e profissão. 37*(1), 48-61.

Oliveira M. S. et al. (2014). Supervisão em serviços-escola de Psicologia no Brasil: Perspectivas dos supervisores e estagiários. *Psico, 42*(2), 1-9.

Rollnick, S., Miller, W. R., & Butler, C. C. (2009). *Entrevista motivacional no cuidado da saúde: Ajudando pacientes a mudar o comportamento*. Porto Alegre, Artmed.

Peres, S. R., Santos, M. A., & Coelho, H. M. D. (2003). Atendimento psicológico a estudantes universitários: considerações acerca de uma experiência em clínica-escola. *Estud Psicol. 20*(3), 45-57.

Perfeito, H. C. C. S., & Melo, S. A. (2004). Evolução dos processos de triagem psicológica em uma clínica-escola. *Estudos psicológicos, 21*(1), 33-42.

14. O PSICODIAGNÓSTICO INFANTIL – INFLUÊNCIA DAS EMOÇÕES NO DESEMPENHO ACADÊMICO

Mônica Freitas Ferreira Novaes[49]

Paula Dantas de Oliveira Pelizer[50]

INTRODUÇÃO

Compreendendo a Avaliação Psicológica como um conjunto de métodos e técnicas reconhecidas cientificamente, responsável pela coleta de dados para interpretação com diferentes finalidades, o Psicodiagnóstico constitui-se como uma modalidade desse procedimento com propósito clínico. Existem diferenças entre os conceitos de Avaliação Clínica e Psicodiagnóstico, mas ambos são destinados ao contexto clínico, variando em sua forma, finalidade e de acordo com o público atendido. Neste capítulo será apresentada uma compreensão do procedimento de Psicodiagnóstico e suas especificidades para a clínica infantil, além das diferenças desta prática do Psicólogo em sua forma tradicional e numa perspectiva mais atual.

---

49. Psicóloga especialista e docente em Avaliação e Diagnóstico Psicológico pela PUC Minas, possui Mestrado em Psicologia do Desenvolvimento Humano pela UFMG. É docente, supervisora de estágios clínicos e coordenadora do Laboratório de Avaliação Psicológica no Centro Universitário Newton Paiva. Diretora executiva da SAPSI – Sociedade de Avaliação Psicológica de Minas Gerais, gestão de 2018 a 2020.

50. Graduada em Psicologia pelo Centro Universitário Newton Paiva. Mestranda em Educação pela Universidade Federal de Minas Gerais (UFMG). Tem experiência com pesquisas nas áreas de Ciências Humanas e da Saúde, com ênfase em História da Educação e Psicologia, atuando principalmente nos seguintes temas: Psicologia Experimental e Científica, Avaliação Psicológica, Patrimônio Cultural, Helena Antipoff.

Serão apresentadas reflexões sobre as influências dos pressupostos teórico-metodológicos para o Psicodiagnóstico Infantil e para os processos de aprendizagem. Entendendo que a utilização assertiva das técnicas e instrumentos para o processo de Avaliação Psicológica conduz à uma prática coerente e eficaz do Psicólogo em diversos contextos, e que o ensino-aprendizagem é um processo que requer considerações quanto às limitações do desenvolvimento humano e fatores de influência externos, também serão expostas: algumas orientações para a escolha dos materiais utilizados durante o procedimento de Psicodiagnóstico Infantil; algumas técnicas específicas para uso no atendimento de crianças; reflexões sobre as teorias de aprendizagem para embasamento na prática clínica; aspectos do desenvolvimento infantil que interferem no Psicodiagnóstico e na aprendizagem; e as influências das emoções no desempenho acadêmico de crianças.

Atualmente, o público infantil é o mais atendido em clínicas-escola, por isso torna-se necessário o esclarecimento sobre as especificidades do Psicodiagnóstico para a clínica infantil e a apresentação de propostas atuais de formação acadêmica comprometidas com: os princípios éticos da profissão; pressupostos filosóficos e capacitação profissional para atuação do Psicólogo no contexto clínico com crianças, permitindo-lhe articulações teórico-metodológicas embasadas cientificamente; e desenvolvimento de habilidades para realização da Avaliação Psicológica e procedimentos clínicos com público infantil. Portanto, será apresentada a estrutura de atendimento, a configuração da Avaliação Psicológica, as experiências acadêmicas e os direcionamentos propostos pelos projetos de estágio em Psicodiagnóstico Infantil na clínica-escola do Centro Universitário Newton Paiva. Também serão expostas reflexões sobre relevância da regulação emocional infantil neste procedimento, considerando as influências emocionais no processo educacional e desempenho acadêmico.

O QUE É O PSICODIAGNÓSTICO?

O Psicodiagnóstico é tradicionalmente uma proposta não interventiva de prática clínica na Psicologia, tendo seu início principalmente com o surgimento dos primeiros testes psicológicos. O conceito deriva da prática de diagnóstico na Psicologia Clínica, concebendo-se a aplicação dos conhecimentos da Psicologia ao contexto clínico. Segundo Ancona-Lopez (1984), o diagnóstico é considerado no campo da ciência como a possibilidade de conhecimento por meio da utilização de conceitos, percepções e teorias científicas. Enquanto parte do processo de Avaliação Psicológica, também se constitui pelo uso de métodos, técnicas e instrumentos validados cientificamente pela Psicologia, tais como: entrevistas, testes psicológicos, análises documentais e observações.

Este procedimento pode ser considerado como forma de investigação científica e intervenção clínica, composto por um conjunto de etapas que viabilizem o processo de Avaliação Psicológica a partir de uma determinada questão. Mesmo com as diversas definições sobre o conceito de Psicodiagnóstico a partir de estudos e pesquisas científicas, considera-se a necessidade de discussões pela reflexão proposta por Primi (2010), acerca da existência de diferenças conceituais e taxonômicas nas dimensões nomotéticas e idiográficas da Avaliação Psicológica, que poderiam ser melhor pesquisadas para articulação entre os aspectos científicos e a arte clínica na área da Psicologia.

Em sua forma geral, o Psicodiagnóstico compõe uma formulação de caso e é constituído por etapas que conduzam à uma resposta para tratamento clínico. Inicia-se pela identificação de uma demanda (ou questão a ser resolvida), e complementa-se nas etapas de: planejamento da atividade avaliativa, processo de avaliação, formulação e controle de uma hipótese. Após as etapas básicas do Psicodiagnóstico, o Psicólogo é responsável pela finalização do procedimento com entrevista(s), devolutiva(s), e a materialização dos resultados em documentos legais, seguindo-se a Resolução 06/2019 do Conselho Federal de Psicologia.

Ressalta-se que a diversidade das *finalidades* (Arzeno, 1995) do Psicodiagnóstico também permite uma reflexão quanto à integração de diferentes ramificações da Ciência Psicológica que o procedimento proporciona, tais como: Psicologia Aplicada, nos psicodiagnósticos com finalidade de investigação diagnóstica, avaliação do tratamento e como meio de comunicação entre psicólogo e paciente; Psicologia Comparada, nas investigações que aproximam este procedimento da dimensão nomotética de Avaliação Psicológica, principalmente pelo desenvolvimento de novos instrumentos de exploração; Psicologia Correlacional, no planejamento de investigações para o estudo de uma determinada patologia.

Portanto, o Psicodiagnóstico pode ser compreendido como uma modalidade da Avaliação Psicológica que integra instrumentos e técnicas validados cientificamente pela Psicologia, possibilitando a elaboração de uma hipótese diagnóstica embasada cientificamente e a partir de pressupostos teórico-metodológicos. É uma prática limitada temporalmente e com o propósito de avaliar características psicológicas dos indivíduos atendidos em contexto clínico. Segundo Hutz et al. (2016), pode ser realizado em variadas formas e com diferentes objetivos, e destaca-se por viabilizar um diagnóstico psicológico que conduza ao tratamento terapêutico e/ou encaminhamentos.

DIFERENÇAS ENTRE PSICODIAGNÓSTICO TRADICIONAL E INTERVENTIVO

Existem diferenças a serem consideradas nas formas de Psicodiagnóstico, que consideram perspectivas históricas e conduzem o Psicólogo em suas práticas clínicas. Ressaltase que, independentemente da forma escolhida pelo Psicólogo para trabalhar o Psicodiagnóstico em sua clínica, este não pode se limitar à avaliação de aspectos nosológicos, e deve ter sua prática embasada em paradigmas teóricos e numa perspectiva científica sobre o fenômeno a ser avaliado, considerando-se que o embasamento científico e os pressupostos teórico-metodológicos conduzem a análise do objeto de estudo.

Tradicionalmente, o Psicodiagnóstico é caracteristicamente não interventivo, ou seja, é embasado no paradigma científico de simplicidade, estabilidade e objetividade. Os paradigmas científicos mudam e transformam a *práxis* clínica com o passar do tempo, aproximando cada vez mais as práticas de uma visão científica: complexa, instável, intersubjetiva, e que considera as situações como essencialmente efêmeras e dinâmicas. Com isso, os procedimentos da Ciência Psicológica também passam a ser transformados, orientando a prática profissional à uma perspectiva que considere a complexidade humana.

As diferentes formas de Psicodiagnósticos também se justificam pela influência de pressupostos filosóficos, sendo o tipo não interventivo fundamentado principalmente numa visão positivista que segrega os espaços de investigação e intervenção no contexto clínico. Historicamente, o positivismo é decorrente das Ciências Sociais e Humanas e concebe à objetividade o status de superioridade na construção de conhecimentos científicos, numa proposta linear de verificação das verdades. Já o pensamento complexo é uma proposta moderna que permite pensar o Psicodiagnóstico a partir de uma filosofia empírica, utilizando-se de métodos experimentais para comprovação das hipóteses durante o procedimento.

Os Psicodiagnósticos interventivos se iniciam principalmente com o uso de instrumentos de avaliação projetivos, como os testes gráficos do Desenho da Figura Humana (Goodenough, 1926), Desenho de Família (Luquet, 1913; Porot, 1952; Corman, 1961; Burns & Kaufman, 1962; Font, 1978; Korbman, 1984) e Teste de apercepção temática (Morgan & Murray, 1935), entre outros, com propósito de aferir os tipos individuais de inteligência, personalidade e aptidões (Hutz et al., 2016). Uma das técnicas utilizadas no início do Psicodiagnóstico é a *Entrevista de Anamnese*, que propõe investigar o histórico do indivíduo atendido na clínica e seus aspectos físicos, cognitivos, emocionais, culturais e socioeconômicos. Ressalta-se que a utilização de instrumentos e técnicas lúdicas permite a formulação de hipóteses na clínica Infantil, considerando a brincadeira como linguagem natural da criança e o Psicodiagnóstico Interventivo para um tratamento clínico caracteristicamente dinâmico.

ESPECIFICIDADES DO PSICODIAGNÓSTICO INFANTIL E DAS PRÁTICAS DE ESTÁGIO NUMA CLÍNICA-ESCOLA

Os procedimentos na clínica infantil precisam considerar as limitações decorrentes de cada etapa do desenvolvimento humano, e as informações necessárias para essa análise podem ser obtidas diretamente com a criança e por meio de entrevistas com pessoas envolvidas no seu encaminhamento. Consideram-se relevantes a integração e correlação de informações provenientes de fontes diferentes, a saber: professores e profissionais de saúde que acompanham a criança, devido às variações de comportamento que podem ocorrer de acordo com o contexto e as relações estabelecidas pela criança com o meio em que se encontra.

Os pacientes com um repertório verbal mais desenvolvido permitem a coleta de informações necessárias para o Psicodiagnóstico por meio do autorrelato, mas no caso de crianças mais novas a entrevista com os pais e outros profissionais que a acompanham permite uma investigação mais aprofundada de seu histórico de vida, considerando aspectos sobre o desenvolvimento físico, emocional e social que o paciente não saberia informar. Portanto, o estabelecimento do vínculo e de confiança com os pais e/ou envolvidos é fundamental para o Psicodiagnóstico Infantil, e deve considerar um esclarecimento dos objetivos deste procedimento clínico e o estabelecimento do contrato de trabalho com os responsáveis.

O uso de testes destinados ao público infantil, Entrevista Lúdica, e a recomendação de livros psicoeducativos para orientação dos pais são opções relevante para o psicodiagnóstico e tratamento clínico de crianças. A Testagem Psicológica pode ser compreendida como "o processo de medir variáveis relacionadas à psicologia por meio de instrumentos ou procedimentos projetados para obter uma amostra do comportamento" (Cohen, 2014, p. 3). Antes de propor a aplicação de testes psicológicos, é necessária atenção às particularidades dos fenômenos psíquicos a serem aferidos em cada etapa de desenvolvimento na infância, permitindo uma interpretação fundamentada em conhecimentos científicos.

Existem aspectos de imaturidade típicos do pensamento da criança em idade pré-escolar, que influenciam na capacidade de memória, inteligência e linguagem. Na segunda infância, as habilidades motoras são desenvolvidas principalmente pela lateralidade manual e expressão artística, já o pensamento progride pelo crescente entendimento de espaço, causalidade, identidades, categorização e número. Também devem ser consideradas as limitações do estágio pré-operatório de desenvolvimento para um efetivo psicodiagnóstico, tais como: centração, irreversibilidade, foco nos estados, raciocínio transdutivo, egocentrismo, animismo, e incapacidade de distinção entre aparência e realidade. Nesta etapa de desenvolvimento, as atividades lúdicas que explorem representações simbólicas, criatividade e fantasia podem ser utilizadas de forma a auxiliar no Psicodiagnóstico Interventivo.

A Entrevista Lúdica é um método não estruturado de coleta de dados e informações relevante na clínica infantil, pois permite verificar as construções simbólicas e o imaginário da criança com o uso de materiais que auxiliem na expressão e representação livre, tais como: espaços para desenho, brinquedos, jogos, e contação de histórias. A forma como a criança utiliza-se de materiais estruturados possibilita a compreensão de aspectos cognitivos e socioemocionais, assim como a conteúdo criado por meio de materiais não estruturados.

A seleção dos materiais e técnicas a serem utilizadas durante o Psicodiagnóstico infantil requer um embasamento teórico do Psicólogo para análise e interpretação das situações no contexto clínico, além do conhecimento sobre as variações de percepção e linguagem para diferentes faixas etárias. Uma criança ainda em fase de egocentrismo terá maiores dificuldades de lidar com um jogo de regras em comparação com brinquedo livre, considerando não possuir ainda a cognição social necessária para o entendimento de jogos mais complexos e estruturados por proposições verbais de convenção social.

O estilo de parentalidade também é um aspecto que influencia no comportamento da criança e deve ser considerado no Psicodiagnóstico Infantil, pois o indivíduo passa a apresentar algumas características de acordo com as relações paternas construídas. Uma parentalidade autoritária possibilita mais descontentamento, retraimento e desconfiança pela criança; já os filhos de pais mais permissivos tendem a ser imaturos e apresentarem pouco autocontrole, além de baixa curiosidade exploratória. Um estilo de parentalidade positivo e que permite o desenvolvimento e a formação de crianças mais autônomas é o "democrático", devido a sua proposta de espaço para constante diálogo entre pais e filhos, responsabilização pelas ações e participação das crianças nas tomadas de decisão da família.

A avaliação do desenvolvimento físico e motor é um outro aspecto a ser considerado no Psicodiagnóstico Infantil. Um dos instrumentos que pode ser utilizado para acompanhar o desenvolvimento de uma criança até os 6 anos é o Teste de Avaliação do Desenvolvimento de Denver (Frankenburg et al., 1975, citados por Papalia et al., 2009), que avalia as habilidades motoras gerais e finas. Ressalta-se que os desenvolvimentos motor e perceptivo da criança são interligados, a percepção de profundidade é concebida a partir da coordenação binocular e do controle motor, assim como a percepção tátil é proveniente no manuseio de objetos. Estudos e pesquisas sobre o desenvolvimento humano permitem compreender que fatores culturais também influenciam no desenvolvimento motor das crianças, e isso pode até orientar o seu ritmo de maturação cognitiva e emocional.

Nas clínicas-escola o procedimento de Psicodiagnóstico pode variar dependendo: das demandas locais, da estrutura e materiais institucionais disponibilizados, e dos projetos de estágio propostos. Na clínica de Psicologia do Centro Universitário Newton Paiva são realizadas entrevistas iniciais para levantamento das demandas e informações relevantes para a formulação de caso. Após direcionamento das fichas com informações de pacientes encaminhados para Avaliação Psicológica, o estudante do curso de Psicologia matriculado no estágio de Psicodiagnóstico Infantil realiza o contato com os pais e/ou responsáveis pela criança, para agendamento do primeiro atendimento. É interessante observar nas entrevistas iniciais as expectativas e concepções dos responsáveis pela criança com relação às demandas apresentadas.

No atendimento da criança é necessária a verificação das demandas e dos problemas assinalados pelos responsáveis, buscando-se um alinhamento dos objetivos para o bem-estar subjetivo. Em seguida, as demandas são analisadas junto ao supervisor do estágio, sendo definidos os testes e instrumentos a serem utilizados durante o processo de Avaliação Psicológica. Depois ocorre o momento de reflexão sobre as informações colhidas e a análise de hipóteses iniciais, buscando-se um planejamento das ações e a escolha dos instrumentos diagnósticos. Após a análise e integração dos dados levantados, o estudante de Psicologia emite parecer verbal para o paciente, pais e/ou responsáveis, variando também com relação à idade da criança ou adolescente atendido, de forma a encerrar o procedimento com uma devolutiva oral.

Ressalta-se que esta clínica-escola só emite laudos ou documentos oficiais em casos de solicitação de terceiros como escola ou profissional de saúde que acompanha a criança. Estes documentos são emitidos de acordo com as orientações do CRP. Entretanto, o estágio em Psicodiagnóstico Infantil permite a elaboração de relatórios da Avaliação Psicológica e a análise do caso clínico, conduzindo à uma formação significativa e necessária para a profissão do Psicólogo.

A INFÂNCIA NO DESENVOLVIMENTO HUMANO

No início do Psicodiagnóstico, alguns fatores relevantes podem ser identificados nas entrevistas iniciais e de anamnese, como os fatores filogenéticos que permitirão a compreensão do caso pelas limitações decorrentes de influências normativas no desenvolvimento da criança – reguladas pela idade e pela história de sua geração, e os fatores ontológicos que são constituídos por influências não normativas. Considerando o fenômeno *imprinting*, que consiste na predisposição do organismo humano à aprendizagem nos primeiros momentos de vida, a análise dos fatores relacionados à hereditariedade e ao meio permite o entendimento de questões relevantes para conduta do Psicólogo na clínica, tais como: faixa de reação, canalização, interação e correlação genótipo-ambiente, além de verificar suas influências nas variações cognitivas e de personalidade da criança atendida.

Compreendendo-se a necessidade de embasamento teórico para o Psicodiagnóstico, torna-se necessário um breve entendimento sobre as diferentes visões de homem e de mundo propostas por filosofias que fundamentam perspectivas teóricas de aprendizagem, consideradas também para estudos e pesquisas sobre o desenvolvimento infantil. Uma destas filosofias é proposta por John Lock (1632-1704), que apresenta uma compreensão mecanicista do funcionamento da mente humana e permite perceber o desenvolvimento como uma forma contínua de movimento, viabilizando a formulação de leis gerais (re)aplicáveis para o seu entendimento.

Outra filosofia que influencia as perspectivas teóricas de aprendizagem é a proposta por Jean Jacques Rousseau (1712-1778), que apresenta uma visão organicista e permite compreender o desenvolvimento da espécie humana de forma escalonada, com etapas de maturação caracteristicamente específicas e variações entre os indivíduos decorrentes de influências não normativas. Pode-se dizer que na perspectiva mecanicista a força motriz da mudança de estado provém do meio, diferentemente da visão organicista que propõe uma força interna e a inversão do vetor na função do relacionamento entre organismo e meio.

Partindo-se da perspectiva teórica de Piaget (1896-1980), são definidos alguns estágios cognitivos para cada etapa do desenvolvimento, permitindo compreender os níveis de necessidade característicos para cada faixa etária que conduzem ao interesse e à construção do conhecimento pelo indivíduo. Segundo Papalia et al. (2009), a maturação cerebral progride do estágio sensório-motor (nascimento aos 2 anos) – momento do ciclo de vida em que as sensações exercem um papel importante para o desenvolvimento da criança – ao estágio pré-operatório (2 aos 7 anos), quando a criança desenvolve a simbolização pelo sistema perceptivo. As diferenças entre sensação e percepção podem ser verificadas já nos estudos de Fechner (1801-1887), em sua proposta relativa ao *limiar* que separa os processos psicológicos básicos de sensação e percepção pela produção de uma síntese criativa.

Ainda sobre a compreensão dos estágios do desenvolvimento a partir da Teoria Cognitiva de Piaget, é no estágio operatório-concreto (7 a 11 anos) que a criança passa a construir o pensamento lógico e inicia o processo de descentralização com a diminuição do egocentrismo, permitindo o desenvolvimento de sua cognição social. O último estágio de desenvolvimento relativo ao período da infância é nomeado operatório-formal, e caracteriza-se como um momento de construção do pensamento abstrato e complexo. O conhecimento sobre os estágios de desenvolvimento infantil permite uma análise e interpretação de dados mais apurada e conduz à uma prática clínica embasada cientificamente.

Ressalta-se que os testes psicológicos, e demais instrumentos validados cientificamente, são formas de materialização das teorias propostas e baseiam-se em construtos que variam pela visão científica e conceitos formulados. Portanto, é possível inferir que: o uso de um instrumento científico (no procedimento de Psicodiagnóstico Infantil) que se baseia num conceito de inteligência que considera somente o pensamento abstrato, será mais assertivo com crianças já no estágio operatório-formal. A consideração dos pressupostos filosóficos e teórico-metodológicos que fundamentam os instrumentos científicos utilizados no Psicodiagnóstico é necessária para uma prática clínica ética e adequada.

A Psicopatologia Infantil é considerada como uma variação extrema de aspectos específicos para uma etapa do desenvolvimento humano, pode ser relacionada ao enfoque nosológico-descritivo do método fenomenológico de análise e associada às etapas de desenvolvimento humano que caracterizam um período histórico considerado como infância. Inicialmente, o Psicodiagnóstico era influenciado pelo modelo médico que buscava entender os sintomas e síndromes pela definição nosológica das psicopatologias, baseando-se principalmente no método fenomenológico para análise. A Fenomenologia auxilia na compreensão e identificação dos estados mentais por considerar inseparáveis o sujeito e sua doença. No entanto, o desenvolvimento humano permite entender as etapas de maturação do sistema biológico, e sua relação com os processos cognitivos e os fenômenos psíquicos que compõem a mente humana.

Segundo Papalia et al. (2009), alguns outros fatores podem interferir na aprendizagem e no desenvolvimento das crianças, tais como: o relacionamento com irmãos, a sociabilidade com outras crianças, o trabalho dos pais e a presença destes na educação do filho, a permanência da criança em creches, características e cultura da comunidade, e os maus-tratos como abuso e negligência pelos responsáveis. Ressalta-se que o envolvimento da família é fundamental para um processo educativo, pois orienta a construção de padrões positivos de interação entre a criança e o adulto para uma efetiva aprendizagem.

TEORIAS DE APRENDIZAGEM E A INFLUÊNCIA DAS EMOÇÕES NO PROCESSO EDUCACIONAL

Para compreensão do processo de aprendizagem, podem ser consideradas duas principais teorias decorrentes de pressupostos filosóficos distintos. O Behaviorismo é a teoria tradicional da aprendizagem, concebido com o avanço das pesquisas científicas sobre o comportamento humano desde as propostas de compreensão dos instintos por Pavlov (18491936), da operacionalização da ação humano por Watson (1878-1958), e finalmente pela proposta radical para identificação de variáveis influentes no comportamento por B. F. Skinner (1904-1990).

O Behaviorismo parte dos pressupostos filosóficos mecanicistas; já a Teoria da Aprendizagem Social proposta por Bandura (1986) provém da filosofia organicista de Rousseau e considera a dinâmica do contexto social para a aprendizagem, propondo uma perspectiva de indivíduo como um agente deste processo, ou seja, como indivíduo ativo nos procedimentos de observação e imitação de modelos necessários para a aprendizagem. Para compreender a proposta de aprendizagem cognitiva, é necessário também entender as perspectivas teóricas cognitivas de Piaget e Vygotsky (1896-1934).

Na perspectiva Piagetiana existem três estágios interrelacionados para a maturação cognitiva: organização, adaptação e equilibração; que tem como propósito levar o indivíduo ao estado de equilíbrio, permitindo-lhe o (re) ajustamento ao meio e a diminuição de tensões intrapsíquicas pela maturação do sistema cognitivo. A teoria sociocultural de Vygotsky propõe a aprendizagem pelo processo de interação social, considerando o desenvolvimento cognitivo um processo essencialmente colaborativo, e partindo da compreensão de *zonas de desenvolvimento* para aproximação entre o potencial de aprendizagem da criança e as referências que influenciam sua maturação cognitiva.

Em ambas perspectivas teóricas o desenvolvimento cognitivo pode ser compreendido como um movimento de adaptação e (re)ajuste do organismo ao meio, enfatizando tanto a força interna da criança para atendimento das suas necessidades e interesses, quanto as forças externas ao organismo necessárias para a sua mobilização. A compreensão das diferenças entre as teorias cognitivas permite uma avaliação dos testes de inteligência que podem ser utilizados no procedimento de Psicodiagnóstico. Dependendo dos objetivos e da linha de pensamento do Psicólogo para interpretação dos resultados da testagem psicológica, pode-se optar por testes que focalizem um potencial ou uma inteligência de tipo cristalizada, ou seja, que proponham a mensuração do potencial de aprendizagem ou do conteúdo cognitivo da criança.

A emoção é um outro aspecto que influencia no processo de aprendizagem e deve ser considerado no procedimento de Psicodiagnóstico Infantil. Trata-se de uma característica da espécie humana que varia em frequência e intensidade entre os indivíduos, e pode ser compreendida como uma reação física e objetiva experiências. Os fatores culturais influenciam na forma como as pessoas sentem as emoções e às expressam, direcionando também a formação da personalidade e os esquemas cognitivos que desempenham papel fundamental no processo de aprendizagem dos indivíduos.

O desenvolvimento das emoções primárias está relacionado à maturação neurológica e inicia-se nos primeiros seis meses, progredindo para emoções autoconscientes a partir do segundo ano de vida. A autoconsciência exerce influência na construção da identidade e permite o desenvolvimento de emoções autoavaliadoras, capacitando a criança para avaliação dos próprios pensamentos e comportamentos a partir de referências sociais. Essas etapas de maturação e desenvolvimento das emoções interferem nos resultados do processo de aprendizagem e permitem reflexões quanto às propostas de Educação Infantil, principalmente com relação ao desenvolvimento de uma inteligência emocional para regulação das emoções.

O temperamento também é um fator relevante para compreensão dos modos como as crianças se relacionam com os outros e com o mundo, influenciando no processo de aprendizagem e na regulação emocional. A adequação educacional permite a combinação do temperamento individual com os ideais e limitações sociais, evitando-se tensões não favoráveis ao desenvolvimento da criança. Já a autorregulação é um processo necessário para controle dos elementos ambientais e discriminação de estímulos que podem influenciar na aprendizagem, é responsável por vincular todos os domínios do desenvolvimento e consiste na base para a socialização, pois permite a adequação e (re)ajuste do comportamento da criança de acordo com as expectativas sociais. Para que isto ocorra, é preciso uma consciência cognitiva e um controle emocional da criança, permitindo-lhe regular os processos de atenção e modular as emoções.

Existem formas para trabalhar a regulação emocional que auxiliam no tratamento de crianças encaminhadas à clínica com demandas de aprendizagem, mas ressalta-se a necessidade de um funcionamento executivo já desenvolvido, ou seja, um conjunto de processos mentais e habilidades de controle e regulamentação de outros comportamentos já desenvolvidos pela criança. Para pensar a regulação emocional infantil é interessante também considerar que o entendimento de emoções conflitantes ocorre geralmente na terceira infância, enquanto as emoções autodirigidas passam a ser entendidas a partir da segunda infância.

No entanto, mesmo considerando as características específicas de cada faixa etária para uma efetiva regulação emocional, as particularidades dos casos clínicos são provenientes das experiências e história de vida de cada criança. O acompanhamento dos desajustes emocionais e de suas consequências pode evitar outros problemas decorrentes das alterações emocionais a longo prazo. A Terapia Cognitivo-Comportamental (TCC) propõe a identificação das dimensões a serem trabalhadas na regulação emocional de acordo com o caso, sendo elas: avaliação, sensação, intencionalidade, sentimento, comportamento motor, interpessoal. Podem ser alinhadas diferentes estratégias para tratar o desregulamento emocional, compreendido como a dificuldade do paciente em lidar com as experiências e emoções, tais como: terapia de aceitação e compromisso, reavaliação, terapia focada na emoção, e socialização emocional (Leahy, 2013).

Geralmente, os indivíduos recorrem às heurísticas de pensamento nas tomadas de decisão, que podem ser também constituídas por emoções. A avaliação das situações de forma a considerar as evidências para uma tomada de decisão requer um pensamento mais racional, mas as emoções também são importantes para o desenvolvimento da empatia e estabelecimento de boas relações interpessoais. Uma proposta para o processo educativo da criança é pensar a gestão de suas emoções e o desenvolvimento da inteligência emocional, lhe concebendo habilidades de percepção, uso, compreensão e manejo das emoções.

Na Clínica Infantil, a forma de relacionamento do paciente com adultos é influenciada pela relação pais-filhos, ou da criança com a família, assim como a validação dos sentimentos. O apego é desenvolvido desde a primeira infância, caracterizando-se posteriormente em diferentes estilos que podem ser considerados (des)funcionais para a criança com o passar dos anos. Portanto, a forma como as crianças se relacionam baseia-se no estilo de apego, podendo gerar ou não, mal-estar e dificuldades de relacionamento pessoal.

A aceitação experiencial consiste na disposição à ressignificação das experiências pessoais, sendo considerada pela TCC uma forma para início no tratamento de desajustes emocionais. No entanto, nos casos infantis deve-se considerar o desenvolvimento da autoconsciência e da teoria da mente, ou seja, as limitações de desenvolvimento por faixa etária para as propostas de tratamento clínico. Portanto, a TCC permite evidenciar as particularidades dos casos e conduzir o tratamento de forma personalizada e estruturada, mas precisa ser adaptada ao público atendido na clínica para uma prática eficaz.

A desregulação emocional pode conduzir a criança à passividade e/ou à agressividade, sendo compreendida como uma alteração extrema das emoções que não contribui para o seu bem-estar. Existem pesquisas que buscam verificar a relação entre cognição e emoção no processo mental de avaliação, considerando que a cognição pode ser vista como componente do processamento emocional e que os esquemas cognitivos interferem na avaliação dos indivíduos sobre a realidade. Um processo educacional eficaz deve considerar não somente a cognição, mas também as emoções a ela relacionada, compreendendo o papel da vontade na relação entre cognição e emoção como a força motriz para a aprendizagem.

EXPERIÊNCIAS COM PSICODIAGNÓSTICO INFANTIL NA CLÍNICA-ESCOLA DO CENTRO UNIVERSITÁRIO NEWTON PAIVA

A maioria dos casos atendidos em clínicas-escola de Psicologia no Brasil é de crianças (Hutz et al., 2016), assim como na clínica-escola do Centro Universitário Newton Paiva. Nos atendimentos de crianças nesta instituição são consideradas as diferentes realidades constatadas nas entrevistas com os pais e/ou em entrevistas lúdicas com os pacientes, identificando-se as demandas e propondo-se objetivos para condução do tratamento clínico quando necessário. Considerando que todas as psicopatologias apresentam alguma alteração no funcionamento emocional (Caminha et al., 2016), um dos instrumentos utilizados para trabalhar a semântica das emoções com as crianças é o Baralho das Emoções, pois permite a identificação e nomeação das emoções pelo paciente e conduz à regulação emocional a partir de sua autoconsciência.

São observadas também propostas de intervenção clínica para ampliação do repertório comportamental das crianças atendidas na Instituição, decorrentes das dificuldades de relacionamento e de aprendizagem apresentadas pelas escolas e/ou pelos familiares. O Psicodiagnóstico interventivo é uma das estratégias utilizadas pelos estudantes de Psicologia para constatação das demandas e regulação emocional dos pacientes atendidos. Uma criança que chega à clínica apresentando comportamento de "birra" é conduzida a nomeação de suas emoções durante atendimento, como a "raiva" e o "medo". Esta mesma criança também pode ser orientada a construir comportamentos mais positivos a partir de suas sensações, como a verbalização dos sentimentos para os adultos que a cercam. A simbolização dos sentimentos pela criança é um processo necessário para manutenção do seu bem-estar, pois permite-lhe o controle dos níveis de emoção e o reforço social por comportamentos mais assertivos.

Também são evidenciados desajustes emocionais de passividade nas crianças atendidas na clínica-escola, que comprometem o relacionamento pessoal em diferentes contextos. Alguns pacientes apresentam dificuldades de reação diante dos desafios diários, não conseguindo posicionar-se ou expressar-se perante os colegas e familiares. Uma das consequências da passividade é a manutenção do estado de tristeza, além do comprometimento de sua autoestima, autoconfiança e autoeficácia. Considera-se o uso do Baralho das Emoções alinhado à uma relação terapêutica positiva como estratégia interventiva para ampliação do repertório comportamental desses indivíduos, compreendendo também a necessidade do Psicodiagnóstico para identificação das limitações individuais da criança que podem interferir na sua capacidade de resolução de problemas, percepção da realidade e afeto.

Os testes utilizados na clínica-escola para realização do Psicodiagnóstico Infantil buscam basicamente aferir o desenvolvimento intelectual e a personalidade da criança atendida, sendo proposto um plano de ação junto à uma bateria de testes para levantamento das informações e elaboração das hipóteses. Geralmente são utilizadas as Escalas Wecheler de Inteligência (WISC-IV), a Escala de Traços de Personalidade para a criança (ETPC) e o Teste House-Tree-Person (HTP) para avaliação da Personalidade.

Outros instrumentos projetivos também são utilizados para verificação das relações estabelecidas entre a criança e o meio em que vive, como o desenho de família e as entrevistas lúdicas com materiais estruturados. Segundo Silva (2019), o teste de Apercepção Infantil (CAT-A) também é relevante para o Psicodiagnóstico Infantil na clínica-escola, pois permite identificar o desenvolvimento de autoconceito da criança por meio da contação de histórias, aspecto que influencia na aprendizagem e no desenvolvimento acadêmico. A escolha dos testes psicológicos utilizados no procedimento de Psicodiagnóstico considera o parecer favorável de órgãos e entidades responsáveis pela regulamentação e reconhecimento dos instrumentos de mensuração psicológica no Brasil.

Algumas reflexões podem ser realizadas a partir dos atendimentos de crianças na clínica-escola, como o papel na família no processo de regulação emocional infantil e as influências de sua participação para o desempenho acadêmico. Pode-se dizer que uma criança em ambiente familiar favorável ao seu desenvolvimento emocional e cognitivo terá um melhor desempenho acadêmico se comparada à uma criança com pouca estimulação e apoio familiar, devido ao estado emocional para enfrentamento das adversidades e capacidade cognitiva para solução de problemas. As Entrevistas de Família realizadas nos estágios clínicos permitem verificar fatores de influência no apego e desenvolvimento emocional das crianças atendidas, tais como: o tipo de parentalidade, as relações e os papéis estabelecidos no sistema familiar.

O envolvimento da família no processo de regulação emocional permite a (re)significação de relações estabelecidas pela criança com as pessoas e o mundo, permitindo-lhe construir estratégias para lidar com as dificuldades da vida. A autoavaliação emocional da criança é também influenciada pelos valores morais da família, considerada como instituição responsável pela modulação das intensidades e reconhecimento das emoções na infância. A família é considerada a primeira referência social para confirmação dos comportamentos da criança, assim como para a validação das emoções.

A abertura ao diálogo e o suporte da família durante a infância são necessários não somente para o desenvolvimento de uma inteligência emocional, mas também para o desenvolvimento cognitivo, pois permite a generalização de comportamentos assertivos da criança em outros contextos. Portanto, pode-se dizer que o direcionamento da família a partir dos seus valores morais e participação ativa, são essenciais para a aprendizagem e desempenho acadêmico das crianças, tornando necessária a contínua orientação de pais durante os atendimentos psicológicos na clínica.

O acompanhamento e estimulação da família na realização das tarefas escolares é fundamental para o desenvolvimento cognitivo no processo educacional da criança. A valorização e reconhecimento: das atitudes de exploração, movimentos de tateio, e outras ações características de cada faixa etária para o desenvolvimento infantil; conduz à maturação cognitiva e autoconfiança. A participação ativa da família no processo de ensino-aprendizagem concebe a estimulação e valorização de esquemas cognitivos funcionais necessários para a autoavaliação e o autocontrole emocional da criança, considerando a motivação gerada pelos significados estabelecidos nas relações positivas com o conhecimento.

Na clínica-escola de Psicologia do Centro Universitário Newton Paiva são consideradas as diferentes configurações de família para o procedimento de Psicodiagnóstico Infantil, além das diversas concepções e compreensões do conceito de "participação" como mediador da relação entre a família e a clínica. Segundo Gonçalves (2019), fatores socioeconômicos e culturais influenciam nas formas de participação da família durante Psicodiagnóstico e processo terapêutico, tanto no reconhecimento do desempenho acadêmico da criança quanto no envolvimento com o plano de trabalho proposto na clínica.

CONSIDERAÇÕES FINAIS

O Psicodiagnóstico Infantil possui especificidades que devem ser consideradas tanto para a formação acadêmica e preparação técnica de futuros profissionais, quanto para a prática clínica dos Psicólogos. O conhecimento das origens e fundamentos científicos que baseiam as práticas clínicas e os instrumentos utilizados pelo Psicólogo conduz à uma atuação ética e eficiente deste profissional, pois viabiliza a articulação teórico-metodológica necessária para os procedimentos clínicos.

A articulação das informações obtidas pelo uso de instrumentos e técnicas científicas requer o conhecimento do Psicólogo acerca das perspectivas teóricas que fundamentam sua prática, permitindo o direcionamento clínico a partir de determinada linha de pensamento. Mesmo com a complexidade proposta pelo paradigma científico atual, a fundamentação teórica e científica deve respaldar as práticas clínicas da profissão, sendo necessárias: a consideração das variações de conceitos e de interpretações possíveis num mesmo procedimento, e a confirmação das hipóteses diagnósticas por meio de procedimentos clínicos interventivos; para a validação do Psicodiagnóstico.

A formação do Psicólogo para realização de Psicodiagnóstico Infantil deve considerar também as teorias de aprendizagem, sendo aberta a escolha de perspectivas filosóficas e teóricas enquanto estudante do curso de Psicologia. No entanto, ressalta-se a importância da supervisão nos estágios clínicos para confirmação das ideias e possíveis mudanças durante a formação acadêmica. Outras disciplinas também podem auxiliar na formação e contribuir para a especialização na área da Avaliação Psicológica, mas alguns conhecimentos podem ser considerados basilares na formação do Psicólogo Clínico, tais como os das disciplinas de Processos Psicológicos Básicos e Desenvolvimento Humano.

Destaca-se a influência das emoções para (des)ajustes comportamentais de crianças encaminhadas à clínica-escola da Newton, além da maior condução de Psicodiagnósticos interventivos pela instituição, permitindo refletir sobre a relevância de estudos e pesquisas científicas que relacionem: os resultados de tratamentos clínicos por meio de Psicodiagnósticos infantis interventivos constituídos também de regulação emocional.

As práticas clínicas consideram também documentos legislativos que garantem os direitos humanos e sociais da criança, assim como os documentos regulatórios da prática e ética profissional. Reafirma-se na clínica de Psicologia os direitos sociais de educação no atendimento de crianças com demandas de aprendizagem, e o reconhecimento de que a "Educação é direito de todos, e dever da família e do estado" (Brasil, 1996). Portanto, o engajamento da família no processo educacional da criança é considerado como forma de cumprimento de seu dever.

Os procedimentos clínicos na Psicologia podem ser realizados a partir de diferentes perspectivas de homem e de mundo, ou por meio de diversas linhas de pensamento da área. Este capítulo buscou tratar de técnicas e instrumentos validados cientificamente por diferentes abordagens psicológicas para o Psicodiagnóstico Infantil, apresentando brevemente algumas propostas da Terapia Cognitivo Comportamental no processo de regulação emocional. As reflexões produzidas nas práticas de estágio na clínica-escola do Centro Universitário Newton Paiva permitem verificar a relevância do envolvimento familiar para o desenvolvimento emocional e cognitivo das crianças, influenciando nas relações pessoais estabelecidas durante a infância e no seu desempenho acadêmico.

REFERÊNCIAS

Ancona-Lopez, M. (1984). Contexto geral do diagnóstico psicológico. In W. Trinca (Org.), *Diagnóstico psicológico na prática clínica*. São Paulo: EPU.

Arzeno, M. E. G. (1995). *Psicodiagnóstico clínico: Novas contribuições*. Porto Alegre: Artmed.

Bandura, A. (1986). *Social foundations of thought and action: a social cognitive*. Englewood Cliffs, NJ: Prentice-Hall

Brasil. (1996). Ministério da Educação. *Art. 2º, Lei n. 9.394*, de 20 de dezembro de 1996.

Burns, R.; Kaufman, H. (1970). *Kinetic family drawings (KFD)*. New York: Brunner/Mazel.

Caminha, Renato R. et al. (2016). *Regulação Emocional emocional na Infânciainfância:*. material Material de apoio para o curso "Regulação emocional na Infância", ministrado por Renato Caminha.

CFP – , Conselho Federal de Psicologia. *Resolução CFP n.º 006/2019*. Brasília, DF: Conselho Federal de Psicologia.

Cohen, Ronald JayR. J. (2014). Testagem e avaliação psicológicas: introdução a testes e medidas. Porto Alegre : AMGH, 8 ed.

Corman, Louis (1961), *Teste do Desenho da Família: Avaliação do desenho da criança*. Casa do Psicólogo; 160 p.

Gonçalves, Natália MárcioN. M. (2019). *A participação da família no desenvolvimento emocional em relação ao desempenho escolar da criança* (Monografia). Belo Horizonte: Centro Universitário Newton Paiva.

Goodenough, F. L. (1926). *Measurement of intelligence by drawings*. New York: World Book. C.

Hutz, C. S. et al. (Org.) (2016). *Psicodiagnóstico*. Porto Alegre: Artmed.

Korbman, R. (1984). *El dibujo de la família como instrumento detector del conflicto familiar em niños*. Tesis de Doctorado em Psicología. UNAM: México

Leahy, Robert R. L. (2013). Regulação emocional em psicoterapia: um guia para o terapeuta cognitivo-comportamental. Porto Alegre: Artmed.

Font, J.M. Lluís. (1978): *Test de la familia, cuantificación y análisis de variables socioculturales y de estructura familiar*. Barcelona: Davinci Continental

Luquet, Georges Henri. (1913). *Desenhos de criança: Estudo psicológico*. Paris: Livraria Félix Alcan.

Morgan, C. D.; Murray, H. M. (1935). *A method for investigating fantasies: The Thematic Apperception Test*. Archives of Neurology and Psychiatry, n.. 34, p. 289-306.

Papalia, D. E.; Olds, S. W.; & Feldman, R. D. (2009). *Desenvolvimento humano*. Porto Alegre: Artmed.

Porot, M. (1952). *Le Dessin de la Famille: Exploration par le dessin de la situation affective de l'enfant dans sa famille*. Pédiatrie, 3: p. 359-81.

Primi, RicardoR. (2010). Avaliação psicológica no Brasil: fundamentos, situação atual e direções para o futuro. *Psicologia: Teoria e Pesquisa, Brasília, v. 26*, n. (spe), p. 25-35.

Silva, Laís SantosL. S. da. (2019). *Relevância do Psicodiagnóstico nos casos de dificuldades de aprendizagem* (Monografia). Belo Horizonte: Centro Universitário Newton Paiva.

SOBRE AS ORGANIZADORAS E OS AUTORES

ORGANIZADORAS

ELZA MARIA GONÇALVES LOBOSQUE Mestre em Avaliação Psicológica. Psicóloga clínica, conselheira da XVI Plenária CRP-MG. Especialista em Avaliação Psicológica e em Psicologia do Trânsito pelo CRP-MG. Coordenadora da Comissão de Orientação em Avaliação Psicológica do CRP 04/Sede, coordenadora da Comissão de Títulos CRP 04, conselheira referência na Comissão de POT. Docente e supervisora de estágio do Centro Universitário Estácio/JF. Coordenadora geral da pós-graduação em Avaliação Psicológica IESPE, Avaliadora psicológica credenciada pela Polícia Federal. E-mail: elza.staffconsultoria@gmail.com

FERNANDA GONÇALVES DA SILVA Doutoranda do IPUB-UFRJ. Mestre em avaliação psicológica. Docente dos cursos de graduação e pós-graduação e coordenadora do curso de Psicologia da Universidade Estácio de Sá. Supervisora de estágio supervisionado. Diretora da Revista Psicologia e Conexões.

AUTORES

AILLA CARDOSO DA SILVA SANTOS Psicóloga pela Universidade Federal do Recôncavo da Bahia (UFRB). Residente em Neurologia pelo Programa Multiprofissional em Saúde (Hospital Geral Roberto Santos). Atua como psicóloga hospitalar e integra o Núcleo de Neurociências e Neuropsicologia Cognitiva (NUNNCOG/UFRB).

ALDIER FÉLIX HONORATO Professor do curso de Psicologia do Centro Universitário Estácio de Juiz de Fora (atual). Pós-graduando em Terapia Cognitiva Comportamental (2020atual) pela Pontifícia Universidade Católica do Rio Grande do Sul. Mestre em Psicologia (2017) pela Universidade Federal de Juiz de Fora (UFJF) e membro do Núcleo de História e Filosofia da Psicologia Wilhelm Wundt (NUHFIP/UFJF). Graduado em Psicologia, em 2015, pela Universidade Federal de Juiz de Fora (UFJF.) Realizou estágio curricular nas áreas de Avaliação Psicológica e Psicodiagnóstico e em clínica especializada em Terapia CognitivoComportamental.

ANA CAROLINA ZUANAZZI Mestre em Psicologia Clínica pelo Instituto de Psicologia da Universidade de São Paulo. Doutora em Psicologia com ênfase em Avaliação Psicológica pela Universidade São Francisco. Gerente de Projetos do Instituto Ayrton Senna.

ANA LUÍSA MARLIÈRE CASELA Psicóloga e Mestre em Psicologia pela Universidade Federal de Juiz de Fora (UFJF). Especialista em Terapia Cognitivo-Comportamental pela UniRedentor Centro Universitário. Atua como psicóloga clínica sob a perspectiva da Terapia Cognitivo-Comportamental, tendo como público-alvo crianças, adolescentes e adultos.

ANNA RIBEIRO Pós-doutoranda em Psicologia na UFJF. Mestre e Doutora em Psicologia pela UFJF (Bolsa CAPES e FAPEMIG). Especialização em Psicanálise e Cultura pela UFJF. Graduação em Psicologia pelo CES/JF. Professora do curso de Psicologia e da Pós-graduação em Psicanálise da UniAcademia. Coordenadora do grupo de estudo *Psicanálise com bebês.*

BÁRBARA ROCHA DE ARAÚJO Estudante do Curso de Psicologia da Universidade Federal de São João del-Rei.

CAMILA OLIVEIRA DE AMORIM Psicóloga pela Universidade Federal do Recôncavo da Bahia (UFRB). Especializanda em Psicologia, Avaliação e Atenção à Saúde (UFRB) e em Neuropsicologia pela FADBA. Psicóloga Clínica e integrante do Núcleo de Neurociências e Neuropsicologia Cognitiva (NUNNCOG) da UFRB.

CARLOS MANOEL LOPES RODRIGUES Mestre e Doutorando em Psicologia Social do Trabalho e das Organizações pela Universidade de Brasília. Professor adjunto e supervisor de estágio na área de Avaliação Psicológica do Centro Universitário de Brasília — UniCEUB.

CASSIA APARECIDA RODRIGUES Graduada em Psicologia pela Pontifícia Universidade Católica do Paraná (PUCPR). Especialista em Avaliação Psicológica pela Faculdade Guilherme Guimbala (Associação Catarinense de Ensino - ACE) e pelo Conselho Federal de Psicologia (CFP). Mestre em Psicologia pela Universidade Tuiuti do Paraná (UTP). Doutora em Psicologia com ênfase em Avaliação Psicológica pela Universidade São Francisco (USF). Professora do Centro Universitário UniDomBosco (UNIDBSCO).

CELSO FRANCISCO TONDIN Doutor em Psicologia pela Pontifícia Universidade Católica do Rio Grande do Sul. Professor do Departamento de Psicologia da Universidade Federal de São João del-Rei.

DANIEL SARSI ORTA Estudante do Curso de Psicologia da Universidade Federal de São João del-Rei.

DÉLCIO FERNANDO GUIMARÃES PEREIRA Psicólogo, especialista clínico CRP 04 9539. Mestre em Psicologia Clínica pela Universidade de Havana. Membro da ABEP - Associação Brasileira de Ensino em Psicologia, núcleo Minas Gerais. Ex-conselheiro do XIII e XIV plenário do CRP 04. Membro da Comissão de Orientação e Avaliação Psicológica e da Comissão e Orientação de Formação.

ERNANI DE BARROS GOMES NETO SEGUNDO Psicólogo; Graduado pela UFJF Pós graduado em Terapia Cognitivo Comportamental - NEISME Especialista em Terapia Cognitiva da Sexualidade - Aline Sardinha Docente e supervisor de estágio do Centro Universitário Estácio Juiz de Fora Psicólogo Clínico - Clínica Córtex - Juiz de Fora

EVELY NAJJAR CAPDEVILLE Mestre em Educação pela Pontifícia Universidade Católica de Minas Gerais. Graduada em Psicologia e Filosofia pela Universidade Federal de Minas Gerais. Professora, pesquisadora, psicóloga clínica e educacional na abordagem fenomenológico-existencial. Psicóloga do Núcleo de Apoio Psicopedagógico (NAP) da Faculdade Unimed. Coordenadora da Comissão de Orientação em Psicologia e Formação Profissional do CRP 04 MG. Conselheira Diretora do Conselho Regional de Psicologia de Minas Gerais, Gestão 2019-2022.

FERNANDA DE CÁSSIA OSCAR OTACIANO Bacharela em Psicologia pela Universidade Federal de São João del-Rei.

GEOVANA TEODORO BARBOSA Bacharela em Psicologia pela Universidade Federal de São João del-Rei.

JOÃO GUILHERME DE FIGUEREDO CAMPOS Acadêmico do 10º período de Psicologia da Faculdade Ciências Médicas de Minas Gerais (FCMMG). Integrante de equipes de pesquisas nas áreas de preditores individuais e culturais do suicídio, impactos da quarentena na saúde mental, análises das influências da psicoterapia nos usuários de um serviço escola, assim como caracterização das pessoas atendidas nesse contexto.

KELLY CRISTINA ATALAIA DA SILVA Professora adjunta da Universidade Federal do Recôncavo da Bahia (UFRB). Coordenadora da pós-graduação em Psicologia da UFRB e coordenadora do Núcleo de Neurociência e Neuropsicologia Cognitiva (NUNNCOG).

LAÍS SOUZA ANIAS Psicóloga pela Universidade Federal do Recôncavo da Bahia (UFRB), atuando na clínica. Especializanda em Psicologia, Avaliação e Atenção à Saúde e integrante do Núcleo de Neurociências e Neuropsicologia Cognitiva (UFRB).

LUIZ NASCIMENTO MARQUES Acadêmico do 10º período de Psicologia da Faculdade Ciências Médicas de Minas Gerais. Estagiário na Diretoria de Valorização Funcional do Servidor (DIVAFS) na Prefeitura Municipal de Contagem (2018–2019). Acompanhante de Inclusão de crianças com transtorno do neurodesenvolvimento. (2017–2018).

MAÍRA BONAFÉ SEI Mestre e Doutora em Psicologia Clínica pelo Instituto de Psicologia da Universidade de São Paulo. Professora adjunta do Departamento de Psicologia e Psicanálise da Universidade Estadual de Londrina — UEL. Diretora da Clínica Psicológica da UEL (Gestão 2014-2018; Gestão 2018-2022).

MARCELO AUGUSTO RESENDE Mestre e Doutor pela UFMG. Professor adjunto da PUCMG na área de avaliação psicológica. Tenente Coronel PM QOS. Psicólogo da reserva. Coordenador e professor da pós-graduação em Avaliação Psicológica do IEC/MG. Membro da Comissão de Avaliação Psicológica do CRP 04, especialista em psicologia clínica e perícia pelo CFP.

MARCELO SOARES COTTA Doutor em Psicologia pela Pontifícia Universidade Católica de Minas Gerais. Psicólogo técnico-administrativo da Universidade Federal de São João delRei.

MÔNICA FREITAS FERREIRA NOVAES Mestre em Psicologia do Desenvolvimento Humano pela Universidade Federal de Minas Gerais (UFMG). Especialista em Avaliação e Diagnóstico Psicológico e Graduada em Psicologia pela Pontifícia Universidade Católica de Minas Gerais (PUC Minas). Professora, pesquisadora e membro do Comitê de Ética do Centro Universitário Newton Paiva. Psicóloga Clínica na abordagem da Terapia CognitivoComportamental. Membro da diretoria executiva da Sociedade Mineira de Avaliação Psicológica de Minas Gerais (SAPSI-MG), gestão 2020-2022. Ex-presidente da SAPSI-MG, gestão 2018-2020.

PAULA DANTAS DE OLIVEIRA PELIZER Graduada em Psicologia pelo Centro Universitário Newton Paiva. Mestranda em Educação pela Universidade Federal de Minas Gerais (UFMG). Possui experiência com pesquisas nas áreas de Ciências Humanas e da Saúde, com ênfase em História da Educação e Psicologia, atuando principalmente nos seguintes temas: Psicologia Experimental e Científica, Avaliação Psicológica, Patrimônio Cultural, Helena Antipoff.

RENATA DA SILVA LIMA Psicóloga pela Universidade Federal do Recôncavo da Bahia (UFRB), com atuação em psicologia clínica, tendo como público-alvo crianças e adultos.

SANDRA JESUS ALMEIDA Psicóloga pela Universidade Federal do Recôncavo da Bahia (UFRB), atua como psicoterapeuta de orientação cognitivo-comportamental. Mestranda em Neurociências pela Universidade Federal de Minas Gerais (UFMG).

SARA PRISCILLA ALVES SILVA Acadêmica do 10º período de Psicologia da Faculdade Ciências Médicas de Minas Gerais (FCMMG). Atualmente estagiária da Clínica de Psicologia no Ambulatório CMMG (2019–2020). Diretora da Liga Acadêmica de Saúde Mental – Faculdade Ciências Médicas de Minas Gerais (2019).

TAINÁ MORAIS DA SILVA Psicóloga pela Universidade Federal do Recôncavo da Bahia; Pósgraduanda em Psicologia, Avaliação e Atenção à Saúde (UFRB). Pós-graduanda em Terapia Cognitivo-Comportamental pela FADBA. Atua como psicóloga na Atenção Básica/SUS.

TATIANE DIAS BARCELAR Psicóloga pela Pontifícia Universidade Católica de Minas Gerais. Especialista em Psicologia e Desenvolvimento Humano pela Universidade Federal de Juiz de Fora. Mestre em Psicologia pela Universidade Federal de Minas Gerais. Professora do curso de Psicologia e coordenadora da Clínica Escola de Psicologia do Ambulatório da Faculdade Ciências Médicas de Minas Gerais. Coordenadora do projeto de pesquisa Perfil Psicológico das Pessoas Atendidas na Clínica Escola de Psicologia: estratégias de avaliação e intervenção. Professora do curso de Psicologia do Centro Universitário UNI-BH.

Construindo ideias
e conectando mentes

Este livro foi composto com tipografia Minion Pro e impresso
em Pólen Soft 70g. na Formato Artes Gráficas em abril de 2021.